法藏知津

二編：佛教思想研究專輯

杜潔祥 主編

第18冊

《楞嚴經正脈疏》「十番顯見」之研究
——兼論與《楞嚴經會解》的比較（上）

黃琛傑 著

花木蘭文化出版社

國家圖書館出版品預行編目資料

《楞嚴經正脈疏》「十番顯見」之研究——兼論與《楞嚴經會解》
的比較（上）／黃琛傑 著 — 初版 — 新北市：花木蘭文化出
版社，2015〔民104〕
目 6+182 面；19×26 公分
（法藏知津二編：佛教思想研究專輯 第18冊）
ISBN：978-986-322-145-6（精裝）
1. 密教部 2. 研究考訂
030.8   102002274

ISBN-978-986-322-145-6

法藏知津二編：佛教思想研究專輯
第十八冊   ISBN：978-986-322-145-6

《楞嚴經正脈疏》「十番顯見」之研究
——兼論與《楞嚴經會解》的比較（上）

作　　者　黃琛傑
主　　編　杜潔祥
副總編輯　楊嘉樂
編　　輯　許郁翎
出　　版　花木蘭文化出版社
社　　長　高小娟
聯絡地址　235 新北市中和區中安街七二號十三樓
　　　　　電話：02-2923-1455／傳真：02-2923-1452
網　　址　http://www.huamulan.tw 信箱 hml810518@gmail.com
印　　刷　普羅文化出版廣告事業
初　　版　2015年5月
定　　價　二編24冊（精裝）新台幣40,000元

《楞嚴經正脈疏》「十番顯見」之研究
——兼論與《楞嚴經會解》的比較（上）

黃琛傑　著

作者簡介

黃琛傑，臺灣宜蘭人。國立臺北工專五年制電機工程科畢業，國立政治大學中國文學系學士、碩士、博士，中華民國斐陶斐榮譽學會榮譽會員。曾任中國技術學院與致理技術學院兼任講師。研究方向以漢傳佛教為主，碩士論文為《永明延壽思想中的禪與淨》，並已發表數篇有關《楞嚴經》的研究論文：〈有關《楞嚴經》研究的一個反省〉2008 年，〈《楞嚴經》詮釋史上的一個問題〉2009 年，〈論交光真鑑對於《楞嚴經》「八還辨見」說的看法〉2011 年，〈試析交光真鑑對於《楞嚴經會解》中「破妄見」之說的批評〉2011 年。

提　要

晚明時期，為中國《楞嚴經》詮釋史上注疏數量最多的時期，同時，也是紛爭最為劇烈的時期。掀起這場紛爭的關鍵性人物，便是明萬曆年間的交光真鑑法師。真鑑因為不滿當時已流行二百餘年，由元代天如惟則會集唐、宋九家注疏而成的《楞嚴經會解》的詮釋，而另行撰作了《楞嚴經正脈疏》。其中最大的衝突點，便在於真鑑所獨創的「十番顯見」的新詮釋。由這項詮釋上的衝突所引起的法義上的激烈爭論，自真鑑提出後，綿延至民國時期而未止。

關於這場詮釋衝突，目前學界的研究成果，僅止於認識到其足為考察晚明時期佛教思想史的新視角，至於具體的議題以及所牽涉到的宗派，則尚未有人進行深入的探究。本論文之作，正是銜接了目前學界的研究成果，而予以推進深入，具體地聚焦到探究這場詮釋衝突的引爆者——交光真鑑，由其所自述之「大異舊說」的「判科」與「釋義」兩大方面，來詳加考察其所獨創的「十番顯見」之新詮釋，抉發出其新說之精義所在，並藉由兼論與其所極為抨擊的《楞嚴經會解》的比較，來釐清真鑑新說的不同之處。

研究結果顯示，在「判科」方面，真鑑所提出的「十番顯見」的科判，相較於唐、宋注疏中的科判，或是《會解》中的「隱結構」，都顯得更為扼要清晰，並且突出了其「顯見」的主題。而對於「十番顯見」在其整體經文詮釋中的定位，除了以科判的方式來呈現外，更深入全經的義理結構，分別由「宗趣通別」與「入道方便」的角度來多方定位，可說是以多重結構的定位來豐富「十番顯見」的意涵。而其所以會有如此的研究成果，關鍵是在於其在方法學上的轉向與建立。由《會解》會集諸家之說並附以己意的詮釋方式，轉為有意識地將前人原本作為一般方法論的科判，提升為特殊方法論，並建立了有關科判的方法學。然而，這樣的作法，固然能得出超越前人的創見，卻也不免有結構優先於主體，以及共時性優先於貫時性的疑慮產生，關於這部分，本論文也嘗試提出反省。

在「釋意」方面，本論文指出，真鑑在有關「十番顯見」的詮釋進路上，一改《會解》以破妄為主的詮釋進路，以及破顯並存的詮釋方式，而是單提「正脈」，以顯真為主，並由其顯真的進路來辯破《會解》與彰顯己說。此外，除了揭示出「十番顯見」是以「顯見性」為核心要義外，真鑑還進一步指出了「十番顯見」是對於真心的正面揭露，證成了十番所言之見性通於後之如來藏性，為本經特重之「本修因」，可說是以一「根性」來貫通了全經之前悟與後修。而真鑑對於「十番顯見」最重要的發明，則在於提出了「捨識從根」之說。其大別於《會解》所主張的天台止觀的修法，而指出「捨識從根」而修才是本經所言之真性定——楞嚴大定，並獨家深入發明了「捨識從根」即為《法華經》所言之實教、佛知見，以及為禪宗所言之「直指人心」等主張，可說是大有功於《楞嚴》奧義之闡發。

除了上述的研究成果外，本論文還特別針對前人對於「捨識從根」說所提出的批評，來澄清其中對於真鑑之說的誤解，並深入考察真鑑對於由識修入圓通的看法。此外，還就破妄與顯真二者的緊張關係，嘗試尋找出一個可能對話的新詮釋空間。企圖透過這兩方面的努力，來減低真鑑之說在《楞嚴經》詮釋史上所造成的衝突。

　　總結本論文的研究成果，可以確知真鑑所提出的「十番顯見」，在「判科」與「釋意」兩大方面，皆有超邁《會解》的創見。而這些創見的核心要義，便在於真鑑在《楞嚴經》詮釋史上所開創出的「根性法門」。

目
次

凡　例

一、凡本論文徵引之人，於其稱呼之後，不另加敬稱，如先生或大師等語，
　　一免尊此輕彼之弊。再者，不應於古大德敬稱大師，卻於阿難、富樓那
　　等尊者反倒直呼其名之故。

二、凡本論文徵引之原文，出自《大正新修大藏經》者，一律簡註爲《大正》；
　　出自《卍續藏經》者，簡註爲《卍續》；出自《新編縮本乾隆大藏經》者，
　　簡註爲《龍藏》，並皆於徵引之原文後直標其出處，不另附註於當頁下。

三、本論文研究的主要經典是《楞嚴經》，因此，在引用歷代對於《楞嚴經》
　　的相關注疏時，除了第一次列出該注疏的全名外，其後行文中，皆將「楞
　　嚴經」三字省略，只使用簡稱。如元代天如惟則的《楞嚴經會解》，簡稱
　　爲《會解》；明代交光眞鑑的《楞嚴經正脉疏》，簡稱爲《正脉疏》等。

第一章 緒 論

第一節 研究動機與目的

《楞嚴經》，全名為《大佛頂如來密因修證了義諸菩薩萬行首楞嚴經》，通常簡稱為《大佛頂經》、《佛頂經》、《首楞嚴經》或《楞嚴經》等〔註1〕。唐神龍元年，中天竺沙門般剌蜜帝在廣州制止道場譯出此經，並由房融筆受，烏長國沙門彌伽釋迦譯語〔註2〕。自譯出以來，備受歷代重視，影響層面既深且廣。民國初年的太虛，在其《大佛頂首楞嚴經攝論》中，即曾有一段扼要而精當的評論。他說：

> 本經於震旦佛法，得大通量（吾別有論，嘗謂震旦佛法，純一佛乘，歷代宏建，不出八宗……約其行相別之，則禪、淨、律、密、教是也。然一部中兼該禪、淨、律、密、教五，而又各各專重，各各圓極，觀之諸流通部既未概見，尋之一大藏教蓋亦希有；故唯本經最得通量。雖謂震旦所宏宗教，皆信解本經、證入本經者可也），未嘗

〔註1〕 關於本經的簡稱，有《大佛頂首楞嚴經》、《首楞嚴經》、《首楞嚴十卷經》、《首嚴密經》、《首楞嚴》、《首楞經》、《大佛頂經》、《楞嚴經》、《首經》、《楞嚴》與《佛頂》等諸多不同的稱法。見大松博典〈宋代における《首楞嚴經》受容の問題點〉，《駒澤大學禪研究所年報》第8號，1997年3月，頁135～136。另外，關於本經的版本，除本論文所採用的《大正藏》本外，尚有《高麗藏》本、金陵刻經處本、《頻伽藏》本與敦煌本等，詳見〔韓〕崔昌植《敦煌本《楞嚴經》の研究》（東京：山喜房佛書林，2005年），頁305～392。本經的校刊，則可參見〔韓〕崔昌植《敦煌本《楞嚴經》の研究》，頁395～414。

〔註2〕 見《大正藏》19，頁106。

有一宗取爲主經，未嘗有一宗貶爲權教，應量發明平等普入。〔註3〕
太虛的這段話，指出了《楞嚴經》與歷代各宗之間的密切關係。就經典本身而言，兼該了禪、淨、律、密、教，也就等於兼該了整個漢傳佛法，可以說是具體而微的精華。雖然如此，本經卻並非有所偏重於某一個宗派或行相，如《法華》之於天台、《華嚴》之於賢首……等，而是「各各專重，各各圓極」。即便並無任何一個宗派以之爲立宗的經典，卻也並未貶抑本經爲權教。換言之，各宗對於本經作爲實教，是具有廣泛的共識的，同時，各宗也在各自的基礎上，吸收了本經的內涵，來豐富自我〔註4〕。這說明了《楞嚴經》在漢傳佛法中，具有獨立（不依附於任何一宗）卻普遍（與各宗皆有關係）的特質。這一項特質，太虛認爲並未見諸其他經典，因此會說本經「最得通量」、「得大通量」，甚至有「震旦所宏宗教，皆信解本經、證入本經」的說法。太虛的這項觀察，也可由日、韓學者的研究成果得到呼應〔註5〕。

除了與各個宗派關係密切之外，歷代僧人，乃至在家居士，也不斷地投入對於本經的研究活動之中。就歷代對於本經的注疏而言，光是在數量方面，即已十分可觀。李富華指出，「其數量之大，在大乘經中只有《金剛經》、《心

〔註3〕 太虛大師全書編纂委員會編《太虛大師全書》（臺北：太虛大師全書編纂委員會，1970年再版），頁1533。

〔註4〕 關於《楞嚴經》與各宗的關係，可參見〔韓〕崔昌植《敦煌本《楞嚴經》の研究》，「第3章 諸註釋家の系譜」，頁255～271；〔日〕高峯了州《《首楞嚴經》の思想史的研究序說》，《龍谷大學論集》第3卷第348號，1954年12月，頁62～66；李治華《《楞嚴經》與中國宗派》，《中華佛學研究》第2期，1998年，頁207～229；〔日〕大松博典《《首楞嚴經》の研究》，《印度學佛教學研究》第39卷第2號，1991年3月，頁130～133；大松博典〈宋代における《首楞嚴經》受容の問題點〉，《駒澤大學禪研究所年報》第8號，1997年3月，頁139～144；楊維中〈論《楞嚴經》佛學思想的特色及其影響〉，《蘇州鐵道師範學院學報》（社會科學版），第18卷第3期，2001年9月，頁74～76；龔雋〈宋明楞嚴學與中國佛教的正統性——以華嚴、天台《楞嚴經》疏爲中心〉，《中國哲學史》第3期，2008年，頁33～47。

〔註5〕 日人大松博典即曾指出，自從《楞嚴經》譯出後，對其的研究，便超越了僧俗與宗派之別，尤其是自宋代以降的研究，更顯積極。而荒木見悟則認爲，即便在《楞嚴經》之前，早已譯出了《首楞嚴三昧經》，不過，相較之下，《楞嚴經》可說是更能符合中國人之宗教特質的經典。見大松博典《《首楞嚴經》の研究》，《印度學佛教學研究》第39卷第2號，1991年3月，頁130。而韓人崔昌植也指出，《楞嚴經》並未局限於任一宗派的教理，而是一部具有綜合性的修行指南經典。見崔昌植《敦煌本《楞嚴經》の研究》，頁3。

經》、《妙法蓮華經》等少數著名經典可以與之相比」〔註6〕。到民國時，保守估計，累積已有一百四十六種〔註7〕。至今，則當更不止於此數。而在宗教實踐方面，也是成果斐然〔註8〕，甚至有人提出建立「楞嚴專宗」的主張〔註9〕。即便是對於《楞嚴經》最爲反感，特地因此而撰寫了〈《楞嚴》百僞〉一文，羅列了一百零一條所謂的「僞撰之證」，主張「《楞嚴》一經，集僞說之大成」〔註10〕的呂澂，也不得不承認本經在漢傳佛法中的重要性與影響力，而說「賢家據以解緣起，台家引以說止觀，禪者援以證頓超，密宗又取以通顯教。宋明以來，釋子談玄，儒者闢佛，蓋無不涉及《楞嚴》也」〔註11〕。由以上所說，可以看出本經的重要程度〔註12〕。

〔註6〕 李富華釋譯《楞嚴經》（高雄：佛光出版社，1996年），頁 325。

〔註7〕 這還只是就中國的部分而言，尚未納入日本的部分。高峯了州曾指出，除了由唐至清的 68 家外，見諸《續藏》、《義天錄》及《東域錄》中，尚有 25 家。見〔日〕高峯了州〈《首楞嚴經》の思想史的研究序説〉，《龍谷大學論集》第 3 卷第 348 號，1954 年 12 月，頁 66。此外，李治華曾將中、日歷來的注疏加以羅列，並製成一表──「註疏量統計」，列出註者、註本與現存的數目，可資參考。詳見李治華《《楞嚴經》哲學之研究》（臺北：輔仁大學哲學研究所碩士論文，1994 年），頁 156〜170。

〔註8〕 可參考果濱《《楞嚴經》聖賢錄》（上）（臺北：萬卷樓圖書股份有限公司，2007 年）一書。

〔註9〕 詳見李治華《《楞嚴經》哲學之研究》，頁 53〜61。

〔註10〕 呂澂《經論攷證講述》（臺北：大千出版社，2003 年），頁 216。關於本經真僞的課題，並非本論文探討的重點。本論文的重點，在於考察有關《楞嚴經》的義理，其在詮釋衝突方面所面臨的問題，而不涉及真僞的考證。基本上，這是屬於兩類不同的研究範疇。關於真僞方面的問題，除了持僞經主張的呂澂的研究外，還可參見〔日〕望月信亨著，如實譯〈關於《大佛頂首楞嚴經》傳譯之研究〉，收錄於藍吉富主編《世界佛學名著譯叢 27・佛典研究初編》（臺北：華宇出版社，1988 年 2 月），頁 233〜249，以及張曼濤主編《《大乘起信論》與《楞嚴經》考辨》（臺北：大乘文化出版社，1978 年），其中有不少前人對於真僞爭辯的研究成果。此外，還有力破呂澂之說，持真經主張的陳由斌《《楞嚴經》疑僞之研究》（臺北：華梵大學東方人文思想研究所碩士論文，1998 年）可供參考。

〔註11〕 呂澂《經論攷證講述》，頁 216。

〔註12〕 除了在中國歷代具有十分重要的影響外，對於受到中國文化所影響的鄰近的國家，如韓國、日本與越南等，《楞嚴經》也造成了相當重要的影響。如韓國學者韓鐘萬便曾就《楞嚴經》之傳入韓國，及其經歷了高麗、朝鮮，直到近現代所受到的重視情況作出簡要的考察，並認爲現今韓國佛教界中的頓漸之爭，「是與《楞嚴經》有直接關係」。而日本則在平安時期，便針對《楞嚴經》的法義真僞進行爭辯。詳見〔韓〕韓鐘萬〈《楞嚴經》在韓、中、日三國的流傳及歧見〉，《佛學研究》，1994 年，頁 17〜20。有關《楞嚴經》在韓國自古

　　然而，本經的重要程度雖然無可置疑，卻並不表示本經毫無可論之處。就前文所提到的，古今注釋本經者如此之多的現象來看，其實，已透露出本經在內容上的豐富性，而這豐富性的另一面意涵，則是異議性〔註13〕。明代的袾宏，即曾引用盲人摸象的故事，來對於佛教經典的諸多異解發表看法。他說：

> 人執所摸，互相是非，觀者捧腹。今日譚經，何以異是？佛已涅槃，咨詢無繇。出情識手，爲想像摸，彼此角立，如盲譏盲，予實慨焉！
> （《卍續》19，頁1）

而他的這一份感慨，最主要的部分，正是針對諸家對於《楞嚴經》詮釋的爭論而發：「唯《首楞嚴》於諸經中更多疑義，由是諸盲競共鼓噪，交臂攢指，莫可誰何！」（《卍續》19，頁1）他甚至因此而特地撰寫了《楞嚴經摸象記》一書。然而，在他之後，有關《楞嚴經》的注疏，卻仍然是層出不窮。清康熙年間的盛符升，在爲《楞嚴經正見》一書撰寫序文時，也指出了《楞嚴經》詮釋史上這種諸多異議的現象。他說：

> 宋前，諸師源流如一。宋後，經解同異支分：如石門寂公之尊頂法，本以見性爲宗，而與靈源相抵，又於長水有義學之譏；如孤山圓公，用三止三觀貼釋全經，吳興岳公張大其說，而或指爲山外一家，尚非通義，至交光《正脉》尤力辨其非；如溫陵環公，於台觀外，別判見道等四科，卓然自立，足垂世訓，而謂璿、月、圓諸師皆不足

及今流傳情況的研究，目前當以崔昌植的研究最爲詳盡。詳見〔韓〕崔昌植《敦煌本《楞嚴經》の研究》，「第七篇　韓國《楞嚴經》流通史」，頁429～472。而在越南的流傳情況，經越南學者黎文松的考察，認爲當是在宋初由中國傳入，直到20世紀初期有越語後，更是將本經翻譯爲越語，並有大量的注疏出現，深受越南佛教界的重視。詳見〔越南〕黎文松《楞嚴經》在越南佛教中的傳承與影響〉，《宗教學研究》第2期，2004年，頁186～189。

〔註13〕舉其大者而言，關於本經在教判上的定位，據金井峻純的研究，便大別爲三類：第一類，如智圓、仁岳、宗印與懷遠等，判本經爲醍醐味，於《法華》、《涅槃》之間。第二類，則如戒環所言，判爲熟酥與醍醐之間。第三類，如傳燈與智旭，則判爲生酥味。見〔日〕金井峻純〈孤山智圓における《首楞嚴經》の講讚〉，《天台學報》第29號，1986年，頁153。又如本經中所言的奢摩他、三摩與禪那，各家有不同的解說。岩城英規曾就天台一系自唐代至明末對此的詮釋進行考察，指出在唐代是將其解釋爲相應於一心三觀，而自宋代至明末，則進一步發展出各式各樣對應於止觀的詮釋。詳見岩城英規〈《首楞嚴經》注釋書考〉，《印度學佛教學研究》第52卷第2號，2004年3月1日，頁144～148。

爲繩準，亦屬過論；如師子林惟公，集唐、宋九師爲《會解》，南北

講席宗之者百年，議者又有延津刻舟之歎。凡若此者，黨伐互諍，

入主出奴。（《卍續》91，頁1）

在此所說的「經解同異支分」、「黨伐互爭，入主出奴」，固然牽涉到宗派立場
的不同〔註14〕，或主禪宗，或主台宗，也有力扶賢首，甚至是擺落諸宗者，
然而，更重要的緣故，應該還是袾宏所說的「唯《首楞嚴》於諸經中更多疑
義」所致。

　　本論文所要研究的課題，正是在這諸多疑義中十分重要的一項，即晚明
時期的交光眞鑑，在其所著的《楞嚴經正脉疏》〔註15〕中所提出的「十番顯
見」的說法。

　　有關明代在整個《楞嚴經》詮釋史上的位置，夏志前曾就注疏數量比
重的角度，指出明代，尤其是晚明時期，是遠遠地超過了其他的朝代。他
說：

從數量上看，明代（特別是晚明）的《楞嚴經》注解，占歷代注解

的半數以上。另外，《明史·藝文志》所著錄的《楞嚴經》注疏，凡

〔註14〕　關於《楞嚴經》詮釋史上所牽涉到的宗派立場的角力問題，龔雋曾有獨到的
　　　　　研究。詳見龔雋〈宋明楞嚴學與中國佛教的正統性──以華嚴、天台《楞嚴
　　　　　經》疏爲中心〉，《中國哲學史》第3期，2008年，頁33～47。
〔註15〕　在賴永海主編的《中國佛教通史》中，即曾簡略地點出「隨著明末禪教關係
　　　　　的深入討論，其間《楞嚴經》疏釋，頗受人關注的是交光眞鑑《楞嚴正脉》
　　　　　十卷」。見賴永海主編《中國佛教通史》（第十二卷）（南京：江蘇人民出版社，
　　　　　2010年11月），頁588。其實，眞鑑的《正脉疏》，其在《楞嚴經》詮釋史上
　　　　　的重要性與影響性，並不僅止於明末而已。關於這方面，可參見本章第四節
　　　　　「交光眞鑑的生平及其著作簡介」，由其中明、清兩代之《楞嚴經》詮釋者對
　　　　　於眞鑑的評論，當可一窺《正脉疏》在《楞嚴經》詮釋史上的重要性與影響
　　　　　性。此外，承襲眞鑑《正脉疏》而來的注疏系譜，自明末至清，綿延不絕。
　　　　　詳見〔韓〕崔昌植《敦煌本《楞嚴經》の研究》，頁262～264。即便至民國時
　　　　　期，仍有圓瑛的《大佛頂首楞嚴經講義》（臺北：大乘精舍印經會，2004年2
　　　　　月修訂初版）一脉相承。自眞鑑成書至民國時期，時間約有三百餘年，其在
　　　　　《楞嚴經》詮釋方面的影響力不言可喻。另外，越南學者黎文松曾指出：「自
　　　　　從《楞嚴經》在中國唐代出現後，宋、元、明、清等幾個朝代都有不少作者
　　　　　爲其做注、疏等，但越南佛教只對明代釋眞鑑的《楞嚴經正脉》和釋函是的
　　　　　《楞嚴經直指》感興趣。」見〔越南〕黎文松《楞嚴經》在越南佛教中的傳
　　　　　承與影響〉，《宗教學研究》第2期，2004年，頁187。雖然黎氏所言的原因
　　　　　尚不得而知，不過，至少可以看出眞鑑《正脉疏》的影響力不只及於中國而
　　　　　已，還影響到了域外的越南。

13 部 124 卷，在數量上也比《心經》的 4 部 4 卷和《金剛經》的 6 部 11 卷要多得多。〔註 16〕

而由這注疏特多的特點，夏氏進一步指出，「晚明時期《楞嚴經》注解的興盛以及由此而來的論諍，確是我們考察晚明佛教思想史的新的視角」〔註 17〕。這說明了晚明時期所以值得重視，並不只是數量的問題而已，還有更重要的，便是由此而形成的各家的爭論。在這各家的爭論中，爭議最大、影響層面最廣與最久的，當屬真鑑與台宗人因對於《楞嚴經》詮釋上的不同見解所引起的衝突：

> 晚明的《楞嚴》之諍，最引人矚目的當是天台家與其反對者之間進行的論戰。……與晚明天台家因《楞嚴》而交惡最深的當數交光真鑑，他與天台學者的論諍，也成為牽涉最廣的公案，晚明時期的注家對此多有自己的回應。〔註 18〕

夏氏認為，「交光及其《正脈》的遭遇，可以作為晚明《楞嚴》之諍的一個縮影，它映射著晚明時期佛教的思想狀況」〔註 19〕。雖然夏氏點出了這個現象，不過，有關這場爭論具體的來龍去脈以及真鑑的主張，由於並非其探究的重點〔註 20〕，所以無法於文中一窺其究竟。

歷來對於真鑑與《正脈疏》的評論甚多，有批評他「擇法未端，立宗太勇」、「割剝全經」、「最僻謬而灼違經旨」、「錯亂科判」、「佛法不會」，甚至警告他不要因為謗法而招致「無間業」，認為應當斬首……等，卻也有讚許他「奧義闡盡」、「高出羣疏」、「超越古今」，乃至如「無上希有之寶」，可謂正反兼

〔註 16〕見夏志前〈《楞嚴》之諍與晚明佛教——以《楞嚴經》的詮釋為中心〉，《中國哲學史》第 3 期，2007 年，頁 30。關於這一點，韓人崔昌植也同樣指出，在中國《楞嚴經》史上，撰作最多註釋書籍的便是明代。見崔昌植《敦煌本《楞嚴經》の研究》，頁 221。

〔註 17〕夏志前〈《楞嚴》之諍與晚明佛教——以《楞嚴經》的詮釋為中心〉，《中國哲學史》第 3 期，2007 年，頁 27。

〔註 18〕夏志前〈《楞嚴》之諍與晚明佛教——以《楞嚴經》的詮釋為中心〉，《中國哲學史》第 3 期，2007 年，頁 31～32。

〔註 19〕夏志前〈《楞嚴》之諍與晚明佛教——以《楞嚴經》的詮釋為中心〉，《中國哲學史》第 3 期，2007 年，頁 32。

〔註 20〕夏氏說：「這種具體的義理上的論諍，可以說是晚明《楞嚴》之諍的主流。但論諍所涉及的議題以及所牽涉的宗派，本文尚不能展開論述。」夏志前〈《楞嚴》之諍與晚明佛教——以《楞嚴經》的詮釋為中心〉，《中國哲學史》第 3 期，2007 年，頁 32。

具、褒貶參半〔註21〕。問題是，明明是同樣的一部著作，何以竟會有如此截然相反的評論？而眞鑑這部著作所引起的爭議，在本經的詮釋史上，可以說是波瀾之最大者，則又該如何來解決這一項爭議？如果要對於其全書進行詳細的探究，則工程過大，客觀條件目前並不允許〔註22〕。那麼，究竟該由何處下手？幾經思量，筆者決定先選取《正脉疏》中的「十番顯見」之說，來進行研究。

　　「十番顯見」，爲科判的名稱，就經文而言，是屬於眞鑑科判《楞嚴經》全部經文中的一部份。這部分的經文，以釋迦牟尼佛與阿難的對話爲主，兼有波斯匿王與文殊師利的發言，共計十個回合〔註23〕，因此稱做「十番」。

〔註21〕有關前人對於眞鑑與《正脉疏》的評論，詳見本章第四節「交光眞鑑的生平及其著作簡介」。

〔註22〕李富華曾指出，在《正脉疏》詮釋中的《楞嚴經》，「涉及大乘佛教思想的範圍是相當廣泛的，它含蓋了《般若經》諸法性空的思想，《華嚴經》事事無礙、一眞法界的思想，《法華經》諸法實相和開權顯實的思想，《涅槃經》的佛性說……」。李富華〈關於《楞嚴經》的幾個問題〉，《世界宗教研究》第3期，1996年，頁81。事實上，這還僅是就《正脉疏》的詮釋內容而言，還並未言及眞鑑對於他家評判的部分，以及牽涉入這場爭論的其他議題與著作。這便是夏志前曾說「論諍所涉及的議題以及所牽涉的宗派，本文尚不能展開論述」的原因所在。

〔註23〕這十個回合中所提出的問題，分別是首番的「阿難，汝先答我見光明拳。此拳光明因何所有？云何成拳？汝將誰見」（《大正》19，頁109），二番的「一切眾生不成菩提及阿羅漢，皆由客塵煩惱所誤。汝等當時因何開悟，今成聖果」（《大正》19，頁109），三番的「願聞如來顯出身心眞妄虛實、現前生滅與不生滅二發明性」（《大正》19，頁110）與「云何發揮證知此心不生滅地」（《大正》19，頁110），四番的「若此見聞必不生滅，云何世尊名我等輩遺失眞性、顛倒行事」（《大正》19，頁110），五番的「我雖承佛如是妙音，悟妙明心元所圓滿常住心地，而我悟佛現說法音，現以緣心允所瞻仰。徒獲此心，未敢認爲本元心地。願佛哀愍，宣示圓音，拔我疑根，歸無上道」（《大正》19，頁111），六番的「我雖識此見性無還，云何得知是我眞性」（《大正》19，頁111），七番的「我與如來觀四天王勝藏寶殿居日月宮，此見周圓，遍娑婆國；退歸精舍，只見伽藍，清心戶堂，但瞻簷廡。世尊，此見如是，其體本來周遍一界，今在室中唯滿一室，爲復此見縮大爲小？爲當牆宇夾令斷絕」（《大正》19，頁111），八番的「若此見精必我妙性，令此妙性現在我前，見必我眞，我今身心復是何物？而今身心分別有實，彼見無別分辨我身。若實我心，令我今見。見性實我而身非我，何殊如來先所難言物能見我」（《大正》19，頁112），九番的「覺緣遍十方界，湛然常住，性非生滅，與先梵志娑毘迦羅所談冥諦，及投灰等諸外道種說有眞我遍滿十方，有何差別？世尊亦曾於楞伽山，爲大慧等敷演斯義：彼外道等常說自然，我說因緣非彼境界。我今觀此覺性自然，非生非滅，遠離一切虛妄顛倒，似非因緣與彼自然。云何

而「十番」對話的主題，則都圍繞在闡述「見性」這項課題上〔註24〕，因此名爲「十番顯見」。爲何不選擇其他主題，而是選取「十番顯見」呢？筆者的考量是：首先，在明代，即已有「十番顯見創自交光」〔註25〕的說法，可見「十番顯見」足以作爲代表眞鑑個人對於《楞嚴經》的一項獨到而重要的見解。這是由他人的角度來看。而就眞鑑自己來說，也認爲這「十番顯見」之說，是《楞嚴經》全經主旨中最重要的部分。眞鑑在與袾宏往返論難《楞嚴經》義理的信件中，即曾經說道：「此經文雖十卷之多，而始終惟破識指根四字而已。」〔註26〕眞鑑所說的「破識指根」，其中的「破識」，指的是「七番破處」〔註27〕的主題，而「指根」，則正是「十番顯見」的部分。眞鑑在此指出，其個人認爲全經的主旨，便在於揭示了「破識」與「指根」兩項主題。而「破識」的提出，正是爲了「指根」得以揭露出來。因此可以說，雖然眞鑑在與袾宏交談的信件中，指出了「破識」與「指根」兩項主題，實際

開示不入群邪，獲眞實心妙覺明性」（《大正》19，頁112），以及十番的「必妙覺性非因非緣，世尊云何常與比丘宣說見性具四種緣？所謂因空、因明、因心、因眼，是義云何」（《大正》19，頁113）。

〔註24〕關於「見性」這項課題，釋常海曾扼要地指出：

「見性」一詞在中國佛教整個思想體系中，是一個相當重要的理論和實踐問題。自從「見性」概念被中國的祖師大德，從浩瀚的佛教經典當中拈提出來之後，「見性」一詞一方面幾乎構成和涵蓋了中國佛教在後期的主要面貌（唐中期以後的佛教界），另一方面在這一概念的影響與孕育下，中國佛教也誕生了許多名垂千古的祖師聖賢和精深廣博的佛教思想家。

甚至有「見性思想實際上已經代表了中國佛教在後期的主要宗旨」的說法。見釋常海〈《楞嚴經》見性思想探微——《楞嚴經》系列研究之二〉，《閩南佛學》第五輯，2008年3月，頁234。

〔註25〕見〔明〕智旭《楞嚴經文句》（《卍續》20，頁475）。

〔註26〕該文收錄於〔明〕袾宏《雲棲大師遺稿》中。見《大藏經補編》23，頁7。

〔註27〕關於「七番破處」的說法，是由眞鑑所提出。其談論的經文內容，是在《楞嚴經》首卷開頭處，佛陀與阿難以七個回合的問答來探討妄心之所在。關於這一部分的經文，在眞鑑以前，向來標目爲「七處徵心」。眞鑑之所以改變了前人的說法，有其原因。他說：

古謂「七處徵心」，亦是汙漫之言。徵者，逼索、令其說處之意，如上科云「惟心與目何所在」是也。詳下更無如是徵辭，何立七徵？向下七番，但是隨執隨破。若云「七番破處」，則不謬矣！（《卍續》18，頁331）

若依經文的用意而言，筆者的立場，是較傾向於支持眞鑑的說法。同時，由於本論文是以研究眞鑑的著作爲主，所以在以下的行文中，一律以「七番破處」稱之。

上，主旨中唯一的要點，其實正是在於「指根」，即「十番顯見」之說。這一點，可以用眞鑑在《楞嚴經正脉疏懸示》中所說的一段話，來作爲證明。他說：「此顯示根性，非但只爲經初要義，而全經始終，皆以此爲要義。」（《卍續》18，頁 279）既然眞鑑認爲「全經始終，皆以此爲要義」，則要探究眞鑑對於《楞嚴經》的詮釋，這「十番顯見」之說，豈不是最重要且最明顯的切入點嗎？

此外，眞鑑所判釋爲「十番顯見」的經文，古來諸師皆分判屬於「見道分」〔註28〕，可說是本經十分重要之處。明代的傳燈，在〈《楞嚴經圓通疏》序〉中就曾說：「見道而後修道。見道有所未諦，則修道何施？」（《卍續》19，頁 402）強調了見道在本經的重要性與優位性。其實，這段話後面不繼續提及證果的原因，正是因爲見道、修道與證果三者，具有因果順序的連帶關係，當前面的關係不成立時，後面自然不足與論。而這樣的觀點，早在元代惟則的〈《大佛頂首楞嚴經會解》敍〉中，即已有所說明：

> 依究竟堅固之理，立究竟堅固之行。修究竟堅固
> 之行，證究竟堅固
> 之理。《楞嚴》教旨，大抵如是。（《卍續》19，頁 407）

所謂「究竟堅固之理」，即是所見之道。必須依此道而立行，即是依見道而修道。修道之後所證之果，必須符合最先所見之道。因此，如果見道有誤，失之毫釐，終將差之千里。而明代的圓澄，其《楞嚴經臆說》只詮釋完了「見道分」，即擱筆不註，還自設問答解釋，強調「惟此見道一分，學者當盡其心」（《卍續》19，頁 397），也可看出見道分經文在本經全文中的優位性。而這樣

〔註28〕關於本經在內容上普遍的分段方式，明代祩宏在其《楞嚴經摸象記》的說法，可資參考。他說：「此經序、正、流通三分，溫陵、長水所定略同，而正宗中，開爲見、修、證、結、助五科，亦甚當理。」（《卍續》19，頁 2）在此所說的「序、正、流通三分」，是與其他經典相同的分段法，而「正宗中，開爲見、修、證、結、助五科」，則是專就本經的內容所再做出的進一步分段，在祩宏以前，即已如此分科。元代的惟則，在〈《大佛頂首楞嚴經會解》敍〉中，即曾就本經歷來科分的大結構特別說明。他說：

> 科經者，合理、行爲正宗，離正宗爲五分：一見道，二修道，三證果，四結經，五助道。謂見道而後修道，修道而後證果，此常途之序固爾。（《卍續》19，頁 407）

在此所說的「常途之序」，指的是本經正宗分內容的敍述進程，符合實際修行時的進程：首先必須見道，清楚目標，才不會在實踐時錯失方向。而修道則必須依循所見之道前進，最後則能證所見、所修之道果。眞鑑所判的「十番顯見」，正屬於正宗分中的見道分。

的觀點，其實，也正符合了《楞嚴經》所強調的重視「本修因」〔註29〕，以及因的正確與否對於果的影響〔註30〕。

雖然筆者決定要以「十番顯見」作為研究的主題，不過，必須先釐清的是，這一項主題是否已經有人研究過？如果有，是否還需要再費此功夫？經筆者查考後，發現今人對於「十番顯見」這一項主題的研究，涉及較深的，主要有五篇研究成果。分別是張成鈞的《《楞嚴經》中身心關係之探究》〔註31〕，熊師琬的《楞嚴經》思想之特色——富有文學與哲學價值〕〔註32〕，胡健財的〈從《楞嚴經》「十番辨見」試論真心之體認〉〔註33〕與〈《楞嚴經正脉疏》「指見是心」詮釋意涵之探析〉〔註34〕，以及釋常海的〈《楞嚴經》見性思想探微——《楞嚴經》系列研究之二〉〔註35〕。這五篇研究成果，各有所重。張氏的研究，著重在《楞嚴經》所言及之身心關係的考察。熊師的研究，重在以「七處徵心」與「十番顯見」為例，來發揮《楞嚴經》所具有的文學與哲學方面的特質。而胡氏，則重在論述對於真心的體認，以及有關「十番顯見」之首番「指見是心」的詮釋。至於釋常海的研究，則是就《楞嚴經》中論及見性的十個方面的經文加以疏釋〔註36〕。雖然這五篇研究談論的重點各有側重，不過，共通之處，則是都關注在《楞嚴經》本身，「十番顯見」只是藉以發揮論述的管道而已〔註37〕。而筆者所企圖探究的，正是有

〔註29〕 《楞嚴經》在論及「初心二決定義」的「第一義」時，曾強調說：「應當審觀因地發心與果地覺為同？為異？」（《大正》19，頁122）又說：「若於因地以生滅心為本修因，而求佛乘不生不滅，無有是處。」（《大正》19，頁122）

〔註30〕 《楞嚴經》說：「因地不直（筆者案：「直」字，古本多作「真」），果招紆曲。」（《大正》19，頁132）

〔註31〕 張成鈞《《楞嚴經》中身心關係之探究》（臺北：政治大學哲學研究所碩士論文，1996年）。

〔註32〕 熊師琬〈《楞嚴經》思想之特色——富有文學與哲學價值〉，《法光》第162期，2003年3月，頁2～4。

〔註33〕 胡健財〈從《楞嚴經》「十番辨見」試論真心之體認〉。該文收錄於《華梵大學第六次儒佛會通學術研討會論文集》上冊（臺北：華梵大學哲學系，2002年），頁243～268。

〔註34〕 胡健財《《楞嚴經正脉疏》「指見是心」詮釋意涵之探析〉。該文收錄於《第一屆楞嚴經學術研討會議論文集》（臺北：華梵大學佛教學系，2011年5月），頁133～144。

〔註35〕 釋常海〈《楞嚴經》見性思想探微——《楞嚴經》系列研究之二〉，《閩南佛學》第五輯，2008年3月，頁234～249。

〔註36〕 關於這五篇研究成果的介紹，詳見本章第二節「前人研究成果」處。

〔註37〕 只有胡氏《《楞嚴經正脉疏》「指見是心」詮釋意涵之探析〉一文，其探究的

別於以上的研究，不是將焦點放在經文上，而是將焦點向後挪動，移到古人
對於經文的詮釋，也就是注疏上。換言之，焦點不是在《楞嚴經》的經文，
而是在眞鑑所提出的「十番顯見」的疏文上，這其實是屬於詮釋層面的課題。
關於這方面的研究，目前仍屬罕見〔註38〕。

　　確認目前並無針對「十番顯見」疏文進行全面性研究的成果後，必須進
一步追問的是，眞鑑這部分的疏文，究竟有何問題亟待解決、值得解決且必
須解決？筆者認爲，眞鑑曾說過的一句話，是一條相當重要的線索。他在《楞
嚴經正脉疏懸示》中，曾說：「解中判科、釋意，大異舊說。」（《卍續》18，
頁259）就眞鑑的這句話來看，則必須要問的是：眞鑑的疏文爲何要「大異舊
說」？有何獨到的發明？眞鑑所謂的「舊說」，所指涉的對象爲何？其意涵，
是否眞的如眞鑑所陳述的？還是眞鑑有所誤讀？而眞鑑認爲的「異」，在於何
處？是否眞有道理？此外，其與「舊說」之間的關係，眞的只能是如其所言
的水火不容，因此必須新出「大異」之說，或是其實可以找尋出共存的平衡
點？這些大方向的問題如果不加以處理，輕，則恐怕造成各說各話，紛爭仍
會持續下去，這是屬於學理的層面；重，則絕對會影響到依循眞鑑的疏文來
進行修持《楞嚴經》者，這方面，則牽涉到宗教實踐的層面。

　　　　重點，不在於經文本身，而是在對於經文的詮釋。

〔註38〕除了上文所舉的胡健財〈《楞嚴經正脉疏》「指見是心」詮釋意涵之探析〉一
　　　　文外，就國內目前可見的十部與《楞嚴經》相關的學位論文來看，也僅有蔡
　　　　旻芳《明末註疏對《楞嚴經》「五十陰魔」之研究》（宜蘭：佛光人文社會學
　　　　院宗教研究所碩士論文，2005年），是屬於有關詮釋層面的研究。此外，則
　　　　有拙作《楞嚴經》詮釋史上的一個問題〉，發表於2009年南山佛教文化研
　　　　討會；〈試析交光眞鑑對於《楞嚴經會解》中「破妄見」之說的批評〉，《第
　　　　一屆楞嚴經學術研討會會議論文集——《楞嚴經》的學術與宗教詮釋》（臺
　　　　北：華梵大學佛教學系，2011年5月），頁25～49；〈論交光眞鑑對於《楞
　　　　嚴經》「八還辨見」說的看法〉，《2011年鶴山21世紀國際論壇‧宗教論壇
　　　　論文集》（臺北：普音文化事業股份有限公司，2011年6月），頁127～154。
　　　　其餘，則要以日本學者較多地投入這個研究領域。如岩城英規的〈智旭と山
　　　　外派——《首楞嚴經》解釋に見る連續性と非連續性——〉，《印度學佛教學
　　　　研究》第50卷第2號，2002年3月1日，頁636～641；〈《首楞嚴經》の解
　　　　釋——《圓覺經》注釋との比較に焦點を當てて——〉，《印度學佛教學研究》
　　　　第53卷第1號，2004年12月，頁105～109；〈智旭と智圓——《首楞嚴經》
　　　　注釋の比較に焦點を當てて——〉，《印度學佛教學研究》第54卷第2號，
　　　　2006年3月，頁97～102，以及金井崚純〈孤山智圓における《首楞嚴經》
　　　　の講讚〉，《天台學報》第29號，1986年，頁150～153等文。

　　由眞鑑所說的「解中判科、釋意，大異舊說」來看，筆者認爲，關於「十番顯見」的研究，應該區分爲兩個層面：第一個層面，是關注在「十番顯見」的「判科」方面。第二個層面，則是針對這「十番顯見」內容的「釋意」所進行的探討。

　　首先，是有關「十番顯見」的「判科」方面。關於這方面，前人曾有「科判失准，則理義自差」（《卍續》17，頁683）的說法。可見「判科」一事的重要性，以及其對於「釋意」的制約性。關於「十番顯見」的經文，在眞鑑之前，「八還辨見（筆者案：或作「辯見」）之說，已可說是通判，至今詮釋《楞嚴經》者，仍多有沿用。不過，眞鑑對於如此的判法，卻是大有異見。他說：「舊將八還辯見對前七處徵心，……七徵固是潦草之言，而又獨以此八還爲辨見，仍以對前七徵，尤爲孟浪之語。」（《卍續》18，頁379）因此，他力辯此科之非，而改科創爲「十番顯見」之說。如果就經文而言，不論是眞鑑，或是其他人，所見的經文並未有所出入，然而，何以判科竟會有如此大的差異？此外，除了主張「辨見」與「顯見」兩種說法外，還有《會解》〔註39〕所說的「破見」。眞鑑之創爲「十番顯見」之說，正是由於不滿《會解》的詮

〔註39〕《會解》，指的是元代的天如惟則，其會集唐、宋九家《楞嚴經》注疏而成的《楞嚴經會解》。有關惟則與《會解》，可參見本章第四節之「參、簡介惟則與《會解》」。關於《會解》在《楞嚴經》詮釋史上的重要性與影響性，可由最爲反對其說的眞鑑的說法來看出。眞鑑在《楞嚴經正脈疏懸示》中，即曾指出：

> 斯經流通震旦，自唐及今，千有餘載。領其義理、形於文辭者，固不可勝紀，而部帙名家，幾滿十數。天如取九家著作而會通去取，補以己意，目爲十家會解。自謂具眾美而斷猶豫，義無不盡。人亦服其該博，而復樂其簡要，切中時機。是以交口讚善，而兢相講習。自元末及今二百餘年，海內慕《楞嚴》而講聽者，惟知有《會解》，而他非所尚。故尋經旨者，須從《會解》中通釋之。有不通者，則歸罪於經之玄奧難明，罕有敢疑註家通達之未盡也。間有略疑議者，則叢口交謗，如悖逆人。（《卍續》18，頁259～260）

由眞鑑之說可知，《會解》可說是集唐、宋二代對於《楞嚴經》詮釋之大成，並自元末成書後，直到眞鑑所處的明萬曆年間，在這「二百餘年」中，幾乎壟斷了其他對於《楞嚴經》詮釋的空間。即便在眞鑑完成《楞嚴經正脈疏》之後，仍有幽溪傳燈特別爲了發明《會解》，而撰作了《楞嚴經圓通疏》，並將其疏文一一附於《會解》的解文之後。一直到清末，還有諦閑特地將惟則的《《會解》敘》加以科判並詮釋，而撰作了《楞嚴經序指味疏》。由此可見，《會解》的重要性與影響力，其實並不只有「二百餘年」而已。有關明、清兩代承襲《會解》而來的注疏系譜，可參見〔韓〕崔昌植《敦煌本《楞嚴經》の研究》，頁258～260。

釋而發的。因此，如果要眞正明瞭眞鑑在「判科」方面究竟有何異於前人的特色，便必須先對《會解》以及其所徵引的諸師，就彼等對於經文的判科先作出考察，才能進一步對比出眞鑑的「十番顯見」之說在「判科」方面的獨見。而關於眞鑑所言的「十番顯見」，前人曾有評論。如與眞鑑同時代的智旭，曾有「寂音《合論》謂如來示阿難眞見文有九段，……交光巧取用之」（《卍續》20，頁 475）的說法，這牽涉到的，是眞鑑將「十番顯見」的經文分判爲「十番」的由來，是否眞的前有所承？關於這部分，必須由詳細查考《合論》說法的原貌來入手。又如清代的靈耀，曾有「交光……作十重顯見之科，是爲平頭十王，略無統攝，所不取焉」（《卍續》23，頁 640）的批評，這部分則關係到「十番顯見」的層次問題。而除了藉由與他家判科的對比，亦即由外部來明瞭眞鑑重新判科的特色外，還必須由內部，亦即「十番顯見」在眞鑑所分判的全經結構中的定位，以及由眞鑑所特別發明的全經「宗趣通別」與「入道方便」而言的定位來深入理解其說。而在分別由內部與外部來考察眞鑑對於「十番顯見」的「判科」之餘，還必須更爲深入探討的，則是有關其由獨標「正脉」、特重語脉所建立起來的有關科判的方法學內涵，因爲這是其所以能「大異舊說」的根源所在，同時，這樣的方法學除了其所見之外，是否有其所蔽之處，也必須加以反省。

　　其次，是有關「十番顯見」的內容疏釋方面。由於眞鑑另出新說的主要原因，在於其不滿元代天如惟則在《楞嚴經會解》中的說法。因此，在這方面必須首先考察的是，雙方在詮釋進路上有何差異？並且，還需就眞鑑對於《會解》進路的辯破一事，來深入理解其主張的眞意所在。此外，就二者的關係來看，眞鑑與《會解》的主張，是否眞的只能是如眞鑑所呈現出來的勢不兩立、相互衝突，還是可以尋找出一個可能對話的新詮釋空間，來解決由此而綿延不絕的、數百年來的爭端？而除了在就眞鑑與《會解》的差異來理解其所提出的「十番顯見」外，眞鑑在對於「十番顯見」首番「指見是心」詮釋的最後，曾有「此下於見性九番開示，乃所以答前四義而同後五義」（《卍續》18，頁 359）的與心性有關的說法，這意味著其所提出的「十番顯見」，恐怕並非只有經文表面可見的「顯見」意涵而已，可能還牽涉到其對於《楞嚴》全經心性意涵的詮釋。關於這部分，其詮釋的內容與用意所在，以及在全經心性意涵中的地位，也必須加以探討。而更重要的，則是有關「十番顯見」深層意涵的發掘。在這方面，眞鑑有何獨家發明？其與本經所揭示的楞

嚴大定是否有所關連？又是否有溢出於本經範疇，跨越至其他經教的發明？而在眞鑑之後，清初的錢謙益，在其《楞嚴經疏解蒙鈔》中，曾有「今師開章立義，廣伸互析，似是而非，略有三端」（《卍續》21，頁 103）的說法，這「似是而非」的三端中的前二端，分別是「一曰：徵心顯見也」（《卍續》21，頁 103）與「二曰：破識用根也」（《卍續》21，頁 103）。這兩端，其實都是針對眞鑑所提出的「十番顯見」之說而發。而對於眞鑑「十番顯見」提出批評者，又不止於錢氏一人，則有關後人的批評，似也應該予以考察，如此，才能給予眞鑑之說客觀而公允的論斷。

上述這些有關「判科」與「釋意」兩大方面所面臨的諸多問題，實是亟待解決，卻尚未有人進行探究。因此，本研究即希望透過解決這些問題，來達成確認眞鑑的「十番顯見」之說在《楞嚴經》詮釋史上的價值，並釐清眞鑑與《會解》之間的爭議。

第二節　前人研究成果

與本論文題目相關的研究成果，可概分爲如下三大類。一是與本論文所探討的主題「十番顯見」相同或相近的研究。其次，則是雖與本論文的主題不同，不過，在其論述的過程中，也觸及了「十番顯見」的經文，而與本研究的主題有所重疊。這第二大類的研究，也如同第一大類的研究一般，可爲本研究過程提供對話的空間。至於第三大類，則是指其雖然也是研究《楞嚴經》，不過，與本論文的主題較爲疏遠，對話空間也較小的一類。這一類的研究成果，前人已有詳盡介紹者，在此不妨取人之美，以免辭費與重出之譏，僅將重點集中在前人未詳加介紹的部分，包含國外的研究成果。因此，以下的評介，筆者將採取詳人所略、略人所詳的切入方式，特別關注在前兩類的研究成果。

壹、題目與「十番顯見」相同或相近的研究

目前的研究成果中，標明研究主題最爲接近「十番顯見」的，主要是胡健財的〈從《楞嚴經》「十番辨見」試論眞心之體認〉、〈《楞嚴經正脈疏》「指見是心」詮釋意涵之探析〉，以及釋常海的〈《楞嚴經》見性思想探微——《楞嚴經》系列研究之二〉三文。以下將分別進行簡介。

一、胡健財〈從《楞嚴經》「十番辨見」試論真心之體認〉

若就本文的題目來看，其實，恐怕尚與本論文的主題有所出入。因爲一者爲「顯見」，一者爲「辨見」。所謂「顯見」，是就眞見而言，而「辨見」之意，似乎意味著對於「見」進行區別辨析，則所言及者，必然是眞見與妄見兼言。當然，關於這部分的區別，並不是作者的重點所在，因此，作者在文中對於作「十番顯見」或是「十番辨見」，似乎並未認爲有加以區別的必要〔註40〕。其所關注的焦點，是集中在「眞心之體認」的部分。而由另一方面，也可以看出作者留意之處，確實是在「眞心之體認」的部分。作者對於十番的經文，採取順著經文梳理意義的方式進行，並於各番最後做一小結，同時，也有對於讀者提出問題。這樣的作法，其實已經跨越了作者對於經文層面的詮釋，而進入另一層屬於作者與讀者進行對話的層次，而這一層次所展現出的，正是對於「體認」的關懷。

就以上的介紹，可以看出，作者所採取的基本預設立場，是以「十番辨見」爲定論，而做出後續對於「眞心之體認」的闡述，並不是就「十番顯見」與「十番辨見」二說進行辨析，這一點與本研究所關注的焦點有所不同。雖然如此，作者對於十番經文的闡述，卻仍有助於筆者進行研究時作爲參考之用。

首先，是作者所列出的十番的科文，與眞鑑所說的雖似大同小異〔註41〕，

〔註40〕作者說：「因爲『七處徵心』是破除我們對妄心的誤認，破妄之後，而阿難仍不知『心』在哪裏？於是，如來乃藉『見性』作比喻，共有十番的說明，前人稱爲『十番辨見』或『十番顯見』。」見胡健財〈從《楞嚴經》「十番辨見」試論眞心之體認〉，《華梵大學第六次儒佛會通學術研討會論文集》上冊，頁243。

〔註41〕胡氏所列出的十番科文，分別是「一、能見是心——眼是見緣」、「二、見性不動——動者是塵」、「三、見性不滅——超越生死」、「四、見性不失——雖迷不失」、「五、見性無還——可還是塵」、「六、見性不雜——雜者爲物」、「七、見性無礙——有礙是相」、「八、見性不分——見無是非」、「九、見性超情——見離分別」、「十、見見非見——著即非眞」。見胡健財〈從《楞嚴經》「十番辨見」試論眞心之體認〉，《華梵大學第六次儒佛會通學術研討會論文集》上冊，頁244、248、251、253、254、257、258、260、263、265。這與眞鑑所科者，似乎是大同小異。眞鑑的十番科文，分別是「一、指見是心」（《卍續》18，頁356）、「二、示見不動」（《卍續》18，頁359）、「三、顯見不滅」（《卍續》18，頁365）、「四、顯見不失」（《卍續》18，頁369）、「五、顯見無還」（《卍續》18，頁375）、「六、顯見不雜」（《卍續》18，頁381）、「七、顯見無礙」（《卍續》18，頁385）、「八、顯見不分」（《卍續》18，頁389）、「九、示見超情」（《卍續》18，頁399）、「十、顯見離見」（《卍續》18，頁403）。

卻仍有所出入。即以首番的科文而言，眞鑑作「指見是心」，而作者則是作「能見是心——眼是見緣」。二者的差別，在於眞鑑科文中所指之「見」，若只就「指見是心」四字來看，並未明言其是否爲能所相對之「見」，而作者科文中之「見」，則顯然指的是能所相對之「見」，這一點看似細微的差異，卻足以造成對於經文理解的不同，甚至影響到其後九番經文的詮釋。這對於即將進入研究活動的筆者而言，是一項重要的提醒，也是一條重要的觀察線索。

其次，在研讀作者的論文時，關於部分名詞的理解及其意涵的界定，曾令筆者略微感到吃力。如以下的一段文字說：

> 所謂「見」，指眼中的「見性」，換言之，是能見之性；以它比喻「眞見」，也即是「眞心」。這個能見之性稱爲「見分」，見分所對是「相分」，見相二分代表著主觀與客觀的世界，同時，見相二分也表示能所相對，凡夫往往自以爲「能見」，亦以爲有「所見」，能所之中，執著甚深。其實，能所皆妄〔註42〕。

在這段文字中對於「見」的說明，筆者試著將相關者串連於下：

> 見 ⟷ 眼中的「見性」 ⟷ 是能見之性 ⟷ 稱爲「見分」

依據作者所說，這「見分」的屬性，是屬於能所相對之妄，則依序類推，「能見之性」當爲妄，「眼中的『見性』」當爲妄，「見」也當爲妄。然而，另一段文字的說法，則是：

> 即見論心，當下從眼中見性體認眞心，此一見性，絕對待，無能所，不落分別，若有分別，乃是「眼識」，不是「根中見性」。如是，顯「見精」中的「見性」，是「帶妄顯眞」；若能當下悟此見性爲「眞」，則是不動周圓，常住妙明〔註43〕。

在這段文字中，「見性」是「絕對待，無能所，不落分別」，是「眞」。同一「見性」，作者的說明卻是或眞或妄，究竟何者才是？又或者在十番經文中的「見性」一詞，有因爲所處的脈絡不同，而造成意涵有別的可能性？這個問題，一方面引起筆者的困惑，另一方面，卻也吸引著筆者想要一究其原委。

〔註42〕見胡健財〈從《楞嚴經》「十番辨見」試論眞心之體認〉，《華梵大學第六次儒佛會通學術研討會論文集》上冊，頁243。

〔註43〕見胡健財〈從《楞嚴經》「十番辨見」試論眞心之體認〉，《華梵大學第六次儒佛會通學術研討會論文集》上冊，頁244。

　　以上的這兩段文字，是作者在進入「十番辨見」的經文梳理之前，先就《楞嚴經》對於「見性」的基本看法所做出的介紹，即已呈現出如此不同的說法。而作者對於「見精」的說明，也令筆者感到困惑。在進入經文梳理之前，作者對於「見精」所做的介紹如下：

　　　妄見的見分是緣外境界，業識所變，能所歷然，亦稱爲「見精」—
　　　—具有能見之「精明」〔註44〕。

在此所說的「見精」，是「妄見的見分」。而在進入經文的說明後，作者的說法，則是：

　　　眞月，喻妙明眞心；第二捏目之月，喻眼中見精；水中月影，喻緣
　　　塵分別之心。緣塵分別，故有能見、所見；於一體中，妄成見、相
　　　二分〔註45〕。

　　　見精是一種見妄，具有「能見」與「所見」，能見即「見分」〔註46〕。

在這兩段文字中，就前一段所說的「見精」來看，屬於第二月，應與月影所喻的「緣塵分別之心」有別。而依作者所說，「能見、所見」是因爲「緣塵分別」而有，則並非因「見精」而有，似乎「見精」未必便具有能所之見。當然，此時或許還可以說這「能見」、這妄成的「見分」，指的就是「見精」，而「所見」、「相分」，指的則是「緣塵分別之心」。因爲作者說「於一體中，妄成見、相二分」，這或許可以解釋成「於『妙明眞心』的一體中，妄成作爲見分的『見精』與作爲相分的『緣塵分別之心』」。然而，依後一段文字所說，「見精」是「具有『能見』與『所見』」，而「能見即『見分』」，換言之，「所見」即指「相分」，而「見精」「具有『能見』與『所見』」的說法，便同時意味著「見精」具有「見分」與「相分」。究竟「見精」是「見分」，還是具有「見、相二分」？是「見精」有能、所，或者能、所是因爲「緣塵分別之心」而有？此外，再將這部分的文字與上文作者對於「見性」部分的說明合併觀察，上文曾將「見性」稱爲「見分」，而在這兩段文字中，「見分」必須到「緣塵分別」才形成，或者說是「見精」的屬性之一。這諸般說法，

〔註44〕見胡健財〈從《楞嚴經》「十番辨見」試論眞心之體認〉，《華梵大學第六次儒佛會通學術研討會論文集》上冊，頁244。

〔註45〕見胡健財〈從《楞嚴經》「十番辨見」試論眞心之體認〉，《華梵大學第六次儒佛會通學術研討會論文集》上冊，頁255。

〔註46〕見胡健財〈從《楞嚴經》「十番辨見」試論眞心之體認〉，《華梵大學第六次儒佛會通學術研討會論文集》上冊，頁267。

究竟何者才是？頗費筆者的思量。而這也提醒了筆者，在對於眞鑑「十番顯見」進行探究時，必須特別留意眞鑑對於這些名相的使用情況，以及其意涵的界定。

二、胡健財〈《楞嚴經正脉疏》「指見是心」詮釋意涵之探析〉

胡氏本文，顯然與前文關注的焦點不同，由前文之注重「體認」一事，轉而留意於詮釋的部分。就探討的主題來看，是屬於「十番顯見」中的首番顯見──「指見是心」的部分。胡氏在本文中，著意發明眞鑑對於「指見是心」詮釋的要義，是在於「顯眞見」，並兼論了《會解》「破妄見」之說不足取的原因。雖說本文的主題，是在探究眞鑑提出「指見是心」的詮釋意涵，不過，胡氏獨出手眼之處，則是在於其對於「顯眞見」與「破妄見」二說的釐析。胡氏的看法是：

> 若依《會解》，破妄足以顯眞，是漸顯之顯，慢慢達到目的；若依《正脉疏》，則是即見即心，是頓顯之眞。換言之，破妄只是破其妄，不足顯眞，若有所顯，也不是眞，因爲「眞」是不假方便，自得心開。〔註47〕

因此，胡氏的立場是支持眞鑑之說，而「不主張調和二者之不同」〔註48〕。胡氏認爲，「『指見是心』就是頓見眞心，《楞嚴經》的可貴，即在這個地方發明眞心是離緣獨立」〔註49〕。

就胡氏的研究成果來看，可說深得眞鑑對於「指見是心」的詮釋之意。而由此研究成果，引發了筆者新的問題意識：胡氏在文中，是以此「眞心是離緣獨立」爲究竟之說來非難《會解》的主張。《會解》的部分且先不論，只就胡氏以「眞心是離緣獨立」爲究竟之說一事來思考，如果「離緣獨立」眞的是究竟之說，則何以「十番顯見」隨著逐番的開展，會由「離一切相」（《大正》19，頁 112）這種眞鑑所謂的「分眞析妄」（《卍續》18，頁 389），進展到後文「即一切法」（《大正》19，頁 112）的「泯妄合眞」（《卍續》18，頁 389）？換言之，如果以擺落萬法即爲究竟之說，未處理到與萬法的關係，則是否會

〔註47〕見胡健財〈《楞嚴經正脉疏》「指見是心」詮釋意涵之探析〉，《第一屆楞嚴經學術研討會會議論文集》，頁 143。

〔註48〕見胡健財〈《楞嚴經正脉疏》「指見是心」詮釋意涵之探析〉，《第一屆楞嚴經學術研討會會議論文集》，頁 143。

〔註49〕見胡健財〈《楞嚴經正脉疏》「指見是心」詮釋意涵之探析〉，《第一屆楞嚴經學術研討會會議論文集》，頁 143。

有落入南陽慧忠所批評的「半生半滅半不生滅」〔註50〕的情況？而這能稱之為究竟的真心嗎？關於這部分，牽涉到了「十番顯見」的層次問題，在此，顯然無法單就一番的詮釋即來論斷真鑑之說的全貌。此外，如果這「離緣獨立」即為真正的「真心」，則對於「首楞嚴」之「一切事究竟堅固」，又該如何來理解？又，胡氏在「結論」處，曾一語帶過『「指見是心」即是「捨識用根」換一個方式的講法」〔註51〕。雖然只是閃現一過，卻牽涉到了真鑑獨家發明的精要所在，這方面，也提供了筆者深入探究真鑑之說的一條重要的線索。

三、釋常海〈《楞嚴經》見性思想探微──《楞嚴經》系列研究之二〉

本論文主要是將《楞嚴經》中論及見性的經文，分別由十個方面來進行系統性的深入疏解與論述。這十個方面，依作者之說，分別是：

> 一是先確立見性是什麼？也就是什麼是見性的定義；二是人們肉眼
> 有無觀見萬物的決定性功能與作用；三是見性當體有無動靜開合；
> 四是見性理體有無生滅變化；五是見性有無大小歧異；六是見性與
> 萬物、身心究竟是一種什麼關係；七是見性是否自然而有；八是見

〔註50〕關於這段公案，《景德傳燈錄》中曾有如下詳細的記載：

> 南陽慧忠國師問禪客：「從何方來？」對曰：「南方來。」師曰：「南方有何知識？」曰：「知識頗多。」師曰：「如何示人？」曰：「彼方知識直下示學人即心是佛。佛是覺義，汝今悉具見聞覺知之性，此性善能揚眉瞬目、去來運用，遍於身中，挃頭頭知，挃腳腳知，故名正遍知。離此之外，更無別佛。此身即有生滅，心性無始以來未曾生滅。身生滅者，如龍換骨、蛇脫皮，人出故宅，即身是無常，其性常也。南方所說，大約如此。」師曰：「若然者，與彼先尼外道無有差別。彼云：『我此身中有一神性，此性能知痛癢。身壞之時，神則出去，如舍被燒，舍主出去。舍即無常，舍主常矣！』審如此者，邪正莫辨，孰為是乎？吾比遊方，多見此色，近尤盛矣！聚卻三五百眾，目視雲漢，云是南方宗旨。把他《壇經》改換，添糅鄙譚，削除聖意，惑亂後徒，豈成言教？苦哉！吾宗喪矣！」……曰：「佛性一種，為別？」師曰：「不得一種。」曰：「何也？」師曰：「或有全不生滅，或半生半滅半不生滅。」曰：「執（筆者案：疑為「孰」）為此解？」師曰：「我此間佛性，全不生滅；汝南方佛性，半生半滅半不生滅。」曰：「如何區別？」師曰：「此則身心一如，心外無餘，所以全不生滅。汝南方身是無常，神性是常，所以半生半滅半不生滅。」（《大正》51，頁437～438）

〔註51〕見胡健財〈《楞嚴經正脈疏》「指見是心」詮釋意涵之探析〉，《第一屆楞嚴經學術研討會會議論文集》，頁144。

性是否因緣而生；九是見性即（筆者案：當爲「既」）不是和合而有、
也不是非不和合；十是準確理解和探究見性的思想方法與實踐進路
等〔註52〕。

關於這十方面，作者有精到的考察成果。作者指出，前九方面對於見性的探
討，「都是順應阿難的心中疑問，而開顯出來的甚深和微妙的法義」，「均是有
針對性的回答，而不是在全面性地概括『見性』與宇宙萬有的辯證、統一與
和諧的關係」〔註53〕。作者認爲，佛陀對於「見性」眞正的「最終意見」，亦
即「《楞嚴經》裏最後的向上一著」，「是要在『離一切相』的前提條件下，又
去『即一切法』，唯有如此，才是對『見性』完整思想和眞實面目的如實正解」，
否則，「任何對於見性思想的解釋和闡發，都是局部的、片面的、單一的、不
完整和有缺陷的」〔註54〕。雖然作者的研究成果，是專就經文本身來考察，
而不涉及注疏方面的詮釋問題，不過，卻頗有助於筆者探究眞鑑「十番顯見」
的層次問題，以及眞鑑對於「見性」在片面理解與全面理解這兩種不同面向
上的詮釋。

貳、涉及「十番顯見」的研究

有關與本論文的主題不同，卻在論述過程中也觸及了「十番顯見」的經
文，而與本研究的主題有所重疊的研究，依時間先後，分別是李治華《《楞嚴
經》哲學之研究》、張成鈞《《楞嚴經》中身心關係之探究》、熊師琬《《楞嚴
經》思想之特色──富有文學與哲學價值》與黃明儀《《楞嚴經》緣起觀之研
究》〔註55〕。茲分別介紹如下。

一、李治華《《楞嚴經》哲學之研究》

本論文雖然是國內學界研究《楞嚴經》義理的先鋒，卻是企圖宏大、創
見特多。而在其第四章第二節「妄眞二心的破顯門」的第二單元，即「極顯
眞心爲寂常妙明」的部分，則是以「十番顯見」爲說。由於這部分只是該論

〔註52〕釋常海〈《楞嚴經》見性思想探微──《楞嚴經》系列研究之二〉，《閩南佛學》
第五輯，2008 年 3 月，頁 234。
〔註53〕釋常海〈《楞嚴經》見性思想探微──《楞嚴經》系列研究之二〉，《閩南佛學》
第五輯，2008 年 3 月，頁 246。
〔註54〕釋常海〈《楞嚴經》見性思想探微──《楞嚴經》系列研究之二〉，《閩南佛學》
第五輯，2008 年 3 月，頁 246～247。
〔註55〕黃明儀《《楞嚴經》緣起觀之研究》（中壢：圓光佛學研究所畢業論文，2006
年）。

文全體中的一個小單元，所以作者在介紹時，是直接承襲眞鑑的論點，提點出十番中每一番經文的大意，並在其後將「十番顯見」所顯眞心的「寂常妙明」，與妄心做一簡要的比較〔註56〕。值得留意的，則是作者所提出的「11·顯見造物」。作者在這一段文中，表達其對於「十番顯見」整體及眞鑑科判的看法。作者說：

> 以上十番，皆是從下而上，從現象的蛛絲馬跡指點出本體的進路，所以交光說是「帶妄顯眞」，「如指璞說玉」；若不從上而下的闡明能見與萬法的關係究竟是如何，實在難以豁然見性的性質，從上顯下，交光稱之爲「剖妄出眞」，「如剖璞出玉」。如不明帶妄、剖妄是從方法的進路所區分的，而認爲其是以顯眞的層次內容所劃分的，難免要批評交光之判了，於此略替交光洗冤〔註57〕。

作者在此所提及的「剖妄出眞」、「如剖璞出玉」，所指涉的，是「十番顯見」之後繼續發展的經文，這部分並非筆者的研究主題，可以暫且略過。倒是作者在此所說的，認爲「帶妄顯眞」的「十番顯見」是一種「方法的進路」，是「從下而上，從現象的蛛絲馬跡指點出本體的進路」，而不是「顯眞的層次」，這樣的說法頗令筆者好奇。好奇的是，即便「十番顯見」是一種「方法的進路」，難道分爲「十番」，其間竟毫無層次的區別嗎？而這「十番顯見」，又如何不能說是「顯眞的層次」呢？此外，作者所說的「難免要批評交光之判」，究竟指的是何人，又是如何來批評眞鑑的科判？這些部分作者並未進一步交代，無由得知。不過，卻是促使筆者深入思考「十番顯見」其本質的一條重要線索。

二、張成鈞《《楞嚴經》中身心關係之探究》

作者研究所關注的焦點，在於《楞嚴經》中所言及的身心關係。其中，在「《楞嚴經》中的心」一章，作者是以「七處非心」與「十番顯見」之說來說明，其「十番顯見」的部分，則與本研究主題相關。在論及「十番顯見」的部分，作者的研究成果，十分值得留意。作者指出，「十番顯見」中所描述的有關心的種種性質，「大多是與『所見之身（物）』相對比而彰顯出來」〔註58〕，這是對於經文論述方式的一項重要觀察。而對於「十番顯見」的經

〔註56〕李治華《楞嚴經》哲學之研究》，頁88～91。
〔註57〕李治華《楞嚴經》哲學之研究》，頁92。
〔註58〕張成鈞《楞嚴經》中身心關係之探究》，頁57。

文，作者除了逐番剖析說明外，並以其所欲探究的身心關係爲主軸，將「十番顯見」區分爲三大部分，說明各部分的要旨所在。作者說：

> 在前七番顯見裡，主要就是說明因心、身（物）二者特質之背反而呈現「心身（物）不即」之理，在第八「顯見不分」中，則彰「心身（物）不離」之義，由此「不即不離」而初顯「心身（物）一體」之圓融特性；之後，第九、十等二番則不用見性爲引子，而直明「心」即是「覺」，申明覺性本身具「非自非因」之性以別於外道神我之見，更闡述覺性本自遠離一切妄情之執取，而達至畢竟離於自相之極〔註59〕。

作者的這番說明，可謂精要。雖然作者的重點，在於探究「十番顯見」中言及身心關係之處，而非全面性地考察，不過，其對於經文的詮釋，仍然值得參考。此外，作者的部分論點，也提供了筆者再深入思考的空間。茲略舉數點於下：

（一）作者認爲眞鑑的「十番顯見」之說，相較於其他各家的科判，是較爲「完整和簡潔」〔註60〕。雖然作者在註釋中，羅列出了子璿《楞嚴經義疏注經科》、思坦《楞嚴經集註》、靈耀《楞嚴經觀心定解科》、溥畹《楞嚴經寶鏡疏科文》與太虛《大佛頂首楞嚴經研究》等五家的科文，不過，並未加以比較及論述，而只是說明其採用眞鑑之說，是「擇其簡明易曉」〔註61〕。問題是，所謂「完整和簡潔」、「簡明易曉」，並不足以說明眞鑑科判的優劣。而由作者行文的過程來看，該論文對於眞鑑的科判與論點，應該是屬於直接採用型，並偶採他家之說爲輔，未曾言及異議者與非難者的論點。當然，因爲該論文研究的對象是《楞嚴經》的經文，而非眞鑑的疏文與科判，所以似乎不必論其臧否。然而，若眞鑑之說不能成立，則其立足於眞鑑之說而成立的論點，豈非也值得懷疑？

（二）或許是因爲作者所要探討的主題，是身心關係，所以對於「十番顯見」經文的說明，總是用「心身（物）不即」、「心身（物）不離」或是「心身（物）一體」這種心與身（物）並陳的方式來敘述。問題是，「十番顯見」中所言及的心，並不是只有一種而已。就以第四番顯見中的經

〔註59〕張成鈞《《楞嚴經》中身心關係之探究》，頁 57。
〔註60〕張成鈞《《楞嚴經》中身心關係之探究》，頁 7。
〔註61〕張成鈞《《楞嚴經》中身心關係之探究》，頁 13～14。

文而言，所謂「汝身、汝心，皆是妙明眞精妙心中所現物」（《大正》19，頁 110），經文中言及了眞、妄兩種心，而作者所做的心與身並陳，似乎都只就眞心而言，而且也並未強調心之或眞或妄。如此一來，恐怕容易給予讀者一種印象，即心是究竟，而身卻是不究竟的。此外，就這段經文而言，所謂的「汝心」，指的是妄心，而這妄心也是屬於「物」。然而，作者在行文中，特別在「身」字後面都以括號附加「物」字，會否有窄化經文所說的「物」字意涵之嫌？

（三）作者在探討「顯見無還」一節中，將「妙精明心」解釋爲「未起六根之用的心性本身」〔註62〕，這「未起」二字，恐怕容易導致讀者產生一種誤解，認爲此作爲心性本身的「妙精明心」，是存在於「未起六根之用」時，一旦六根起用，則不復此「妙精明心」。殊不知此「妙精明心」，是不論六根之起用與否，皆恆常不動、不滅、不失，這由本番之前的第二番「顯見不動」、第三番「顯見不滅」與第四番「顯見不失」的論述，即可得知。因爲此「妙精明心」是超越了動靜、生滅與顚倒的不動、不滅與不失，而動靜、生滅與顚倒，正是六根起用之後的結果。因此，以「未起六根之用」來說明，恐怕有待斟酌。

除了以上所略舉的三點外，作者還有部分論點也具有再思考的空間，在此不一一詳列，將消融於後文的討論中。

三、熊師琬〈《楞嚴經》思想之特色——富有文學與哲學價值〉

本論文的主旨，在於闡揚《楞嚴經》所具有的文學上與哲學上的價值。作者一方面藉由敘述經文的發展，來指點出本經在文學方面所具有的、引人入勝的曲折情節，同時將情節中所欲彰顯的義理，予以扼要地提點出來。而與本研究主題「十番顯見」最爲相關，同時也是該文最爲精彩而獨到的論述，則是該文第三部分的「帶妄顯眞——十番顯見」。在這部分中，作者藉著將《楞嚴經》「十番顯見」與中觀及唯識的義理相互比較發明，來突出《楞嚴經》思想的特色。最後得出的結論是：就《楞嚴經》的思想而言，「見性不滅，屬『性空』。但隨緣見明見暗，屬『緣起』」〔註63〕，這與中觀「緣起性空」的思維，實可以相互溝通。至於與唯識的差別，則在於本修因的不同。《楞嚴經》主張「捨識用根」，以不生滅心爲本修因，唯識則是以生滅心作爲修行之本。

〔註62〕張成鈞《《楞嚴經》中身心關係之探究》，頁 72。
〔註63〕熊師琬〈《楞嚴經》思想之特色——富有文學與哲學價值〉，頁 3。

就本文論及「十番顯見」處而言，其特色，不在於分疏經文的意涵，而是重在鉤玄提要、發揮經旨。雖然文中僅提及了第一番顯見的「顯見是心」、第二番顯見的「顯見不動」、第九番顯見的「顯見超情」與第十番顯見的「顯見離見」，共計四番，不過，其對於《楞嚴經》所特主的「心見」，以及真鑑力倡的「捨識用根」等主張，多有發明，足資本研究進行時參考。

四、黃明儀《《楞嚴經》緣起觀之研究》

作者研究的主題，在於《楞嚴經》的緣起觀。雖然如此，在該論文的第三章第三節的第一單元「一、介紹『見精』的十種特質——十番顯見」，則與本研究的主題有所重疊。作者對於這「十番顯見」經文的處理，誠如其標題所言，僅屬於「介紹」的性質，並未多做分析或闡述。這並不足以為作者之病，因為作者研究的主題並不在於此。倒是作者在研究中，曾特別針對真心、識精與妄心的區別加以分析〔註64〕，這部分的研究成果，頗值得作為筆者在研究過程中的參考之用。

參、其餘有關《楞嚴經》的研究

第三大類的研究，雖然也是研究《楞嚴經》，不過，與本論文的研究主題較為疏遠，對話空間也較小，主要是集中在探討有關《楞嚴經》的真偽課題上。就目前學界的研究成果來看，顯然是以探討《楞嚴經》的真偽為大宗。在這方面，以呂澂的〈《楞嚴》百偽〉與陳由斌的《《楞嚴經》疑偽之研究》，為主偽與主真雙方面代表性的著作，其餘相關的單篇論文，則集中在張曼濤主編的《《大乘起信論》與《楞嚴經》考辨》一書中。至於真偽課題之外的研究，相對較少，關於這部分的前人研究成果，已由李英德〔註65〕、釋覺華〔註66〕、黃明儀〔註67〕等各自作出詳略不同的介紹，為免重出，可逕行參考

〔註64〕 詳見黃明儀《《楞嚴經》緣起觀之研究》的第三章第一節「真心相關名詞解說及分析」，頁37～47。

〔註65〕 李英德在《《楞嚴經》解脫道之研究》中，即曾對於前人的研究成果，做出詳細的介紹，並提出優缺點，以及可資深入探討的方向。詳見李英德《《楞嚴經》解脫道之研究》（嘉義：南華大學宗教學研究所碩士論文，2005年），頁16～21。

〔註66〕 釋覺華在《臨濟禪法之研究——以《楞嚴經》之詮釋為主》中，將前人有關《楞嚴經》的研究成果，以表格的方式呈現出來，並予以摘要。詳見釋覺華《臨濟禪法之研究——以《楞嚴經》之詮釋為主》（中壢：圓光佛學研究所畢業論文，2005年），頁10～11。

以上所提及諸家的研究成果。

　　除了國內的研究成果外，大陸與日、韓兩國的研究成果，也十分值得重視。大陸方面，「主要集中在疑偽研究和文學思想研究上，而對《楞嚴經》本身的思想以及和佛教中國化有關的問題涉及很少」〔註68〕。這方面，段新龍於 2011 年甫完成的博士論文中，曾分別針對「疑偽問題研究」、「哲學思想研究」、「與中國佛教的關係研究」與「文學與文化角度」等不同主題的研究成果加以介紹〔註69〕，茲不贅言。

　　而在日本方面，段氏也曾介紹了近年來部分研究者的研究成果，即崔昌植、岩城英規、吉津宜英與高橋秀榮四人〔註70〕。除了段氏所介紹者外，日人對於《楞嚴經》的研究成果，主要還可參見韓國學者崔昌植於 2005 年所出版的《敦煌本《楞嚴經》の研究》〔註71〕一書。崔氏在該書中，曾將日本有關《楞嚴經》的研究加以羅列，計有 21 篇。可惜崔氏並未稍作介紹，同時，其所蒐羅的研究成果，也僅及於 1997 年之前〔註72〕。整體來看日人有關《楞嚴經》的研究，除了在文獻學方面的研究外〔註73〕，大多集中在注疏與思想史方面的研究。如高峯了州〈《首楞嚴經》の思想史的研究序說〉〔註74〕，考察了有關本經各家注疏的系譜，以及各家對於本經在判教上的不同定位；大松博典的〈宋代天台學と《首楞嚴經》〉〔註75〕、〈《首楞嚴經》の研究〉

〔註67〕　相較於前兩位研究者，黃明儀對於前人研究成果的介紹，除了前兩位所介紹過的學位論文外，還特別介紹了單篇論文的部分。詳見黃明儀《楞嚴經》緣起觀之研究〉，頁 5～7。

〔註68〕　段新龍《楞嚴經》如來藏思想研究〉（陝西：陝西師範大學宗教學博士論文，2011 年 5 月），頁 10。

〔註69〕　詳見段新龍《楞嚴經》如來藏思想研究〉，頁 10～15。

〔註70〕　詳見段新龍《楞嚴經》如來藏思想研究〉，頁 16。

〔註71〕　崔昌植《敦煌本《楞嚴經》の研究〉（東京：山喜房佛書林，2005 年）。

〔註72〕　詳見崔昌植《敦煌本《楞嚴經》の研究〉，頁 5～6。

〔註73〕　如〔日〕望月信亨著，如實譯〈關於《大佛頂首楞嚴經》傳譯之研究〉，收錄於藍吉富主編《世界佛學名著譯叢 27・佛典研究初編》，頁 233～249；寺本婉雅〈西藏文《大佛頂首楞嚴經》に就て〉，《佛教研究》第 3 卷第 3 號，1922 年 7 月，頁 73～77；長部和雄〈般刺蜜帝譯《大佛頂如來密因修證了義諸菩薩萬行首楞嚴經》の成立過程に關する小考〉，收錄於大正大學眞言學智山研究室編《佛教思想論集》（千代田：成田山新勝寺，1984 年 8 月），頁 132～146。

〔註74〕　高峯了州〈《首楞嚴經》の思想史的研究序說〉，《龍谷大學論集》第 3 卷第 348 號，1954 年 12 月，頁 62～78。

〔註75〕　大松博典〈宋代天台學と《首楞嚴經》〉，《印度學佛教學研究》第 37 卷第 1 號，1988 年 12 月，頁 122～125。

〔註76〕與〈宋代における《首楞嚴經》受容の問題點〉〔註77〕，主要考察了宋代各家《楞嚴經》注疏的系譜與特點，包括了天台（山家與山外）、華嚴、禪宗及其他系統的注疏；岩城英規的〈智旭と山外派——《首楞嚴經》解釋に見る連續性と非連續性——〉〔註78〕、〈《首楞嚴經》註釋書考〉〔註79〕、〈《首楞嚴經》の解釋——《圓覺經》注釋との比較に焦點を當てて——〉〔註80〕與〈智旭と智圓——《首楞嚴經》注釋の比較に焦點を當てて——〉〔註81〕，主要是考察《楞嚴經》中同一主題不同注疏者所作出的不同詮釋，如三種禪定之配於止觀，經文開頭「如是我聞」之「聞」，經文之「常住眞心性淨明體」，以及《楞嚴經》之三種禪定與《圓覺經》之三種淨觀的關係等；金井崚純〈孤山智圓における《首楞嚴經》の講讚〉〔註82〕，則企圖藉由其他家的注疏與文獻，以輯佚的方法，來整理出目前已亡佚的、智圓對於《楞嚴經》的注疏，以此來考察智圓的思想；廣田宗玄〈張商英の《清淨海眼經》について〉〔註83〕，主要是藉由其他家文獻中的評論，來考察目前已亡佚的、經由張商英刪修《楞嚴經》而成的《清淨海眼經》，以及此經與大慧宗杲思想之間的關係。就有關《楞嚴經》的注疏與思想史方面的研究成果而言，在目前的國際上，似乎仍以日本學者的研究成果較爲豐碩。

韓國方面的研究成果，則可參見韓人崔昌植《敦煌本《楞嚴經》の研究》。崔氏指出，韓國自古以來對於《楞嚴經》的研究，特別重視的是中國宋代戒環的《楞嚴經要解》。可以說，韓國的研究，是以《要解》爲中心而形成的。

〔註76〕大松博典〈《首楞嚴經》の研究〉，《印度學佛教學研究》第 39 卷第 2 號，1991年 3 月，頁 130～133。

〔註77〕大松博典〈宋代における《首楞嚴經》受容の問題點〉，《駒澤大學禪研究所年報》第 8 號，1997 年 3 月，頁 135～149。

〔註78〕岩城英規〈智旭と山外派——《首楞嚴經》解釋に見る連續性と非連續性〉，《印度學佛教學研究》第 50 卷第 2 號，2002 年 3 月 1 日，頁 636～641。

〔註79〕岩城英規〈《首楞嚴經》注釋書考〉，《印度學佛教學研究》第 52 卷第 2 號，2004 年 3 月 1 日，頁 144～148。

〔註80〕岩城英規〈《首楞嚴經》の解釋——《圓覺經》注釋との比較に焦點を當てて〉，《印度學佛教學研究》第 53 卷第 1 號，2004 年 12 月，頁 105～109。

〔註81〕岩城英規〈智旭と智圓——《首楞嚴經》注釋の比較に焦點を當てて〉，《印度學佛教學研究》第 54 卷第 2 號，2006 年 3 月，頁 97～102。

〔註82〕金井崚純〈孤山智圓における《首楞嚴經》の講讚〉，《天台學報》第 29 號，1986 年，頁 150～153。

〔註83〕廣田宗玄〈張商英の《清淨海眼經》について〉，《印度學佛教學研究》第 54卷第 1 號，2005 年 12 月，頁 143～149。

有關韓國目前對於《楞嚴經》的研究成果，崔氏羅列了 20 篇〔註84〕。雖然並未加以介紹，不過，僅就其研究題目來概觀，大約可分為流通情況的考察〔註85〕、《楞嚴經》本身義理的研究〔註86〕、有關《楞嚴經》文獻學方面的研究〔註87〕，以及《楞嚴經》注疏與思想史的研究〔註88〕等。

第三節　研究策略、範圍與方法

壹、研究策略與範圍

在進行研究之前，筆者曾多次思考，如何才能突顯出真鑑的詮釋成果？如果專就真鑑的作品來分析，即便再詳盡，恐怕也不容易看出其獨得之處究竟何以為獨得？苦思良久，忽然想起了《老子》中的一句話：「長短相形」〔註89〕。這「相形」之法，確實是一條可以解決這個問題的途徑。透過與他者進行比較，彼此的異同之處自然較容易一目了然，也更能突顯出真鑑的詮釋成果。同時，前文曾經提過，真鑑注疏的動機，主要是不滿於《會解》的詮釋。如果能適時地引入《會解》的詮釋輔助探討，豈不是更能呈現出真鑑的獨得之處究竟何以為獨得嗎？再者，真鑑的詮釋雖然後出，難道就一定

〔註84〕詳見崔昌植《敦煌本《楞嚴經》の研究》，頁 6～8。
〔註85〕如崔成烈〈《楞嚴經》の韓國流通に對する研究〉、崔昌植〈《楞嚴經》の韓國流傳について〉、金秀燕〈《楞嚴經》の流布と履霜曲〉與趙明濟〈14 世紀高麗思想界の《楞嚴經》盛行とその思想的性格〉等。
〔註86〕如鄭泰爀〈楞嚴咒解義〉、鄭泰爀〈首楞嚴三昧と楞嚴咒の不二性小考〉、金鎮烈〈《楞嚴經》研究〉、魯權用〈《首楞嚴經》研究序說〉與魯權用〈《首楞嚴經》の禪思想研究〉等。
〔註87〕如崔昌植〈《楞嚴經》の成立過程と傳譯の資料に關する考察〉與崔昌植〈敦煌本《楞嚴經》研究〉二文。此外，尚有崔昌植〈敦煌本《楞嚴經》の校正について〉，《印度學佛教學研究》第 51 卷第 1 號，2002 年 12 月，頁 334～341。
〔註88〕如趙明濟〈高麗後期戒環解《楞嚴經》の盛行と思想史的意義〉、趙明濟〈高麗後期戒環解《楞嚴經》の盛行と思想史的意義——麗末性理學の受容基盤と關連して〉、金成九〈普幻の《楞嚴經》理解——《首楞嚴經環解刪補記》を中心に——〉、崔昌植〈戒環の《楞嚴經》教判について〉、趙龍憲〈《楞嚴經》に現れた道教思想——開雲祖師の《瑜伽心印正本首楞嚴經環解刪補記》を中心に——〉、趙隆憲〈李資玄の楞嚴禪研究〉與趙隆憲〈淨眾無相の楞嚴禪研究〉等。
〔註89〕朱謙之、任繼愈《老子釋譯——附馬王堆帛書老子》（臺北：里仁書局，1985年），頁 9。

轉精？而其對於《會解》的非難，難道就足以成爲定論，毫無值得商榷之處？有關這些方面的問題，也必定不能忽略了《會解》的說法，才能作出客觀而公允的論斷。

雖然決定要在討論的過程中，兼及了《會解》的說法，不過，本研究所關注的主題，畢竟是以眞鑑所提出的「十番顯見」之說爲主。因此，雖然兼及《會解》之說，卻並不意味著雙方所受到關注的程度是齊頭平等的，而是有主從之分。總結以上所擬定的研究策略，是：以眞鑑爲主，《會解》爲輔，兩者相形，以斷眞鑑「十番顯見」之說的臧否。

貳、研究方法

在前言中，筆者曾言及本論文所關注的焦點，是與前人有所不同，亦即不將焦點放在經文上，而是在於古人對於經文的詮釋。就這點而言，很明顯地，是屬於詮釋層面的課題。因此，在本論文中，筆者將採取有關詮釋學的方法。

所謂詮釋學，其所涉及的，是關於「意義的傳達」，以及「對於意義的眞實把握」，其中，包含了「理解的問題、個人的參與和主體之規定的問題」〔註90〕。在當代，可說是一門重要的學術。雖然如此，卻也因爲家派的不同，而異彩紛呈，至今未能有一個完全爲大眾所普遍接受的方法〔註91〕。在此情況下，筆者採取的是發展與建構相對地較爲全面，而且是專對傳統原典的詮釋研究所建構出來的「創造的詮釋學」〔註92〕。

〔註90〕 詳見沈清松《現代哲學論衡》（臺北：黎明文化事業股份有限公司，1994 年），頁 291～293。有關詮釋學發展的面貌，包括由希臘時期開始，歷經中古時期及近代的發展，一直到當代的詮釋學，可詳見沈氏《現代哲學論衡》的「第十一章　詮釋學的變遷與發展」，頁 291～312。

〔註91〕 沈清松指出，「當代的詮釋學可謂學派並立，分陣其說，各有所長，時有所用，卻很難整理出一個大致可共同接受的方法。甚至對於詮釋的活動，是否可以以方法視之，亦有異議」。沈清松《對比、外推與交談》（臺北：五南圖書出版股份有限公司，2002 年），頁 91。

〔註92〕 傅偉勳說：「創造的詮釋學，原是專對《道德經》、《壇經》等等哲學（以及宗教思想）原典的詮釋研究而構想所成，由於它屬一般方法論，當可擴延其適用功能到一個思想傳統（如儒家思想傳統或佛教思想傳統）的延續（continuation）、繼承（inheritance）、重建（reconstruction）、轉化（transformation）或現代化（modernization）等等廣義的詮釋學課題。」傅偉勳《從創造的詮釋學到大乘佛學》（臺北：東大圖書股份有限公司，1990 年），頁 45～46。因此，自然也適用於本論文的研究。

關於「創造的詮釋學」，爲傅偉勳所建構。傅氏在〈創造的詮釋學及其應用──中國哲學方法論建構試論之一〉一文中，曾詳加說明了其所建構的「創造的詮釋學」，分爲五個辯證的層次。這五個層次分別是：

(1)「實謂」層次──「原思想家（或原典）實際上說了什麼？」（"What *exactly* did the original thinker or text say ?"）

(2)「意謂」層次──「原思想家想要表達什麼？」或「他所說的意思到底是什麼？」（"What did the original thinker *intend* or *mean* to say ?"）

(3)「蘊謂」層次──「原思想家可能要說什麼？」或「原思想家所說的可能蘊涵是什麼？」（"What *could* the original thinker have said ?",or "What *could* the original thinker's sayings have implied ?"）

(4)「當謂」層次──「原思想家（本來）應當說出什麼？」或「創造的詮釋學者應當爲原思想家說出什麼？」（"What *should* the original thinker have said ?",or "What *should* the creative hermeneutician say on behalf of the original thinker ?"）

(5)「必謂」層次──「原思想家現在必須說出什麼？」或「爲了解決原思想家未能完成的思想課題，創造的詮釋學者現在必須踐行什麼？」（"What *must* the original thinker say now ?",or "What *must* the creative hermeneutician do now,in order to carry out the unfinished philosophical task of the original thinker ?"）〔註93〕

其中，第一層的「實謂」，是「關涉到原典校勘、版本考證與比較等等基本課題」〔註94〕。第二層的「意謂」，則是「通過語意澄清、脈絡分析、前後文表面矛盾的邏輯解消、原思想家時代背景的考察等等工夫」〔註95〕。第三層的「蘊謂」，是「關涉到思想史的理路線索、原思想家與後代繼承者之間的前後思維聯貫性的多面探討、歷史上已經存在的（較爲重要的）種種原典詮釋等等」〔註96〕。第四層的「當謂」，是「在原思想家教義的表面結構底下抉發深

〔註93〕傅偉勳《從創造的詮釋學到大乘佛學》，頁10。
〔註94〕傅偉勳《從創造的詮釋學到大乘佛學》，頁10。
〔註95〕傅偉勳《從創造的詮釋學到大乘佛學》，頁10。
〔註96〕傅偉勳《從創造的詮釋學到大乘佛學》，頁11。

層結構」〔註97〕。第五層的「必謂」，則是除了「講話（筆者案：似應爲「活」）原思想家的教義」外，「還要批判地超克原思想家的教義局限性或內在難題」〔註98〕。

　　雖然「創造的詮釋學」在此分爲五個層次，不過，依傅氏之說，這五個層次「可一時並了，同時進行每一層次的考察」〔註99〕，亦即可以不必機械式地一一拆解來進行。而關於五個層次之間的關係，傅氏則強調說「任何下層的解決方式的改變，當然辯證地催生上層的解決方式的再檢討」〔註100〕。此外，值得留意的，則是傅氏所特別指出的本詮釋學的特點，是「不承認有所謂詮釋的絕對客觀性，卻十分強調相互主體性的詮釋強度或強制性」〔註101〕。

第四節　交光眞鑑的生平及其著作簡介
——兼介惟則與《會解》

壹、交光眞鑑的生平簡介

　　關於交光眞鑑，文獻不足，目前無法得知其詳細的生平，僅能由零碎的蛛絲馬跡來得知其概略的活動時間與地域。主要的訊息來源有兩方面：一方面是眞鑑自己的著作，另一方面，則是他人所提及的資料。

　　首先來看眞鑑自己的著作。目前可見到的有以下幾份，分別是《楞嚴經正脈疏科》、《楞嚴經正脈疏懸示》、《楞嚴經正脈疏》、〈《大佛頂首楞嚴經正脈疏》序〉與〈刊《楞嚴正脈》後跋〉，皆收錄在《卍續》第 18 冊。在這幾份資料中，有關眞鑑的活動時間與地域，可以得知以下的訊息：

一、眞鑑在〈《楞嚴經正脈疏》序〉中，自題「京都西湖沙門交光眞鑑述」（《卍續》18，頁 258），《楞嚴經正脈疏》中亦然。而在《楞嚴經正脈疏懸示》中，也曾提到「入京庠備員」（《卍續》18，頁 260）。可見眞鑑曾於京都〔註102〕。

二、〈刊《楞嚴正脈》後跋〉中，提到眞鑑撰著《正脈疏》的地點，是在潞、

〔註97〕傅偉勳《從創造的詮釋學到大乘佛學》，頁 11。
〔註98〕傅偉勳《從創造的詮釋學到大乘佛學》，頁 11。
〔註99〕傅偉勳《從創造的詮釋學到大乘佛學》，頁 44。
〔註100〕傅偉勳《從創造的詮釋學到大乘佛學》，頁 45。
〔註101〕傅偉勳《從創造的詮釋學到大乘佛學》，頁 45。
〔註102〕案：眞鑑時的京都爲北京。

上黨〔註103〕。撰寫之初，曾期盼完成時，能得到當時的前輩大家妙峯或
是澄印的印證〔註104〕。可知眞鑑應當略晚於妙峯與澄印〔註105〕。而在撰
寫過程中，竟眞能幸運地得到妙峯的印可與鼓勵，之後，再經三年才完稿
〔註106〕。

三、完稿後第二年，妙峯「促予歸蒲。」（《卍續》18，頁897）可知眞鑑常住
　　於蒲〔註107〕。

〔註103〕眞鑑說：「予寓上黨制斯疏。」（《卍續》18，頁896）又說：「稿將半，妙峯
　　　　忽至潞，已甚異之，將往拜師。」（《卍續》18，頁896）案：眞鑑所說的「潞」，
　　　　當指山西布政使司轄下的潞安府。依《明史》所載，元時稱爲潞州。而「上
　　　　黨」，當指潞安府轄下的長治縣，元時稱爲上黨縣。見〔清〕張廷玉等撰《明
　　　　史》（北京：中華書局，1997年），頁279。

〔註104〕眞鑑說：「制斯疏時，妙峯、澄印輩數子，清譽振於寰宇，著作流於海內。心
　　　　祈稿成得一證明，足驗乎不乖聖意。」（《卍續》18，頁896）　案：在眞鑑的
　　　　時代，有兩位妙峯，分別是妙峯福登與妙峯眞覺。眞鑑在此並未說明是哪一
　　　　位。不過，以眞鑑的敘述來推測，既要爲前輩，又有「著作流於海內」的，
　　　　應該指的就是妙峯眞覺。因爲依《釋鑑稽古略續集》所載，妙峯眞覺「判《楞
　　　　嚴》爲方等實相，有《百問》行世。」（《大正》49，頁952）而與眞鑑同時
　　　　的傳燈，在「《圓通疏》引用并曾所經目古今書疏」中的「今師」部分，也說
　　　　明引用了「妙峯法師（諱眞覺）《百問》」（《卍續》19，頁404）。而妙峯福登，
　　　　依憨山德清所做的〈勅建五臺山大護國聖光寺妙峰登禪師傳〉（《卍續》127，
　　　　頁634～639）來看，則並未有關於《楞嚴經》方面的著作行世。因此，眞鑑
　　　　所指的「妙峯」，以妙峯眞覺的機率較大。另，澄印則爲憨山德清之字。

〔註105〕這一點，由《釋鑑稽古略續集》將妙峯係於萬曆庚子二十八年之下（《大正》
　　　　49，頁952），將眞鑑繫於萬曆丁巳四十五年之下（《大正》49，頁953），也
　　　　可以看出。而憨山德清雖然與眞鑑同繫於萬曆丁巳四十五年之下，卻也遠在
　　　　眞鑑之前。

〔註106〕眞鑑說：「稿將半，妙峯忽至潞……即出其稿，再拜請證，師亦拜受。讀未竟，
　　　　驚曰：『當代僧英指摘舊解，若易梁柱，然茲如革故鼎新，大番昔按，非細事
　　　　也。已領其綮，未盡其詳。乞携歸旅寓，一研味之。』予唯唯別去。次日，
　　　　往答拜師，乃稽首謝曰：『昨披妙註，抵暮徹曉，不能釋手。新意疊現，聞所
　　　　未聞。《楞嚴》本旨，如日初出。非諸聖冥加，決不至此。願師專志速成，恐
　　　　時不逮。刊刻之事，某甲效勞。』……別日，師復諄諄。予感時光不逮之警，
　　　　日夕孜孜，復三載而稿完。」（《卍續》18，頁896～897）

〔註107〕關於眞鑑所說的「蒲」，在明代的山西有兩處。一處是平陽府轄下二十八縣之
　　　　一的蒲縣，另一處則是平陽府轄下六州之一的蒲州。見〔清〕張廷玉等撰《明
　　　　史》，頁278。眞鑑在此只用「蒲」字，並未說明究竟是指蒲州還是蒲縣。筆
　　　　者的推測，指蒲州的機率較大。因爲在憨山德清的〈與交光法師〉一信中，
　　　　有「聞公尚駐錫中條」（《卍續》127，頁388）一語，而中條山則在蒲州的東
　　　　南方。見〔清〕張廷玉等撰《明史》，頁278。此外，「駐錫」也正好解釋了
　　　　「歸蒲」的「歸」字。因此，所謂「促予歸蒲」，應該指的是蒲州的機會較大。

四、完稿後的第三年，即萬曆二十七年己亥刊刻並完成〔註108〕。

五、〈刊《楞嚴正脈》後跋〉，作於萬曆二十八年庚子〔註109〕。

六、在《楞嚴經正脈疏懸示》中，曾提到真鑑落髮出家的時間，是在「萬曆
四年丙子冬十月」〔註110〕，地點則在潞安。落髮數年後，被請住於法住
寺，並於萬曆十四年丙戌冬十月「科經」，「至歲終而科成」（《卍續》18，
頁261）。這說明了《楞嚴經正脈疏科》完成的時間與地點。真鑑並繼續
說明其撰寫《楞嚴經正脈疏》的時間，是由《楞嚴經正脈疏科》完成後
的次年，也就是萬曆十五年丁亥的春天開始，一直到萬曆二十四年丙申
的冬天才完成，費時十年，地點則改在法住寺所在之城西南隅的報恩堂
〔註111〕。而《楞嚴經正脈疏懸示》，則是《正脈疏》完成的次年，即萬
曆二十五年丁酉，在五臺蘆芽山過夏時完成〔註112〕。

〔註108〕真鑑說：「……復三載而稿完。歲逼除……仲春……過夏……冬寓於汾。次
春……夏游……仲冬……次年二月一日命工就刊，王公大人莫不與力，師復
吹嘘於隣郡及上谷，乃至自鬻所乘以足之，是以周歲而畢。」（《卍續》18，
頁897）案：《正脈疏》完稿於萬曆二十四年丙申，則刊刻及其完成的時間，
應該是萬曆二十七年己亥。

〔註109〕真鑑自署「萬曆庚子八月望日沙門真鑑謹跋」（《卍續》18，頁897）。案：刊
刻完成於萬曆二十七年己亥，則此跋所說的「萬曆庚子」，當爲萬曆二十八年。

〔註110〕真鑑說：「值潞安庠生韓子希……予知其大家，有太行禪窟可以靜居，以遂出
家註經之事，即吐其意，令先迴俟之。韓不勝慶幸。予次年如約，至即下髮，
誓閱教十年，以利其器。時萬曆四年丙子冬十月也。」（《卍續》18，頁260
～261）案：可知真鑑落髮出家的地點在潞安，即山西的潞安府。

〔註111〕真鑑說：「次年（筆者案：即科經完成的次年，爲萬曆十五年丁亥）春，安慶
賢王招住城西南隅報恩堂，棲遲十載。其間人事及内外講期一切不發，而註
經朝夕亦無少輟，至萬曆丙申冬而疏成。」（《卍續》18，頁261）

〔註112〕真鑑說：「次年丁酉（筆者案：指完成《正脈疏》的次年，即萬曆二十五年丁
酉）仲春，瀋藩國主命五臺蘆芽山飯僧，遂於蘆芽過夏，而製斯懸判。」（《卍
續》18，頁261）就真鑑自己的說法來看，既然記載了詳細的年份、地點及
撰作經過，則《正脈疏懸示》的完成晚於《正脈疏》，應該是不成問題。不過，
筆者卻在《正脈疏》中發現以下一條資料，這是出現在真鑑詮釋「心目雙徵」
的主題處：

緣此雙徵微意難知，以致諸家誤謂破心之後次當破目，遂將顯見之旨盡
成破見之宗，千載迷根實基於是。《懸示》辯之未盡，今當更與拔之。（《卍
續》18，頁331）

由此處所說的「《懸示》辯之未盡，今當更與拔之」來看，似乎《正脈疏》的
完成反倒晚於《正脈疏懸示》。然而，真鑑明明將年份記載的清清楚楚，該如
何來理解此處的矛盾？筆者推測，真鑑記載的年份應該無誤。會出現此處所

茲依時間先後，以表格的方式整理如下：

時　間	地　點	事　件
萬曆四年丙子冬十月	山西潞安府	落髮出家
萬曆十四年丙戌冬	山西潞安府長治縣	完成《楞嚴經正脉疏科》
萬曆二十四年丙申冬	山西潞安府長治縣	完成《楞嚴經正脉疏》
萬曆二十五年丁酉	五臺蘆芽山	完成《楞嚴經正脉疏懸示》
萬曆二十七年己亥	山西平陽府蒲州	刊刻《楞嚴經正脉疏》完成
萬曆二十八年庚子	山西平陽府蒲州	完成〈刊《楞嚴正脉》後跋〉

其次，是他人所提及的資料。在這方面可資略知真鑑概略的活動時間與地域的，則有：廣豐〈《大佛頂首楞嚴經正脉科判》翻刻緣起〉、《釋鑑稽古略續集》、袾宏〈答潞安交光法師〉與德清〈與交光法師〉。由這幾份資料所可得知的訊息如下：

一、廣豐的〈《大佛頂首楞嚴經正脉科判》翻刻緣起〉，提及以下幾點：首先，廣豐撰寫的時間，是萬曆癸丑孟夏。萬曆癸丑，即是萬曆四十一年。其次，廣豐在文中提到「大師（筆者案：即真鑑）……命廣豐具緣起。舊刻《懸示》前有代藩製〈序〉一首，每卷有「蒲州萬固沙門妙峯福登校」十一字。今存之則贅，去之則因不明。」（《卍續》18，頁257）由這段話，可知真鑑於萬曆四十一年時，仍然在世，而《懸示》已有舊刻本。不過，就目前可見的《懸示》來看，並無代藩所製之〈序〉，每卷也都無「蒲州萬固沙門妙峯福登校」十一字，則應為廣豐同時翻刻之本，也成於萬曆四十一年癸丑。而在廣豐的文中，另有一點與真鑑所說有所出入。廣豐說：「是《疏》成於萬曆丙申冬，《科》成於次年丁酉夏。」（《卍續》18，頁257）依真鑑自己的說法，《正脉疏》是在萬曆二十四年丙申完成，沒有疑問。問題是出在《正脉疏科》的完成時間。真鑑自己所說的完成時間，是萬曆十四年丙戌，而萬曆二十五年丁酉完成的，則是《正脉疏懸示》，不同於廣豐所說的萬曆二十五年丁酉完成《正脉疏科》。由於真鑑對於自己各部著作的完成時間，記載得十分清楚，所以，筆者的立場，還是依據真鑑的說法為主。

說的「《懸示》辯之未盡，今當更與拔之」，比較可能的情況是：當真鑑完成《懸示》後，對於「心目雙徵」的辨析又有新的心得，於是選擇在《正脉疏》中再行補入，才會形成這看似成書時間矛盾的情況。

二、在明崇禎年間所編的《釋鑑稽古略續集》中，載有「《楞嚴正脈》交光法師眞鑑著」（《大正》49，頁 953），繫於明神宗萬曆四十五年丁巳條之下，同條中所言及的《楞嚴經》注疏，依序爲憨山德清的《楞嚴通議》、戒山傳如的《楞嚴截流》、幻居眞界的《楞嚴纂註》、交光眞鑑的《楞嚴正脈》、仁安的《楞嚴直解》、一雨的《楞嚴合轍》與傳燈的《楞嚴圓通疏》〔註 113〕。關於《釋鑑稽古略續集》如此的編法，以及將眞鑑的《楞嚴正脈》繫於萬曆四十五年丁巳下的用意，筆者曾做過幾番思考：首先，繫於萬曆四十五年下，是否意味著卒年呢？如果是卒年，難道這些法師竟會都在同一年過世？筆者試著查考其他法師的生平，以德清爲例，發現在萬曆四十五年時，仍然在世〔註 114〕，而傳燈撰寫〈《大佛頂首楞嚴經圓通疏》序〉的時間，則是在「皇明萬曆纔四十有七年歲次己未」（《卍續》19，頁 403）。卒年的想法，確定不成立。然則會是成書之年嗎？依眞鑑自己的記載，這個推想也無法成立。此外，德清的《楞嚴通議》，則成書於萬曆四十二年甲寅〔註 115〕，也證明了不是成書之年。如此一來，唯一可以解釋的，可能是這些著作大約是在同一時期，因此《釋鑑稽古略續集》將之匯集於同條之下。

三、袾宏的〈答潞安交光法師〉，爲眞鑑向袾宏請益有關其所著之《正脈疏》，袾宏加以回覆的往來信件。現存可見的，兩人各有兩封。由眞鑑向袾宏請益的謙虛態度，以及袾宏在信中自稱「不肖年衰」〔註 116〕，應該可以確認眞鑑的年歲晚於袾宏，而這或許也就是《釋鑑稽古略續集》將袾宏收錄於眞鑑等人的萬曆四十五年丁巳條的前一條，即萬曆二十八年庚子條下的緣故〔註 117〕。

四、在德清的《憨山老人夢遊集》中，有「與交光法師」（《卍續》127，頁 388）一信，可以做爲兩人爲同一時期的佐證，也符合了《釋鑑稽古略續集》將

〔註 113〕詳見《釋鑑稽古略續集》（《大正》49，頁 953）。

〔註 114〕依《憨山老人自序年譜實錄》所載，德清於天啓三年癸亥方才圓寂，年七十八，而萬曆四十五年時，年七十二。詳見《憨山老人夢遊集》（《卍續》127，頁 974～976）。

〔註 115〕在萬曆四十二年甲寅條下，德清自述：「《楞嚴經》，自東海立意著《通議》，久蘊於懷，未暇述。今夏五月方落筆，五十日稿遂成。」（《卍續》127，頁 973）

〔註 116〕見〔明〕袾宏《雲棲大師遺稿》。收錄於《大藏經補編》23，頁 5。

〔註 117〕詳見《釋鑑稽古略續集》（《大正》49，頁 952）。

眞鑑與德清置於同一時期的作法。

　　就以上他人所提及的資料來看，可以再補充加入上文的表格中的，爲萬曆四十一年癸丑孟夏，刊刻《楞嚴經正脉疏科》與《楞嚴經正脉疏懸示》。

　　由以上的考察，可以概略知道眞鑑與其著作相關的活動時間與地域。就時間而言，眞鑑的生年，可推至明神宗萬曆元年之前，而卒年，則在萬曆四十一年以後。其著作的完成，便是在這一段時間中。而其活動的地域，雖然曾待過北京，不過，依目前可見的文獻來看，大部分的歲月，其實是不出山西的。

貳、交光眞鑑的著作簡介

　　關於眞鑑的著作，目前可見的，則是上文所提到的三部，分別是《楞嚴經正脉疏科》、《楞嚴經正脉疏》與《楞嚴經正脉疏懸示》。雖然分爲三部，其實，是以《楞嚴經正脉疏》爲主體。《楞嚴經正脉疏科》，是眞鑑詮釋整部《楞嚴經》時的大綱，而《楞嚴經正脉疏懸示》，按眞鑑自己的說法，則是因爲「解中判科、釋意大異舊說，恐聞者遽成驚怪，或起嗤笑」，所以才「於未解經前，懸遠出示其中要義，導人樂玩，不致廢擲也」（《卍續》18，頁259）。因此，《正脉疏懸示》可以說是導引讀者進入《正脉疏》的重要門戶，並將眞鑑在《正脉疏》中所特別強調的獨到見解，撮要於此。

　　此外必須特別提及的，則是眞鑑將其對於《楞嚴經》的注疏命名爲「正脉」的原因，以及其撰著的動機。眞鑑對此皆有特別的交代，可見其重視的程度。關於命名爲「正脉」的原因，眞鑑在《正脉疏懸示》一開頭便詳加說明，他說：

> 舊解徒知慕經圓妙，不能曲順經文，深研本有圓妙的旨，而乃傍引
> 他家彷彿圓妙之義以會釋之。故不惟文義了不相合，且將本經元來
> 脉絡悉成紊亂，而首尾不相通貫。故今新疏，但惟奉順佛經，曲搜
> 本意，令其脉絡貫通，則經中本有圓妙深意，豈他家所能比擬？故
> 名「正脉」，意在此也。（《卍續》18，頁259）

眞鑑將其著作命名爲「正脉」，用意在於與其他舊有的注疏作出區隔，標出其所重視的關鍵所在。他認爲舊有注疏的問題，出在不能「曲順經文」來窮究《楞嚴經》本身的妙義，反而援引別家的義理來進行詮釋。其結果，除了造成與本經文義不相合之外，反而還使得「本經元來脉絡」紊亂。而命名爲「正脉」，正是針對這一個情況而發。眞鑑強調其特點，是「順佛經」、「搜本意」、

「令其脉絡貫通」，這其實就是就《楞嚴經》來詮解《楞嚴經》，是視《楞嚴經》本身爲一部意義完足的經典，其經文之間，自成一個有系統的整體，彼此在關係上相互照應。詮釋者所要進行的工作，眞鑑認爲，則是由這「本經元來脉絡」來深入理解經文的本意，藉由貫通經文前後的照應關係，來向讀者彰顯本經的用意。

除了在《正脉疏懸示》的開頭，特別說明命名爲「正脉」的用意之外，在《正脉疏》的開頭，眞鑑也特別說明命名的緣故。他說：

> 特標「正脉」者，疏之別號也。良以此經滿數萬言，文雖長廣，而聖言辭義雙妙、首尾照應、脉絡貫通，無有不相照應、不相通貫之處。舊解多惟就文輒解，更不首尾顧盼；或未見本意，冒昧推原，以致前後不相照應、語脉互成乖反。今疏非敢意外穿鑒，但惟曲順聖經本來語脉而疏導之，務令前後照應、語脉貫通而已。緣此名「正脉」云。（《卍續》18，頁 310）

《正脉疏》開頭的這段話，同樣說明了眞鑑對於「舊解」「前後不相照應、語脉互成乖反」的不滿。眞鑑認爲，詮釋《楞嚴經》必須掌握的要點，並不是任何高深的理論，而是「但惟曲順聖經本來語脉而疏導之，務令前後照應、語脉貫通而已」。他用「但惟……而已」的說法，說明了他不主張雜揉入他家的理論，來作爲詮釋上的預設。只要能夠虛心地遵循經文的「本來語脉」，溝通前後經文在意義上的相互關係即可。而這樣的主張能夠成立，其前提即是眞鑑所說的「聖言辭義雙妙、首尾照應、脉絡貫通，無有不相照應、不相通貫之處」。因此，統合以上兩段眞鑑對於「正脉」的說明，可以確知，所謂的「正脉」，指的正是「本經元來脉絡」、「聖經本來語脉」，也就是經文本身的結構關係。

在了解眞鑑命名爲「正脉」的用意後，還必須留意以上兩段話語中所提到的，引起他另行注疏的導火線，也就是他所說的「舊解」。眞鑑所指的「舊解」，主要對象正是元代天如惟則的《楞嚴經會解》，簡稱《會解》。眞鑑會不滿意《會解》，有兩大點原因。首先，是眞鑑個人的學習經驗所致。在《正脉疏懸示》的開頭，眞鑑曾說明了「制疏始終」（《卍續》18，頁 260）。他提到，早先徧歷諸講肆時，雖然「頗領萬法惟心之旨」（《卍續》18，頁 260），卻是「智見多局促於《會解》註文，無敢逾越」（《卍續》18，頁 260）。後來，學有所進，見解逐漸不同。他說：

> 旁通於性相諸典，放曠於《法華》義句、《華嚴》疏鈔，飽飫台、首
> 之宗。樂其文義雙暢，無少留難。心光漸啓，迴視《會解》，遂覺其
> 識見未備、臆說多恣，與二大老之家法頗不相似。(《卍續》18，頁
> 260)

這說明了眞鑑在受到天台與華嚴兩宗的薰陶後，再回過頭來，對於《會解》
的認識，已不再是「無敢逾越」了，而是覺得其「識見未備，臆說多恣」，才
會因此埋下另行注疏的種子。而另一個不滿意《會解》的原因，則是當時在
理解《楞嚴經》上，所呈現出的一種重注罪經之弊，而所重視的注疏，指的
正是《會解》。眞鑑說：

> 斯經流通震旦，自唐及今，千有餘載……部帙名家幾滿十數。天如
> 取九家著作而會通去取，補以己意，目爲十家會解。自謂具眾美而
> 斷猶豫，義無不盡。人亦服其該博，而復樂其簡要，切中時機。是
> 以交口讚善，而兢（筆者案：當爲「競」）相講習。自元末及今，二
> 百餘年，海內慕《楞嚴》而講聽者，惟知有《會解》，而他非所尚。
> 故尋經旨者，須從《會解》中通釋之。有不通者，則歸罪於經之玄
> 奧難明，罕有敢疑註家通達之未盡也。間有略疑議者，則叢口交謗，
> 如悖逆人。(《卍續》18，頁259～260)

眞鑑這段話，指出了自從《會解》成書以來，在企圖認識《楞嚴經》的讀者
心中所造成的壟斷情況，將近有二百多年。而在詮釋上壟斷也就罷了，問題
是嚴重的程度不止於此。說壟斷也就罷了的意思，意味著雖然《會解》在詮
釋上具有獨尊性，畢竟還是從屬於《楞嚴經》，是處於不同的位階，經的地位
仍然是高於注疏。然而，眞鑑所看到的現象卻並不僅止於此。當讀者透過《會
解》的詮釋來認識《楞嚴經》，而有難以明瞭之處時，當時的現象，竟然是「歸
罪於經之玄奧難明，罕有敢疑註家通達之未盡」！這其實說明了《會解》在
讀者的心目中，已經凌駕了其作爲注疏的位階，不僅與《楞嚴經》齊平，甚
至可以說超越了《楞嚴經》。這在認識《楞嚴經》的活動當中，實在是一種顛
倒的情況。而眞鑑最後所說的「間有略疑議者，則叢口交謗，如悖逆人」，更
是說明了《會解》受到的尊崇，已經到了盲目的地步，成爲一種普遍的現象。
正是在這種內在學識之長進與外在現象之扭曲的雙重情況下，造成眞鑑對於
《會解》的不滿，而認爲必須另行撰著新的注疏。

　　其實，對於《會解》不滿的，並不只眞鑑一人，只是每個人反應的方式

有所不同。眞鑑在《正脈疏懸示》中即曾提到：

> 近聞南都有三槐師者，非之爲甚。每講，全不從於《會解》，惟説本文。人不盡非，從之者衆。又聞蘇州有人，未詳字號，廣辯諸註之非，已刊而未見大行。他如月川之《別眼》、澄印之《懸鏡》，皆各出己見，而非有局於《會解》。但皆少分自在之説，未據全文而大飜舊案。（《卍續》18，頁262）

雖然眞鑑所提到的法師，都只是「少分自在之説」，並不是「大飜舊案」，不過，共通之處，都是不滿足於《會解》的詮釋。可以看出，眞鑑其實是屬於這股不滿足於《會解》詮釋之潮流中的一員，不同之處，則是眞鑑是屬於「大飜舊案」者。而同一時期的眞界，其在學習過程中的感受，也頗與眞鑑相似。他説：「余始窺《會解》，頗信於佛旨無遺。久翫經文，漸覺於聖心未盡。」（《卍續》90，頁173）而前文曾提及，《釋鑑稽古略續集》的萬曆四十五年丁巳條之下，所言及的《楞嚴經》注疏，竟多達七部，可説是自元代《會解》成書以來，重新詮釋《楞嚴經》最密集的時期，雖不能説是絕後，也絕對可説是空前。

雖然眞鑑不滿足於《會解》，而另行撰著了《楞嚴經正脈疏》，卻並不意味著他的詮釋就得到了普遍性的認同，成爲了不刊之論，而是反倒引起了諸多的論爭。該書引起的爭議，在眞鑑尚未完成之前，即已發生。眞鑑在《正脈疏懸示》中，即曾説到這個情況，他説：「予註疏時，經日既久，難盡隱密，風聞而交謗者不可勝紀，亦有面斥之者。」（《卍續》18，頁261）而完成之後的批評，更是不絕於耳。如眞鑑稍後的智旭，即曾在與錢謙益來往的書信〈復錢牧齋〉中，有「交光用根一語，毒流天下，遺禍無窮，非一言可罄」[註118]之説。而錢謙益在清初所完成的《楞嚴經疏解蒙鈔》，則曾對於《正脈疏》如此評論：

> 交光自敍緣起，謂從《楞嚴》發悟，病中見佛，啓請註經。埽拂台觀，排抵《會解》。流傳幽朔，驚動江左。咸謂經入支那，未有此解。今則少夷矣！夫其奮乎百世之下，披剝陳言，發揮己見，不可謂非北方豪傑之士。第以擇法未端，立宗太勇……乃割剝全經……每師心而自是，恐拂迹而彌多。（《卍續》21，頁86）

〔註118〕見《靈峰宗論》卷五之二。收錄於〔明〕智旭《靈峰宗論》《明版嘉興大藏經》第36冊（臺北：新文豐出版股份有限公司，1987年4月臺一版），頁343。

《疏解蒙鈔》在此，雖似褒貶參半，實則其意貶多於褒。對於《正脉疏》之「批剝陳言，發揮己見」，僅讚許眞鑑爲「北方豪傑之士」，讚許的其實只是其勇氣，而非褒獎其見解。接著所說的「擇法未端，立宗太勇」、「割剝全經」，以及「每師心而自是，恐拂迹而彌多」，才是針對《正脉疏》的內容加以非難。

《疏解蒙鈔》甚至在對於袾宏《楞嚴經摸象記》的介紹文中，也沒忘記把握機會批評了《正脉疏》一番。《疏解蒙鈔》中說：

> 時師割截段落、逐文分配，無有是處。………於時交光《正脉》初傳江表，人謂爲雲棲所印讚，傾動諸方，而不知《模（筆者案：當爲「摸」）象》此文超然懸解，故己（筆者案：當爲「已」）臨其茅蕰、鍼其膏肓矣！厥後有柴紫乘時……此師料揀亦本《模（筆者案：當爲「摸」）象》，可爲誦文之師作應病之藥也。（《卍續》21，頁85～86）

在此所批評「無有是處」的「割截段落、逐文分配」，以及所謂的「誦文之師」，指的正是眞鑑及其重視經文結構關係而作的《正脉疏》。《疏解蒙鈔》甚至認爲當時廣爲流傳的袾宏對於《正脉疏》的讚許，只是表面的應酬之語而已，實際上，袾宏自己特地撰著了《摸象記》，《疏解蒙鈔》認爲，這正是「鍼其膏肓」的最佳證據。

此外，清康熙年間的杜臻，在爲《楞嚴經觀心定解大綱》撰寫序文時，也特別點名批評了《正脉疏》。他說：

> 歷觀有唐以來註疏，不下百十家。或淺而未至，或悖而相左，未免有經在微塵之嘆！至於最僻謬而灼違經旨者，莫交光《正脉》若矣！
> （《卍續》23，頁559）

杜臻用「最僻謬而灼違經旨」來批評《正脉疏》，這也是針對《正脉疏》的內容而言。以上這些批評，都還只算是略作點抹而已，最強烈的攻擊，其實，是來自於與眞鑑同時期的幽溪傳燈。傳燈曾述說其在讀到《正脉疏》時的感受。他說：

> 閱寂音大師《合論》，兼去秋得《正脉》一書，皆於顯見性中多有所發揮。因知會心處不約而符，初不間於古今。惜《合論》約而不周，《正脉》繁而失據。（《卍續》89，頁491）

傳燈在此所說的，固然提到了與眞鑑有所見「不約而符」的部分，而批評之處，則似乎僅用「繁而失據」來形容其剛剛讀完後的感受。問題是，傳燈並

未就此罷休，他後來特別針對《正脉疏》之作而撰寫了兩部著作，分別是《楞嚴經圓通疏》及《楞嚴經圓通疏前茅》。在這兩部著作中，專門對於《正脉疏》大加批評，尤以《圓通疏前茅》最為激烈。傳燈說：

> 錯亂科判。科判既謬，則凡有所說，皆隨之而謬矣。一經血脉路悉皆倒置，豈足稱「正脉」哉！（《卍續》89，頁 525）

> 余嘗謂今人釋經有兩失：一失之太高。……如此之人，與之談儱侗禪，可也；入如來室，不可也。一失之太卑。以分別名相為自拘忌，動以性、相分庭。……如此之人，與之尋章摘句，可也；入如來室，不可也。……交光之論經，墮此二失，以不識經之大體及以曲折故也。以予觀之，一經自有正脉，交光非知正脉者也。（《卍續》89，頁 519）

> 大節目錯處：……第一大差錯處……第二大差錯處……第三大差錯處……第四大差錯處……第五大差錯處。此五處，是極緊關節。要此而差錯，雖千是而莫掩一非矣！（《卍續》89，頁 521）

> 失之，有十也。……何謂十？一、不知性德。二、不知藥病。三、不知脩、性。四、不熟本經。五、不熟《會解》。六、不曉科節。七、不熟《圓覺》。八、不熟台宗。九、不知判教。十、不識《法華》。（《卍續》89，頁 522）

傳燈在此所批判的內容，有科判之謬，有釋經之失，乃至指出五大差錯與十種缺失，這些都還算是就事論事，就義理論義理。然而，傳燈的批評，不止於此：

> 交光讀《會解》時，惟以己是，而獎乎他人。（《卍續》89，頁 497）

> 交光法師即欲大顯《楞嚴》而廣破諸師，宜於往古諸疏一一細讀，是者而存之，非者而斥之，方服人心。乃全然不顧，惟是己非人，迷名失義，一至于此。自坐不通之甚，而反說他不通之甚。（《卍續》89，頁 499）

這是就研究的態度來批評，認為眞鑑有「是己非人」之處。最激烈的，則是以下的言論：

> 交光同外道，執八識為眞。（《卍續》89，頁 520）

> 非但佛法不會，即作文體式亦有所不通。（《卍續》19，頁 588）

> 如交光者，錯亂大途，顛倒正脉，其罪過非小。（《卍續》89，頁 524）

> 一憑臆臆，自是非人。古人錯答一字，尚五百年山中作野狐。今者，
> 統部文義悉皆錯亂。若欲不招無間業，莫謗如來正法輪。交光其慎
> 之哉！交光其慎之哉！（《卍續》89，頁 511）

> 若使交光已死，則彼於九泉之下，方稽首懺悔之不暇；若或猶生，
> 吾當以前義反覆詰之，彼必當斬首以謝我也。（《卍續》89，頁 509）

在此，傳燈批評真鑑「同外道」，說他不只不懂佛法，連一般讀書人所會的「作文體式」也不通，這樣的批評，對於真鑑身為僧人的身份，無疑是十分嚴重的。而更嚴重的，則是說他「罪過非小」，以九泉懺悔、在世斬首來說他，乃至以佛教中最重的「謗法」所招致的「無間業」來影射他。這樣的批評，不只在《楞嚴經》的詮釋史上，即使是在整個佛教史上，也並不多見。

雖然《正脉疏》遭受到如此嚴屬的批評，難道就意味著它真的如此一無可取嗎？事實上不然。就他所受到的稱許來看，其實是與他所受到的責難一樣，也是自成書以來不絕如縷。在真鑑成書當時，即曾託人轉贈與袾宏，特地向他請教。袾宏在第一封回信中說：「乍閱一二，已覺精粹微密。」〔註119〕而在第二封回信中，更是直接答以「尊疏自是經之正旨」〔註120〕。關於袾宏的讚許，在與真鑑同時的無一道人廣豐，於其所撰寫的〈《大佛頂首楞嚴經正脉科判》翻刻緣起〉一文中，也曾提及。他說：「我大師（筆者案：指袾宏）印其宗教雙朗，性相普融；由一返聞，入佛知見。自經來震旦千五百年，疏家未有也。」（《卍續》18，頁 257）

而到稍後天啓年間的通潤，在其〈《楞嚴經合轍》自序〉中，則說：

> 偶於友人案頭得見《楞嚴正脉》，展卷讀之，其指瑕摘疵處，則與向
> 所私記者大半相合，其不合者十之三四。然較前諸師註疏，雖分鑣
> 並轡，而駸駸時軼乎其前矣！余歡喜自慶，曰：「安所有如是法師，
> 我輩僻處一隅，曾不耳其名！今何幸而獲無上希有之寶！」（《卍續》
> 22，頁 273）

雖然通潤稍後說「第鑑師婆心太切，欲使人人盡解，故經義無論易難，皆詳釋之。唯詳，故語亦繁；繁，則不便於初學，皆望洋而退」（《卍續》22，頁273），不過，通潤主要的態度，是歡喜見到《正脉疏》的見解與自己的「大半相合」，也稱許它超越前人的注疏，有如獲得「無上希有之寶」。

〔註119〕〔明〕袾宏《雲棲大師遺稿》，收錄於《大藏經補編》23，頁5。
〔註120〕〔明〕袾宏《雲棲大師遺稿》，收錄於《大藏經補編》23，頁8。

　　到了清代康熙年間的熊焯，在〈《楞嚴經貫攝》序〉中，提到《楞嚴經》詮釋史的過程，也對於《正脈疏》作出了正面的評價。他說：

> 自解《楞嚴》以來，唯天如十家《會解》盛行於世。迨一雨法師《合轍》出，而生面別開；至交光法師《正脈》出，而奧義闡盡。雲棲蓮老搭衣禮拜、閣筆不註，有以也。其後鍾伯敬、賀中男，又約《正脈》之旨而著爲《如說》，頗出新意。（《卍續》23，頁92）

熊焯雖然對於所提到的諸家，皆作出正面的敘述，不過，眞正專就注疏內容所言的讚賞，則要以對《正脈疏》所說的「奧義闡盡」爲最。而同是康熙年間的劉道開，在《楞嚴經貫攝》的「編輯始末」中，提到其學習《楞嚴經》的過程，也特別對於《正脈疏》的「種種卓見」大加讚賞。他說：

> 至嘉陵參離指和尚，云有《合轍》全本，庚寅乃求得。而卒業焉，則又躍然歎未曾有。和尚謂余：「《合轍》固善，不如《正脈》之尤善也。」余又求《正脈》讀之。……觀其……種種卓見，高出羣疏。相傳蓮師初見此本，望北焚香、搭衣、禮拜，良有以也。（《卍續》23，頁95）

劉道開引用離指和尚所說的「《合轍》固善，不如《正脈》之尤善」，又敘述其讀後的感想，說「高出羣疏」，乃至袾宏禮拜的傳說〔註121〕，突出了《正脈疏》優於其他對於《楞嚴經》的注疏。

　　到了乾隆年間的通理，在其《楞嚴經指掌疏》的「閱疏凡例」（《卍續》24，頁169）中，則說：「是經流傳震旦，疏記論解甚夥：探金集玉，誠讓《會解》；辨脈尋源，無偕交光。」（《卍續》24，頁169）所謂「辨脈尋源」，是就《正脈疏》特重文脈的撰著特質給予肯定，用「無偕」二字，說明了眞鑑在這方面的成就獨步於其他的注疏之上。一直到了清末的楊仁山，在讀過《正脈疏》後，也特別讚許說：「批剝陳言，獨申正見，發揮經義，超越古今。」〔註122〕

〔註121〕關於這項傳說，在此之前的文獻並未看見，也未見其他的直接證據。筆者頗懷疑是對於下文的誤解。在《雲棲大師遺稿》中，收有〈答潞安交光法師〉一文。該文中不止收錄了袾宏的兩封回信，還包含了眞鑑的兩封來信。在眞鑑的第一封來信中，曾提及其因爲得以讀到袾宏的《彌陀疏鈔》而大爲讚嘆，「於是率山陰南向稽首再拜，即日命工重刻廣施」。見〔明〕袾宏《雲棲大師遺稿》，收錄於《大藏經補編》23，頁5。是否可能是後人在閱讀時，誤將眞鑑所寫的信認爲是袾宏所寫，而逐漸形成這項傳說呢？尚俟再考。

〔註122〕〔清〕楊仁山《等不等觀雜錄》（臺北：新文豐股份有限公司，1973年），卷

　　由前人對於眞鑑著作的評論看來，可說是褒貶參半，而且，褒與貶是呈現出兩極化的反應。究竟眞鑑的著作是「奧義闡盡」，還是「最僻謬而灼違經旨」，或者，其實是在這兩種極端的評論之外，則有待下文的考察。

參、簡介惟則與《會解》

　　關於惟則，其生平事蹟，目前所知甚少〔註123〕，僅能知道其號爲天如，約莫活動於元世祖至元順帝至正年間，爲中峰明本之高第〔註124〕。據其同時、同鄉之人歐陽玄所撰之〈師子林菩提正宗寺記〉（《卍續》122，頁978），可知其「俗姓譚氏，吉之永新人。江浙諸名山屢請主席，堅卻不受，遁跡松江之九峰間十有二年。道價日振，帝師與以佛心普濟文慧大辯禪師之號，兼與金襴僧伽梨衣」（《卍續》122，頁 980）。惟則在「堅卻不受」，遁跡多年之後，才長住於其門人爲其於姑蘇師子林所建之菩提正宗寺〔註125〕。

　　關於惟則的著作，在明代的《釋鑑稽古略續集》中，即記載「有《楞嚴會解》、《禪宗語錄》、《淨土或問》、《十法界圖說》等書行世」〔註126〕（《大正》

2，頁 10。
〔註123〕早在杜繼文與魏道儒於 1993 年出版的《中國禪宗通史》中，即已明白說「關於惟則的生平事迹所知甚少」。杜繼文、魏道儒《中國禪宗通史》（江蘇：江蘇古籍出版社，1993 年），頁 511。而到了 2008 年，蔡日新在〈元代臨濟禪系的弘傳──從原妙到元長〉一文中，雖然對於惟則禪學思想的研究，已較《中國禪宗通史》更爲深入與豐富，不過，在關於惟則的生平事迹方面，仍舊維持著「流傳至後世者卻甚少」的情況。該文收錄於光泉、剛曉主編，杭州佛學院編《吳越佛教》第三卷（北京：宗教文化出版社，2008 年），頁 125。其實，關於惟則的史料，並非只有如上述研究者在其文中所言及者。在惟則之第善遇所編的《天如惟則禪師語錄》中，其中卷 7 至卷 8 的「書問」，多有史料，可供企圖研究惟則生平者作進一步的考察。唯非本論文重點所在，故不在此多作著墨。
〔註124〕與惟則同時之危素，在〈天如禪師語錄序〉中說：
　　昔中峰和尚倡道於杭之天目山，學者雲集。既委世三十年，能任其付授之重、守其責望之言，薀光鏟采，久而愈章，傑然而獨立者，吾盧陵天如則禪師也。禪師既承密印，諸大方爭聘之，遂隱于吳門師子林。一室臥雲，泊然無意於當世。然四方之欲求其道者，惟禪師是歸，故其言不待結集而盛行於時。其徒善遇稍錄爲七卷，天台宗沙門炬師以其可以啓悟來學，廼刻之以傳。（《卍續》122，頁 803）
〔註125〕據《天如惟則禪師語錄》中的記載：「姑蘇城中，有林，曰：師子；有寺，曰：菩提正宗，天如禪師惟則之門人，爲其師創造者也。」（《卍續》122，頁 978）
〔註126〕關於惟則的著作，杜繼文、魏道儒的《中國禪宗通史》，蔡日新的〈元代臨濟禪系的弘傳──從原妙到元長〉，乃至賴永海主編的《中國佛教通史》（第五

49，頁914）。本論文所探討的，即爲在此所說的《楞嚴會解》。關於惟則撰作《會解》的動機，以及《會解》內容所涵蓋的範圍，在〈《大佛頂首楞嚴經會解》敘〉中，曾有明白的交代。惟則說：

> 始余見長水璿師、孤山圓師、泐潭月師、溫陵環師之說，又閱吳興岳師之集，並得興福愨、資中沇、眞際節、檇李敏諸師之意，無不大同。惟所見或各從一長，乃不能不小異，遂使行者泣岐，莫辨良導。……今余會諸家要解，以通大途，……又附己意，目爲「補註」。
>
> 若合殊流同歸于海，故爲之《會解》。（《龍藏》144，頁259）

由惟則之說可知，其所以要「會諸家要解」而成《會解》，是因爲見到唐、宋九師對於《楞嚴經》的詮釋各有出入，使得欲由此修行《楞嚴經》者莫衷一是、無所適從的緣故。而由此也可以明白，其《會解》所會的，便是以上所一一列出的由唐及宋的九家之說，再加上惟則自己的詮釋。因此，《會解》一書，可說是集唐、宋、元三朝對於《楞嚴經》詮釋之大成。

卷），都不約而同地言及了還有《楞嚴經圓通疏》。見杜繼文、魏道儒的《中國禪宗通史》，頁512。蔡氏之文，則見光泉、剛曉主編，杭州佛學院編《吳越佛教》第三卷，頁126。此外，見賴永海主編《中國佛教通史》（第五卷）（南京：江蘇人民出版社，2010年11月），頁584。事實上，《楞嚴經圓通疏》並非惟則的著作，而是由明代與眞鑑同時的幽溪傳燈所作。會產生這項誤解，應該是因爲傳燈《圓通疏》之作，「乃合《會解》而爲之」（《卍續》19，頁405）。傳燈在「《圓通疏》凡例」中，即已指出「經文比解與疏大而高書一字者，所以尊金口也。《會解》讓經一字而大書，今疏與解相並而細書者，所以尊古人也。意欲讀是經者，經明而解可略，解明而疏亦可略」（《卍續》19，頁405）。正是由於傳燈將《會解》包含於《圓通疏》中，後人一時不察，才會誤以《圓通疏》也爲惟則之作。

第二章 《正脉疏》「十番顯見」的結構與脈絡的探討

　　本章有關「十番顯見」的探討，是集中在其結構、定位以及方法等相關的議題上。會先就這方面來探究，是因爲依眞鑑自己的敘述，其有關《楞嚴經》的三部著作，是以萬曆十四年丙戌冬完成的《正脉疏科》爲最早，之後，才又分別完成了《正脉疏》與《正脉疏懸示》。這個完成相關注疏的過程十分值得玩味。前文曾介紹過三部著作的不同功能，《正脉疏》爲詮釋全部經文的著作，《正脉疏懸示》爲導讀的性質，而《正脉疏科》則爲大綱。就上述的完成順序來看，大綱爲先，其次是經文的詮釋，最後則是導讀。雖然眞鑑當初並未說明順序爲此的緣由，不過，可以確知的是，就眞鑑想要傳達其個人對於《楞嚴經》的解讀來說，應該在其完成大綱之時，也就是《正脉疏科》完成時，其認識中的全經結構即已具體地呈現出來。之後十年工夫的詮釋經文，則是依循著原先《正脉疏科》所完成的架構來進行，而《正脉疏懸示》，則又是就前兩部著作的精要之處撮要發揮。因此可以說，《正脉疏科》雖然只是大綱的性質，卻足以引導及規範《正脉疏》與《正脉疏懸示》的詮釋方向與內容，《正脉疏》與《正脉疏懸示》的內容，其實並未超出《正脉疏科》的架構之外。此外，《正脉疏科》對於企圖進入眞鑑對於《楞嚴經》之理解的讀者來說，也是一扇十分重要的門戶。明萬曆年間的無一道人廣豐，在〈《大佛頂首楞嚴經正脉科判》翻刻緣起〉中即曾經說過：「諸檀越各具上根，契心非勉，於所校本施貲就刊，次第告成。」（《卍續》18，頁257）這說明的是《正脉疏》在《正脉疏科》之前已先刊行。然而，在「次第告成」後，讀者卻並未因此

就能輕易地進入眞鑑對於《楞嚴經》的理解中，其原因便出在「惟關科判」（《卍續》18，頁 257）。這「惟關科判」的情況，造成當時的讀者「條貫未通，艱於得味」（《卍續》18，頁 257），廣豐並接著特別強調「然此實經之大綱」（《卍續》18，頁 257）。這說明了要能貫通眞鑑對於《楞嚴經》詮釋的條理，要能「得味」，就必須先由這眞鑑最先完成的「大綱」——《正脉疏科》來入手。因此，本論文有關「十番顯見」的探討，便先著重在這屬於「大綱」的部分。

本章所探討的「十番顯見」的結構，可概分爲兩部分：一是就「十番顯見」本身的內在結構來探討，包括了十番的主題、特色、是否有層次淺深，以及前有所承與否等問題。另一部分，則關注在「十番顯見」在全經結構中所扮演的角色，屬於全經結構中的何種部分，如何定位的問題。這部分則牽涉到「十番顯見」整體結構與全經其他單元，乃至與整部經典的宗旨彼此之間，因結構關係而相互型塑意義的課題。而不論是內在結構或是在全經中定位的問題，其背後特別值得探討的，則是眞鑑對於結構一事的重視。關於眞鑑在方法學上的用心，則在第三部分進行探討。

第一節　《正脉疏》「十番顯見」的結構特色

眞鑑所科的「十番顯見」，其範圍，由《楞嚴經》經文卷一的「阿難，汝先答我見光明拳，此拳光明因何所有？云何成拳？汝將誰見？」（《大正》19，頁 109）開始，到卷二的「吾今誨汝，當善思惟，無得疲怠妙菩提路」（《大正》19，頁 113）爲止。其科分經文的起迄，未必盡與前人相同，由此而得出的科文，自是有其特出之處。因此，以下即將進行的工作，主要是藉著比對出與前人（包括《會解》及其所徵引的諸師）科文的不同之處，來彰顯出眞鑑的特點。至於以有出入的科分段落來進行對比，是否會有立足點不同的顧慮，其實，這反倒可以更清楚地看出眞鑑別於前人的特別之處。

壹、《會解》及其所徵引諸師的結構方式

眞鑑對於《楞嚴經》重新進行科文，主要是針對《會解》而發。因此，要考察出眞鑑科文的特色，還得先認識《會解》對於經文的科分情況。就《會解》來看，其本身並未有詳細的科文，不過，在詮釋的過程中，則仍然存在著對於經文段落大旨的述說，這可說是一種「隱結構」。此外，由於《會解》除了惟則自己的見解外，還囊括了惟則之前的九家注疏，而這九家中，部分

的注疏者也曾對於經文進行科分的工作。因此，在本單元中，將先就《會解》所徵引的注疏中曾進行科文者，以及《會解》的「隱結構」來進行概略性的考察，以便作爲下文彰顯出眞鑑科文特色的對照組。

一、《會解》所徵引諸師的結構方式

有關《會解》所列出的九家「教禪諸師名目」（《龍藏》144，頁 260），分別是「興福法師諱惟愨」、「資中法師諱弘沇」、「眞際法師諱崇節」、「檇李法師諱洪敏」、「長水法師諱子璿」、「孤山法師諱智圓」、「吳興法師諱仁岳」、「泐潭法師諱曉月」與「溫陵法師諱戒環」（《龍藏》144，頁 260）。在這九家中，如今尚可得見其科文者，分別是惟愨、子璿、仁岳與戒環四家。以下將分別就這四家對於眞鑑所科的「十番顯見」的經文，其各自科分的情況加以整理。

（一）惟愨的結構方式

首先是惟愨的分科，今見諸宋代可度的《楞嚴經箋》（《卍續》88）中。惟愨將眞鑑科爲「十番顯見」範圍內的經文，分爲兩大部分，分別是「初、簡妄明眞指密因」（《卍續》88，頁871）中「初、破妄識處，後、通指密因」（《卍續》88，頁871）兩子科的「後、通指密因」（《卍續》88，頁902），以及「第二、見相含尅指密因」（《卍續》88，頁922）。其中，「通指密因」的部分，分爲六子科：「初、手見相例指」（《卍續》88，頁 903）與「二、灯光顯用指」（《卍續》88，頁 908），這兩科涵蓋的經文範圍，相當於眞鑑十番的首番；「三、去留動寂指」（《卍續》88，頁 909）、「四、兜羅開合指」（《卍續》88，頁 912）與「五、輪光顯耀指」（《卍續》88，頁 913），相當於眞鑑的第二番；「六、觀河匪變指」（《卍續》88，頁 916）則相當於眞鑑的第三番。而在第二大部分「第二、見相含尅指密因」中，則分爲十三個段落：「初、凡聖同如指」（《卍續》88，頁 923）與「二、大海全潮指」（《卍續》88，頁 925），相當於眞鑑的第四番；「三、旅亭觀月指」（《卍續》88，頁 929）與「四、寄遣八還指」（《卍續》88，頁 933），相當於眞鑑的第五番；「五、性無緣相指」（《卍續》88，頁 936），相當於眞鑑的第六番；「六、體無盈縮指」（《卍續》88，頁 941），相當於眞鑑的第七番；「七、見非一異指」（《卍續》88，頁 944）與「八、空華一月指」（《卍續》88，頁 948），相當於眞鑑的第八番；「九、破自然」（《卍續》88，頁 952）與「十、破因緣執」（《卍續》88，頁 954），相

當於真鑑的第九與第十番。茲以表格方式整理如下：

惟慤的科文			真鑑的十番
初、簡妄明真指密因	初、破妄識處		
	後、通指密因	初、手見相例指 二、灯光顯用指	一、指見是心
		三、去留動寂指 四、兜羅開合指 五、輪光顯耀指	二、示見不動
		六、觀河匪變指	三、顯見不滅
二、見相含尅指密因	初、凡聖同如指 二、大海全潮指		四、顯見不失
	三、旅亭觀月指 四、寄遺八還指		五、顯見無還
	五、性無緣相指		六、顯見不雜
	六、體無盈縮指		七、顯見無礙
	七、見非一異指 八、空華一月指		八、顯見不分
	九、破自然		九、示見超情
	十、破因緣執		九、示見超情 十、顯見離見

　　惟慤在此所科的「初、簡妄明真指密因」與「二、見相含尅指密因」，皆繫於「正宗分」兩大科中的「初、釋密因」（《卍續》88，頁871）之下。換言之，惟慤的科文意味著十番的經文，圍繞的主題是在「密因」，而前三番是在「簡妄」之後「通指密因」，後七番則是「見相含尅指密因」。然而，就惟慤的科文來看，雖然是要「釋密因」、「通指密因」，或是「尅指密因」，這「密因」究竟為何，不論是由其所科的「初、手見相例指」、「二、灯光顯用指」、「三、去留動寂指」、「四、兜羅開合指」、「五、輪光顯耀指」與「六、觀河匪變指」，或是「初、凡聖同如指」、「二、大海全潮指」、「三、旅亭觀月指」、「四、寄遺八還指」、「五、性無緣相指」、「六、體無盈縮指」、「七、見非一異指」、「八、空華一月指」、「九、破自然」與「十、破因緣執」來看，似乎並無法清楚地得知。此外，為何前三番的經文是屬於「通指密因」，而後七番則是「見相」來指密因，似乎不易令人明白，同時，為何屬於不同的分科層次，也似乎令人費解。

（二）子璿的結構方式

　　其次是子璿的分科，今見諸《楞嚴經義疏注經科》（《卍續》16）中。子璿將眞鑑科爲「十番顯見」範圍內的經文，分爲兩大部分，分別是「一、且示見性惟心」（《卍續》16，頁 441）與「二、廣約諸見辨釋」（《卍續》16，頁 441）。其中的「一、且示見性惟心」涵蓋的經文範圍，相當於眞鑑的首番，而餘下的九番經文，則劃歸入「二、廣約諸見辨釋」中。在「二、廣約諸見辨釋」中，則又分爲三大科：「一、對境動搖粗論眞見」（《卍續》16，頁 441），相當於眞鑑的二番。「二、就破顛倒漸明眞見」（《卍續》16，頁 441）則分爲二子科，其中的「一、且對匿王破其斷見」（《卍續》16，頁 441），相當於眞鑑的三番；「二、正對阿難破其常見」（《卍續》16，頁 442），相當於眞鑑的四番。第三大科「三、廣約緣塵正顯眞見」（《卍續》16，頁 442），則分爲四子科，其中的「一、顯緣心非性」（《卍續》16，頁 442）與「二、示見性無還」（《卍續》16，頁 442），相當於眞鑑的五番；「三、約體用重明」（《卍續》16，頁 443），相當於眞鑑的六番；「四、就疑難廣釋」（《卍續》16，頁 443），則再分爲四：其中的「一、破見性縮斷疑」（《卍續》16，頁 443），相當於眞鑑的七番；「二、破見性離身疑」（《卍續》16，頁 443），相當於眞鑑的八番；「三、破因緣自然疑」（《卍續》16，頁 444），再析爲二：「一、破自然」（《卍續》16，頁 444），相當於眞鑑的九番；「二、破因緣」（《卍續》16，頁 444），相當於眞鑑的九與十番。茲以表格方式整理如下：

子璿的科文					真鑑的十番
一、且示見性惟心					一、指見是心
二、廣約諸見辨釋	一、對境動搖粗論眞見				二、示見不動
	二、就破顛倒漸明眞見	一、且對匿王破其斷見			三、顯見不滅
		二、正對阿難破其常見			四、顯見不失
	三、廣約緣塵正顯眞見	一、顯緣心非性			五、顯見無還
		二、示見性無還			

		三、約體用重明			六、顯見不雜
		四、就疑難廣釋	一、破見性縮斷疑		七、顯見無礙
			二、破見性離身疑		八、顯見不分
			三、破因緣自然疑	一、破自然	九、示見超情
				二、破因緣	九、示見超情 十、顯見離見

　　子璿在此對於十番經文的科文，是繫於「三、約破計執廣辨見性」（《卍續》16，頁 441）之下。「三、約破計執廣辨見性」，則繫於「二、破妄見明眞見」（《卍續》16，頁 440）下。「二、破妄見明眞見」，又繫於「二、破妄顯眞」（《卍續》16，頁 440）下。而「二、破妄顯眞」，則繫於「五、辨其眞妄」（《卍續》16，頁 437）下。「五、辨其眞妄」，繫於「一、正約心見以破顯」（《卍續》16，頁 437）之下。「一、正約心見以破顯」，繫於「一、破阿難認妄迷眞顯如來藏」（《卍續》16，頁 437）下。而「一、破阿難認妄迷眞顯如來藏」，則繫於「一、顯如來藏心」（《卍續》16，頁 437）下。「一、顯如來藏心」，又繫於「三、如來乘機廣爲開演」（《卍續》16，頁 437）。「三、如來乘機廣爲開演」，則在「二、正說分」（《卍續》16，頁 437）之下。換言之，子璿的科文意味著十番的經文，其終極目標是在「顯如來藏心」。而這十番經文的定位，則是屬於「顯如來藏心」的過程中，破斥阿難「認妄迷眞」，以彰顯出如來藏的部分。在這部分中，是就心與見來「破顯」，以區別出眞與妄，並對於妄見加以破斥，以闡明眞見。而在「破妄見明眞見」中，則是進一步就破除阿難的情計執著來多方辨明見性。

　　至於十番經文的具體意涵，則可以明顯地看出子璿是將十番的經文區分爲「且示見性惟心」與「廣約諸見辨釋」兩部分。如此的區分，似乎意味著「見性惟心」是先明白地揭示出眞正應認取的對象，同時，其中的「且示」二字，還透露了其認爲經文尚未對於「見性惟心」的內涵作出深入的闡釋，而只是「暫且指示」而已，進一步的廣泛發揮，則是在「廣約諸見辨釋」的部分。而在「廣約諸見辨釋」的部分，既然是繫於「約破計執廣辨見性」之下，則可以得知，其「辨釋」的內容，指的應當是「見性」，而涵蓋的範圍，

則包含了後九番的經文。這部分又分爲三個方向來切入，先是由「對境動搖」來入手，其次是由「破顛倒」切入，最後則是「廣約緣塵」來多方探討。而這三個方向所要探究的目標，則分別是「粗論眞見」、「漸明眞見」與「正顯眞見」，可以看出，目標是在彰顯出「眞見」，而其中的由「粗論」，然後「漸明」，直到「正顯」，則透露出子璿對於這九番經文的看法，是認爲有逐漸深入、由淺至深的層次之分。除了分爲三個方向來切入外，子璿對於這三個方向又分別有不同層次的深入細科，這一點由以上所整理的表格即可看出，而這正說明了在子璿的看法中，後九番的經文，雖然是逐漸深入、由淺至深，不過，卻並不是在同一層次上，而是有著大科小科的不同層次之別。

（三）仁岳的結構方式

接著是仁岳的分科，今見諸《楞嚴經熏聞記》（《卍續》17）中。仁岳將眞鑑科爲「十番顯見」範圍內的經文，分屬於兩大部分，分別是「一、正約心見破妄顯眞」（《卍續》17，頁567）與「二、徧歷緣塵簡非顯是」（《卍續》17，頁576）。其中，眞鑑所科的一到四番的經文，劃歸入「一、正約心見破妄顯眞」中，後六番的經文，則屬於「二、徧歷緣塵簡非顯是」。在「一、正約心見破妄顯眞」中的「二、破妄見顯眞見」（《卍續》17，頁567），其下的「三、破執明常」（《卍續》17，頁571），分爲「一、略說」（《卍續》17，頁571）與「二、廣說」（《卍續》17，頁572）。其中，「一、略說」所涵蓋的經文範圍，相當於眞鑑的首番，而「二、廣說」中的「一、明見非搖動」（《卍續》17，頁572），相當於眞鑑的二番，「二、明性無生滅」（《卍續》17，頁573）則相當於眞鑑的三與四番。而在「二、徧歷緣塵簡非顯是」中，「一、略簡緣塵之心」（《卍續》17，頁576）與「二、廣簡緣塵之見」（《卍續》17，頁578）下的「一、約緣塵正簡見性」（《卍續》17，頁578），其下「一、相待簡」（《卍續》17，頁578）的「一、明還不還」（《卍續》17，頁578），相當於眞鑑的五番。「一、相待簡」下的「二、明物非物」（《卍續》17，頁578），相當於眞鑑的六番；「三、明徧不徧」（《卍續》17，頁579）相當於眞鑑的七番；「四、明是非是」（《卍續》17，頁580）與「二、絕待簡」〔註1〕（《卍續》17，頁581），相當於眞鑑的八番。而在「二、廣簡緣塵之見」下的「二、約見性廣破執情」（《卍續》17，頁580），其下的「一、破自然」（《卍續》17，頁580），相當於眞鑑的九番，而「二、破因緣」（《卍續》17，頁580）則相

〔註1〕 此處似有錯簡，茲依經文重正其序。

當於真鑑的十番。茲以表格方式整理如下：

仁岳的科文							真鑑的十番
一、正約心見破妄顯真	二、破妄見顯真見	三、破執明常	一、略說				一、指見是心
			二、廣說	二、顯示	一、明見非搖動		二、示見不動
					二、明性無生滅		三、顯見不減
							四、顯見不失
二、徧歷緣塵簡非顯是	一、略簡緣塵之心						五、顯見無還
	二、廣簡緣塵之見	一、約緣塵正簡見性	一、相待簡		一、明還不還		
					二、明物非物		六、顯見不雜
					三、明徧不徧		七、顯見無礙
					四、明是非是		八、顯見不分
			二、絕待簡				
		二、約見性廣破執情	一、破自然				九、示見超情
			二、破因緣				九、示見超情 十、顯見離見

　　關於這十番經文的科文，仁岳是繫於「三、辨真妄」（《卍續》17，頁 567）之下。「三、辨真妄」繫於「四、破執計」（《卍續》17，頁 561），「四、破執計」繫於「一、廣破心見，明人空」（《卍續》17，頁 560），「一、廣破心見，明人空」繫於「一、誡請開示」（《卍續》17，頁 560），「一、誡請開示」繫

於「一、對慶喜破人法二執，顯空如來藏」（《卍續》17，頁560），「一、對慶喜破人法二執，顯空如來藏」繫於「一、開楞嚴解心」（《卍續》17，頁560），「一、開楞嚴解心」繫於「三、如來演說」（《卍續》17，頁560），「三、如來演說」繫於「正宗分」（《卍續》17，頁558）。換言之，仁岳的科文意味著十番的經文，其終極目標是在「開楞嚴解心」。而這十番經文的定位，則是屬於「開楞嚴解心」的過程中，破除阿難的人法二執，彰顯空如來藏的部分。在這部分中，廣泛地破斥阿難對於妄心與妄見的執著情計，並進一步辨析出真妄之別。

至於十番經文的具體意涵，則可以明顯地看出，仁岳是將十番的經文分別歸入「正約心見破妄顯真」與「徧歷緣塵簡非顯是」兩大科之下。如此的區分，似乎意味著真鑑所科的一到四番的經文，在仁岳的看法中，主要是在破除妄見，彰顯出真見。那麼，後六番經文的「簡非顯是」呢？其實，這「簡非顯是」也只不過是「破妄顯真」的另一種說法罷了。如此一來，前四番與後六番竟然毫無區別嗎？由仁岳的分科來看，其實仍有區別。這區別便在於前四番是「正約心見」，後六番是「徧歷緣塵」。亦即前四番是先正面地針對真見來進行說明，而後後六番再廣泛地就緣塵分別來一一指點出見性，這後六番頗有補充前四番的意味。至於仁岳是否有認為前四與後六具有逐漸深入的意味，這一點由其科文來看，似乎並不明顯，雖然由以上所整理的表格可以看出，仁岳對於這部分經文的分科層次，較子璿來說，似乎更為繁複。

（四）戒環的結構方式

戒環的分科，則又有不同，今見諸《楞嚴經要解》（《卍續》17）中。戒環將真鑑科為「十番顯見」範圍內的經文，分屬於兩大部分，分別是「初、決擇真妄以為密因」（《卍續》17，頁688）與「二、發明覺性直使造悟」（《卍續》17，頁702）。其中，真鑑所科的首番與二番的經文，劃歸入「初、決擇真妄以為密因」，後八番則歸入「二、發明覺性直使造悟」。在「初、決擇真妄以為密因」的「二、正決擇真心真見」（《卍續》17，頁695）之下的「二、擇真見」（《卍續》17，頁698），其下「二、世尊答示」（《卍續》17，頁699）的「三、正與決擇」（《卍續》17，頁699）分為四子科，前三科「初、問答立義」（《卍續》17，頁699）、「二、正擇真見」（《卍續》17，頁699）與「三、阿難未論」（《卍續》17，頁700）所涵蓋的經文範圍，相當於真鑑所科的首番，「四、遣拂客塵」（《卍續》17，頁700），則相當於真鑑的二番。而在「二、

發明覺性直使造悟」，其下分爲兩科：「初、經家敘意」（《卍續》17，頁702）以及「二、問答發明」（《卍續》17，頁703）下的「初、即身變異明不生滅」（《卍續》17，頁703），相當於眞鑑的三番。眞鑑所科的四到十番，戒環皆將之繫於「二、問答發明」之下。其「二、依手正倒明無遺失」（《卍續》17，頁704）相當於眞鑑的四番；「二（筆者案：當爲「三」）、辨斥緣影甄別混疑」（《卍續》17，頁706）與「四、依八境示見性無還」（《卍續》17，頁707），相當於眞鑑的五番；「五、即諸物像決擇眞性」（《卍續》17，頁708）相當於眞鑑的六番；「六、明見眞體本絕限量」（《卍續》17，頁709）相當於眞鑑的七番；「七、明見與緣同一妙體」（《卍續》17，頁710）相當於眞鑑的八番；「八、辨明眞說甄別疑濫」（《卍續》17，頁714）下的「二、問答質疑」（《卍續》17，頁714）分爲四子科，其「一、疑同自然」（《卍續》17，頁714）、「二、疑同因緣」（《卍續》17，頁715）與「三、疊拂直示」（《卍續》17，頁715），相當於眞鑑的九番，而「四、引經再辯」（《卍續》17，頁715）則相當於眞鑑的十番。茲以表格方式整理如下：

戒環的科文					真鑑的十番	
初、決擇眞妄以爲密因	二、正決擇眞心眞見	二、擇眞見	二、世尊答示	三、正與決擇	初、問答立義	一、指見是心
					二、正擇眞見	
					三、阿難未諭	
					四、遣拂客塵	二、示見不動
二、發明覺性直使造悟	初、經家敘意					三、顯見不滅
	二、問答發明	初、即身變異明不生滅				
		二、依手正倒明無遺失				四、顯見不失

		二、（筆者案：當爲「三」）、辨斥緣影甄別混疑			五、顯見無還
		四、依八境示見性無還			
		五、即諸物像決擇眞性			六、顯見不雜
		六、明見眞體本絕限量			七、顯見無礙
		七、明見與緣同一妙體			八、顯見不分
		八、辨明眞說甄別疑濫	二、問答質疑	一、疑同自然	九、示見超情
				二、疑同因緣	
				三、疊拂直示	
				四、引經再辯	十、顯見離見

關於這十番經文的科文，戒環是繫於「正宗分」（《卍續》17，頁688）下的「一、見道分」（《卍續》17，頁688）中。換言之，戒環的科文意味著十番的經文，其終極目標是在「見道」。而「見道」進行的方式，先是就眞妄的心與見加以辨析抉擇，以擇出眞心眞見作爲「密因」，接著再進一步「發明覺性」。

至於十番經文的具體意涵，由戒環的分科，則可以明顯地看出，是將十番的經文分別歸入「決擇眞妄以爲密因」與「發明覺性直使造悟」兩大科之下。如此的區分，似乎意味著眞鑑所科的首番與二番的經文，在戒環的看法中，主要是在擇出作爲「密因」的「眞見」，當「密因」擇出後，則進一步加

以發明，眞鑑所科的後八番的經文即屬於這部分。這意味著在戒環的認知中，後八番的經文，是在補充闡明前文所擇出的「密因」。至於後八番是否有層次之別，就戒環的科文來看，似乎是在同一層次上。

　　就以上對於四家的結構所整理出來的結果來看，可以看出，雖然是相同的經文段落，四家卻各有不同的解讀。就眞鑑所科的十番經文而言，惟愨是將前三番歸屬於「初、簡妄明眞指密因」一科，後七番則屬於「第二、見相含愨指密因」，可說是前三後七的區分結構，子璿則是前一後九，仁岳是前四後六，而戒環則是前二後八，四家各有不同的結構解讀，可說是持之有故，各自言之成理，該以何家爲準據才是？又各家詮釋時所關注的焦點有異，對於密因的科段認識不同，又當以何家的詮釋爲主？而子璿宗華嚴，仁岳宗天台，則又應該依循何者的詮釋立場？這些言人人殊、聚訟紛紜的問題，想必曾經困擾著企圖囊括諸家詮釋成果的惟則。而後來惟則在進行撰作《會解》之時，僅在經文詮釋上進行「會解」，而不在經文結構上進行「會解」，或許也正是因爲遭遇到這些難解的問題，才會有「分門科判之類，諸師既有明文，茲不繁引」（《龍藏》144，頁 262）的說法。

二、《會解》的隱結構

　　由以上的整理可知，惟則在撰作《會解》時，並未在科文上完全採取某一家的說法，或是綜合各家之說，而是著重在經文詮釋的部分，並不另行撰作詳細的科文。雖然如此，難道便意味著惟則的《會解》毫無結構嗎？其對於眞鑑所科的「十番顯見」的經文，難道只有逐句解釋的認識，而毫無因段落區分而區隔出來的、不同段落的大旨嗎？筆者考察的結果，發現惟則雖然並未對於《楞嚴經》的經文進行詳細的分科，不過，卻仍有概略性的分科。在對於卷一的阿難與摩登伽女同歸佛所處的經文詮釋中，惟則曾特別說明了他對於全經有概略性的結構區分。他說：

> 補註曰：一經大分，準常爲三：一、序分。二、正宗分。三、流通分。序分齊此，下文爲正宗分。……環師於正宗一分又科爲五：初、見道分。始於此，而止於第四卷中。二、脩道分。始於第四卷中，而止於第七卷。三、證果分。始於第七卷末，而止於第八卷中。四、結經分。在證果分後。五、助道分。始於第八卷中，而止於第十卷末。正宗文竟，遂入流通而卷終焉。（《龍藏》144，頁 266）

由此處所說可知，眞鑑所科的十番經文，在《會解》中，是繫屬於「正宗分」

的「見道分」之下。而在詮釋眞鑑所科的十番經文的過程中，《會解》雖然並未進一步加以詳細地分科，不過，仍可以發現與分科性質相同的「隱結構」的存在，亦即藉由《會解》對於經文段落的區分，以及其所詮釋的大旨，即可看出仍然具有某種未曾顯言的結構。以下將予以簡要地摘出。

在眞鑑所科的「十番顯見」經文開始前的部分，亦即佛陀告訴阿難一切諸修學人雖然能成九次第定，卻不得漏盡、成阿羅漢後，《會解》的詮釋說：「補註曰：上文破妄心，此下破妄見，以至會見歸心，漸顯眞性也。」（《龍藏》144，頁283）這說明了《會解》對於十番經文的看法，認爲是「破妄見」。而在「破妄見」的大綱領下，對於以下十番的經文，《會解》也分別指出了各番的用意所在：首番是指出「知見性屬心，漸明眞見」（《龍藏》144，頁286）；二番是「見性不動」（《龍藏》144，頁288）、「寄斥大眾迷眞常而見無常也」（《龍藏》144，頁288）與「此寄鑪相密談眞見」（《龍藏》144，頁288）；三番是「直示性無生滅」（《龍藏》144，頁292）；四番是「依倒見言遺失」（《龍藏》144，頁293）；五番是「欲顯眞性無能所之相」（《龍藏》144，頁296）、「廣約緣塵簡出眞性」（《龍藏》144，頁297）與「見性不還」（《龍藏》144，頁298）；六番是「見性不殊」（《龍藏》144，頁299）與「此寄見性之偏以顯眞性之徧也」（《龍藏》144，頁300）；七番是「見性無二」、「見性無大小可還」與「離塵觀性，自得本眞」（《龍藏》144，頁302）；八番是「眞性本來無是非是」（《龍藏》144，頁307）；九番是「釋（覺性）非自然」（《龍藏》144，頁309）、「釋（覺性）非因緣」（《龍藏》144，頁310）與「疊拂徧計」（《龍藏》144，頁310）；十番是「重拂因緣，發明眞見」（《龍藏》144，頁312）。除了由經文詮釋中可以摘出外，更明顯的，則是在〈《大佛頂首楞嚴經會解》敘〉中所說的一段話：

> 因見顯心、因心顯見，雖心見互顯，而正顯在心。如以盲人矚暗喻見非眼，屈指飛光驗見不動，印觀河之非變，比垂手之無遺，辯於八還，擇於諸物，非舒非縮，無是無非，使悟淨圓眞心妄爲色空及聞見耳！既悟妄爲，尚疑混濫，故又破自然、因緣，示見見之非見。……自淺而深，自狹而廣，雖多方顯妄，而所顯惟眞。（《龍藏》144，頁257）

在這段話語中，對於十番經文有扼要的說明：首番是「以盲人矚暗喻見非眼」，二番是「屈指飛光驗見不動」，三番是「印觀河之非變」，四番是「比垂手之

無遺」，五番是「辯於八還」，六番是「擇於諸物」，七番是「非舒非縮」，八番是「無是無非」，九番是「破自然、因緣」，十番是「示見見之非見」。而這過程是「自淺而深，自狹而廣」，表面上是「多方顯妄」，實際則是「正顯在心」、「所顯惟真」。茲將以上諸說以表格方式整理如下：

《會解》的隱結構		真鑑的十番
破妄見	知見性屬心，漸明真見 以盲人矚暗喻見非眼	一、指見是心
	見性不動 寄斥大眾迷真常而見無常也 此寄麤相密談真見 屈指飛光驗見不動	二、示見不動
	直示性無生滅 印觀河之非變	三、顯見不滅
	依倒見言遺失 比垂手之無遺	四、顯見不失
	欲顯真性無能所之相 廣約緣塵簡出真性 見性不還 辯於八還	五、顯見無還
	見性不殊 此寄見性之徧以顯真性之徧也 擇於諸物	六、顯見不雜
	見性無二 見性無大小可還 離塵觀性，自得本真 非舒非縮	七、顯見無礙
	真性本來無是非是 無是無非	八、顯見不分
	釋（覺性）非自然 釋（覺性）非因緣 疊拂徧計 破自然、因緣	九、示見超情
	重拂因緣，發明真見 示見見之非見	十、顯見離見

至於《會解》對於這十番的詮釋是否有層次上的大小科之別,如所徵引的諸家分科一般,似乎無法得知。

就以上《會解》對於這十番的詮釋來看,談論的焦點似乎並非唯一,如前二番雖然說出見性,關注卻似乎是在眞見;五、六番雖然也言及見性,用意則似在於眞性,而由其所說的「寄見性之徧以顯眞性之徧」來看,似乎意味著見性與眞性有別。又如七番意在見性,八番意在眞性,九番意在破斥,十番則在「發明眞見」,似乎這十番經文的開展,其間的主題有所變動,而從頭到尾眞正關注的目標,則似乎是「眞見」。然而,這些多數屬於彰顯式的主題,卻又都被歸屬於「破妄見」之下;既說是「破妄見」,卻又說「顯妄」,說「正顯在心」、「所顯惟眞」。這些詮釋時用語上的看似衝突之處,如果不就《會解》的詮釋細加思考,則有可能容易造成部分讀者理解上的困惑,而這也正是眞鑑在重新詮釋時,所特別提出的檢討之處〔註2〕。

貳、《正脉疏》獨標「顯見」的結構方式

一、「十番顯見」的結構與層次

就前文整理的結果來看,光看惟愨、子璿、仁岳與戒環四家結構所呈現出來的重點,就已經各有偏重。惟愨爲前三(簡妄明眞指密因)後七(見相合斥指密因)的區分結構,子璿則是前一(且示見性惟心)後九(廣約諸見辨釋),仁岳是前四(正約心見破妄顯眞)後六(徧歷緣塵簡非顯是),而戒環則是前二(決擇眞妄以爲密因)後八(發明覺性直使造悟)。對於各家說法的出入,《會解》則加以廓清,以「破妄見」一說來統合諸家異說。然而,如此的詮釋,卻不免陷入「標、釋全不相應,破、顯兩無決定」的窘況。

〔註2〕眞鑑說:

> 諸師……於舉拳類見章中,總皆標爲破斥妄見。標雖標定,及至逐文詳釋,又見分明皆是顯見妙處,却又順佛釋爲顯見。遂令學者觀其標處全是破見,看其釋處却是顯見,而標、釋全不相應,破、顯兩無決定。(《卍續》18,頁276)

《會解》之所以會出現這種「標、釋全不相應,破、顯兩無決定」的情況,筆者認爲,眞正的問題所在,應該是出在《會解》並未詳細區別經文的主從脈絡之故。有關眞鑑對於《會解》「破妄見」之說的批評,以及對於眞鑑批評內容的檢討,詳見拙作〈試析交光眞鑑對於《楞嚴經會解》中「破妄見」之說的批評〉一文。收錄於《第一屆楞嚴經學術研討會會議論文集——《楞嚴經》的學術與宗教詮釋》(臺北:華梵大學佛教學系,2011年5月),頁25～49。

　　相較於《會解》及其所徵引諸家的分科而言，眞鑑對於這十番經文的科文，則顯得條理特別清晰，重點特別集中而突出。眞鑑對於這十番經文的科文，分別是「一、指見是心」（《卍續》18，頁 356）、「二、示見不動」（《卍續》18，頁 359）、「三、顯見不滅」（《卍續》18，頁 365）、「四、顯見不失」（《卍續》18，頁 369）、「五、顯見無還」（《卍續》18，頁 375）、「六、顯見不雜」（《卍續》18，頁 381）、「七、顯見無礙」（《卍續》18，頁 385）、「八、顯見不分」（《卍續》18，頁 389）、「九、示見超情」（《卍續》18，頁 399）、「十、顯見離見」（《卍續》18，頁 403）。就這十番的科文來看，可以明顯地看出首番的「指見是心」，是先將要闡述的對象「見性是心」（《大正》19，頁 109）明白地指出，而其後的九番科文，則都是圍繞著這要闡述的對象來進行正面的揭示。科文中所用的「顯」字或是「示」字，說明了眞鑑認爲經文的用意都是在正面地揭示，而「不動」、「不滅」、「不失」、「無還」、「不雜」、「無礙」、「不分」、「超情」與「離見」，則都是對於首番所指出的見性所具有的特性進行闡述，而既然「指見是心」，則對見性的闡述便也同時是對於眞心的說明。如此的科文，很明顯地，關注的焦點，完全集中在「發明見性」上，可說是獨標「顯見」的結構方式。

　　而這「十番顯見」的結構，依眞鑑所科，其層次似爲一幹九枝，亦即以「一、指見是心」爲主幹，其餘九番則爲由主幹而出的分枝，圍繞著主幹進行敘說。眞鑑在對於首番「指見是心」的詮釋最後，說：「此下於見性九番開示，乃所以答前四義而同後五義，足徵此見即是如來藏心。」（《卍續》18，頁 359）這很明顯地指出了後九番的經文，正是對於首番「見性」的進一步闡述，有別於《會解》或是《會解》所徵引的諸家之說。唯一較爲相近的，則應該是子璿前一後九的結構方式〔註3〕。不過，子璿前一的「且示見性惟心」，其所用的「且示」二字，似乎意味著並非眞正的重點所在，這一點與眞鑑「指見是心」，以此爲主幹而極力強調、發揮的態度，可說是大相逕庭。而眞鑑接著所說的「前四義」，則指的是眞心所具的「寂、常、妙、明」（《卍續》18，

────────

〔註3〕除了與子璿結構相近外，在有關本經的判教上，高峯了州曾指出，眞鑑完全採用了子璿所主張的本經「正唯終教兼於頓圓」之說。見〔日〕高峯了州《《首楞嚴經》の思想史的研究序說》，《龍谷大學論集》第 3 卷第 348 號，1954 年 12 月，頁 67。這或許便是會有將眞鑑的著作歸類爲華嚴系的注疏，認爲華嚴系的注疏家多有「以恢復長水一系的思想爲己任」的說法。見龔雋〈宋明楞嚴學與中國佛教的正統性——以華嚴、天台《楞嚴經》疏爲中心〉，《中國哲學史》第 3 期，2008 年，頁 35～36。

頁 359）四項特性，「後五義」則是「前四義」「但加周圓一義」（《卍續》18，頁 359）。這意味著後九番的經文，用意是在於回應阿難對於「寂常心性」（《大正》19，頁 109）、對於「妙明心」（《大正》19，頁 109）的啓請，因此宣說了眞心（如來藏心）的這五項特性。

那麼，這是否意味著後九番是完全屬於同一個層次呢？如果僅僅依照科文來看，確實是看似如此。因此，清代的靈耀，在其《楞嚴經觀心定解》中，才會有「交光……作十重顯見之科，是爲平頭十王，略無統攝，所不取焉」（《卍續》23，頁 640）的批評。當然，在此可以看出，眞鑑的「十番顯見」，並不是「十王」，而是只有「一王」，即首番的「指見是心」，後九番並不足以與首番並列爲「王」。因此，「十王」的批評並不允當。不過，「平頭」與「略無統攝」，則似乎說中了眞鑑後九番科文的情況。就後九番科文來看，都是在顯示見性的不同特性，因此，在位階上，似乎都是在平行的同一層次上，彼此確實是「平頭」，確實是互相沒有「統攝」的關係。然而，就形式上的結構來看雖如此，在義理上的結構，卻似乎並非如此單純。這在眞鑑的詮釋中，隱約曾透露出來。

先是在第四番「顯見不失」的最後，眞鑑說明了「此科似顯心一周」的用意後，接著指出「下六番搜其餘疑而已」（《卍續》18，頁 375），並在接下來第五番「顯見無還」的開頭，也說「自上科觀之，佛之開示可謂盡心吐露矣！特阿難未能極領，種種疑之，故有下文諸科」（《卍續》18，頁 375）。這似乎意味著二至四番這三番的經文，在義理上應爲一個單元，而五至十番這後六番的經文，則爲另一個單元。二至四番，在眞鑑看來，所謂的「盡心吐露」，說的是其中已對於心性的五義——寂、常、妙、明與周圓完全揭示出來，因此，後六番的經文，即便對於心性再有所宣說，也不能於這五義再有所增加。因此，眞鑑才會說「搜其餘疑」。這由眞鑑對於第五番與第十番經文開頭處，阿難提問內容的詮釋，也可以看得出來。在第五番經文的開頭，阿難對佛說「我雖承佛如是妙音，悟妙明心、元所圓滿常住心地」（《大正》19，頁 111）之下，眞鑑的詮釋是：「末二句述前三科：包括虛空曰圓，周徧萬法曰滿，此即述上不失科意；常即不滅，住即不動，更述上之二科耳。」（《卍續》18，頁 375）而即使到了第十番，對於阿難提問的詮釋，也是如此。眞鑑在「阿難白佛言：『世尊，誠如法王所說，覺緣遍十方界，湛然常住，性非生滅」（《大正》19，頁 112）這段經文下，如此說解：

覺謂真性，緣即萬法。總言徧十方界者，領上不混（筆者案：即「不雜」）、無礙二科中見性周徧，而不遺（筆者案：即「不失」）、不分二科更領見性與萬法同體周徧，故成此徧義也。湛然常住者，領上不動、無還二科；性無生滅，領上不滅一科，總攝之而成此常義也。（《卍續》18，頁 399）

在此指出了第六番的「顯見不雜」、第七番的「顯見無礙」、第四番的「顯見不失」與第八番的「顯見不分」，其實都是成就心性的「徧」義，而第二番的「示見不動」、第五番的「顯見無還」與第三番的「顯見不滅」，則是成就心性的「常」義。因此，就義理上來看，真鑑後九番的顯見，在結構上似乎仍可進一步區分為兩個單元：二至四番為揭示心性要義，五至十番為「搜其餘疑」。

此外，真鑑對於這十番的經文，在義理層次上的區分，還有另一個角度的觀察。他在進入第八番「顯見不分」的經文詮釋之前，曾有如下的說法。他說：

夫見性量括十方，體含萬法，其與萬法非即非離……前自指見以來，不動、不滅、不還、不雜及無礙之前半，皆約不即之義分真析妄，以決擇乎離塵獨立之體。今此不分之科，乃約不離義泯妄合真，以顯洩乎與物混融之妙。……將使眾生明乎不即之義，則不淪生死；明乎不離之義，則不滯涅槃。若相背而實相成也。（《卍續》18，頁 389～390）

真鑑先就見性的特性——量括十方、體含萬法加以說明，尤其是特別指出了見性與萬法的關係，是「非即非離」。接著，則就各番經文所述的特質來考察。他指出，由首番「指見以來」，經過了「不動、不滅、不還、不雜及無礙之前半」，亦即直到第七番的經文，都是就「非即非離」中的「不即之義」來先將「離塵獨立之體」抉擇出來。這部分的經文，真鑑以「分真析妄」稱之。而到了第八番的「顯見不分」，則是就「非即非離」中的「不離之義」來將見性的「與物混融之妙」明白揭示出來。這部分的經文，則稱之為「泯妄合真」。那麼，這「分真析妄」與「泯妄合真」二者，是否有層次上的深淺區別？就真鑑的說法來看，似乎是在同一層次上的不同角度而已。他認為闡明「不即之義」的用意，是為了使眾生「不淪生死」，而「不離之義」，則是為了「不滯涅槃」。二者的關係，是看似「相背」而其實「相成」。當然，由於真鑑對

此並未進一步申說，無法明確得知他對於「分眞析妄」與「泯妄合眞」二者，是否有層次深淺的看法。不過，就其所言的「不淪生死」與「不滯涅槃」來看，必須說，二者似乎仍應有層次上的淺深之別。「不淪生死」，應是就淪於生死的凡夫而言，而「不滯涅槃」，則應是針對已「不淪生死」而滯於涅槃的二乘而言。如此來看，由前七番進展到第八番的經文，是否應該可以說是有由淺至深的趨勢呢？至於到了第九與第十番，眞鑑並未進一步接續這「分眞析妄」與「泯妄合眞」來闡述，雖然如此，其隱而未發的意涵，或許應該要代他說明。就上文所說的，不論是「分眞析妄」或是「泯妄合眞」，其背後的預設，其實都是相同的，都是有眞與妄的分別。即便進展到「泯妄合眞」，背後仍有眞與妄的情見存在。而第九番「示見超情」與第十番「顯見離見」，則應該是更進一步對於「泯妄合眞」的超越，因為至此的用意，便在於對於情見的超越。因此，在層次上，又較「泯妄合眞」深入，似乎可以用「超情離見」來稱之。由「分眞析妄」到「泯妄合眞」，再進到「超情離見」，由這個角度來看十番顯見，便顯然具有逐漸深入的態勢。

如果再回到前文所指出的，眞鑑所認為的二至四番為揭示心性要義，五至十番為「搜其餘疑」來看的話，或許還可以有另一角度的觀察。這個值得留意之處在於第五番經文的開頭。就第五番經文開頭所說的來看，阿難是就佛陀開示到第四番為止的認識來說，認為「雖承佛如是妙音，悟妙明心、元所圓滿常住心地」（《大正》19，頁 111），已指出悟知了心性五義，不過，問題出在「而我悟佛現說法音，現以緣心允所瞻仰。徒獲此心，未敢認為本元心地」（《大正》19，頁 111）。換言之，由此第五番開始所關注的課題，不應該再停留在心性所具有的意涵為何上面，因為阿難經過前四番的問答已經得知。這時關注的焦點，已由企圖明瞭心性的意涵，轉向為心如何才能眞正地歸屬於我，亦即如何由緣心轉入到眞心。這由眞鑑對於「拔我疑根」（《大正》19，頁 111）的說解，說「疑根者，緣心、眞心，兩持不決，根心難拔，故求佛拔之」（《卍續》18，頁 376），也可得知問題已轉向。而不只第五番，後文也是關注這一項課題。眞鑑在對「徒獲此心，未敢認為本元心地」（《大正》19，頁 111）進行說解時，即同時指出「此與下文『云何得知是我眞性』一類反疑眞心之意」（《卍續》18，頁 376）。如果是以揭示心性意涵為標準來衡量，則由第五番開始，或許眞的只能算是「搜其餘疑」而已，可是如果不預設這樣的標準，則後六番是否仍能說成是「搜其餘疑」，恐怕就可以有不同的看法。

如果就經文本身的提問來看，則或許應該說是轉爲另一層次的課題。這另一層次，關注的是眞心如何才能眞正屬於我？如何才能眞正的轉客爲主？這其實已經是如何由比量轉爲勝義現量〔註4〕的課題。如此看來，後六番恐怕就不僅是「搜其餘疑」而已了，佛陀對於阿難的開示，似乎應該有逐漸深入的傾向。這方面，眞鑑倒並未多加措意。總觀眞鑑對於十番經文的架構，主要著重在彰顯見性以及心性的內涵，並未對後九番經文的層次深淺問題多作闡述。

二、「巧取」《合論》之說的考察

除了有關層次的問題外，另一項值得留意的，則是這將經文分爲十番的作法，是否爲眞鑑所獨出的手眼？或是前有所承？這點在眞鑑自己的著作中，並未著墨，倒是與眞鑑同時代的智旭，在其《楞嚴經文句》中，曾留下一段線索：「問曰：十番顯見創自交光，今既極破其說，何得承用？答曰：寂音《合論》謂如來示阿難眞見文有九段，已啓其端，交光巧取用之。」（《卍續》20，頁475）依此說法，似乎眞鑑的「十番顯見」之說，是承襲自宋代德

〔註4〕 當然，關於證量的課題，眞鑑也曾略微點到。他在談及「宗門悟心大士」認爲「經文指心在根太然明白，恐成世諦流布，難以接人」，因此「多默而不言」（《卍續》18，頁304）時，曾特別由兩方面回應了「子疏何不忌於世諦流布」（《卍續》18，頁304）的質疑。其中在第二方面，便提到了他對於證量的看法。他說：

> 二者，祖庭秋晚，現量證悟者無人可接，祕之何益？不如道破，令其經耳成因也。祖師末路評唱，令其傳習，亦此意也。問：不成現量證悟，經傳何益？答：能令多分中、上根人成眞比量，發大解悟，與現量證悟作勝因緣。然亦應有少分上上根人成現量證悟，是不敢定也。此由叔季之世，故作是說。若古宗門，由聞經而悟入者，何限哉！（《卍續》18，頁304～305）

由「能令多分中、上根人成眞比量，發大解悟，與現量證悟作勝因緣」的說法，可以看出眞鑑關注的重心，似乎較多擺在比量上，而不將詮釋的重點放在現量的方面。關於比量與勝義現量，這牽涉到的，其實是量論方面的課題。可參考〔日〕武邑尚邦著，順眞、何放譯《佛教邏輯學的研究》（北京：中華書局，2010年），頁67～224。〔俄〕舍爾巴茨基著，宋立道、舒曉煒譯《佛教邏輯》（北京：商務印書館，1997年），頁170～203、267～310。太虛大師著，周學農點校《眞現實論》（北京：中國人民大學出版社，2004年），頁391～396。沈劍英《因明學研究》（上海：東方出版中心，1985年），頁5～9、142～157。梅光義《相宗綱要》（臺北：新文豐出版股份有限公司，1984年），頁49～52。呂澂〈佛家邏輯——法稱的因明說——〉，收錄於張曼濤主編《佛教邏輯與辯證法》（臺北：大乘文化出版社，1978年），頁45～75。虞愚〈試論因明學中關於現量與比量問題〉，收錄於張曼濤主編《佛教邏輯與辯證法》（臺北：大乘文化出版社，1978年），頁183～198。

洪所造的《楞嚴經合論》，然後再加以別出心裁。另一位也與眞鑑同時代的傳燈，則在其《楞嚴經圓通疏前茅》中，曾有「閱寂音大師《合論》，兼去秋得《正脉》一書，皆於顯見性中多有所發揮。因知會心處不約而符，初不間於古今」（《卍續》89，頁491）一段文字。由這段文字，則至少可以得知《合論》與《正脉》二書，都同時對於「顯見性」的部分多有發明。究竟眞鑑的「十番顯見」是否眞的前有所承，「巧取」了《合論》的說法，這恐怕還得由詳細查考《合論》說法的原貌來入手。

關於智旭所說「啓其端」的「如來示阿難眞見文有九段」，這部分的文字，見於《合論》詮釋第二番的經文之後，進入第三番的經文之前。《合論》的原文是：

> 論曰：經起前文「吾今爲汝建大法幢」，至下文「幻妄稱相，其性眞爲妙覺明體」處，義分九段，皆世尊大慈，以智方便，令微細觀照，破滅無明。無明未盡，名未成佛。……無明略說有二種：一者根本，二者現行。何謂根本無明？曰：謂一切不知，故喻如生而盲者，以生即無所見，故無所復疑。眾生不知有佛性，亦復如是。世尊悲憐於此，……使其分辯諸境界，曉然無惑。如敘動靜、敘斷常、敘正倒、敘彼我等，是也。故初，自舉手飛光，以顯發動靜二相故。第二，令觀河呈見，見不生滅之地，分斷常故。第三，示正倒手，明隨順妙覺，名正偏知；若不隨順，號性顛倒故。第四，指非是物，而見不見者，即自體故。又問：何謂現行無明？曰：橫生種種疑，故喻如夜行之人瞑無所見，以無所見故，則有疑心。眾生疑心障道，亦復如是。世尊……使其昭然親證無惑。如敘大小、敘前後、敘堅執、敘成壞等，是也。故第五，自觀四天王勝藏寶殿，退居室中，見非舒縮故。第六，擇其見精，出是非是，無前後故。第七，使自甄明有自然體，破堅執故。第八，示見見之時見非是見，見非因緣所成就故。又將欲敷演大陀羅尼、諸三摩提妙修行路，譏訶阿難強記無益，爲說二種顛倒見妄，是爲九段義。（《卍續》18，頁23～24）

就這「九段義」在經文上的起迄來說，開頭的部分，正同於眞鑑十番的首番，末尾則過於眞鑑的第十番之後。由此可知，眞鑑所科的「十番顯見」的範圍，完全涵蓋在「九段義」的範圍中。接著該考察的，則是「九段義」中屬於「十番顯見」範圍的部分，《合論》是如何詮釋的。

　　就《合論》的說法來看，是認為這「九段義」都是在「破滅無明」，並依無明的區別來分別這「九段義」。依照《合論》的處理，將無明分為根本無明與現行無明。其中，「九段義」的前四段，劃分在破除根本無明的部分，目的是為了使眾生先「知有佛性」。其內容包括了「敘動靜、敘斷常、敘正倒、敘彼我」，這在段落上，相當於真鑑十番的二至六番。而「九段義」的後五段，則劃分在破除現行無明的部分，目的則是在破除眾生的種種疑心，使其能夠「親證」。其內容包括了「敘大小、敘前後、敘堅執、敘成壞」，在段落上，則相當於真鑑十番的七到十番。至於「九段義」的最後一段，「說二種顛倒見妄」，則超出了真鑑的十番。因此，可以確知「九段義」的前八段，正相當於真鑑十番的後九番。茲以表格的方式整理於下：

德洪的九段義		真鑑的十番
破根本無明，知有佛性	敘動靜（顯發動靜二相）	二、示見不動
	敘斷常（見不生滅之地）	三、顯見不滅
	敘正倒（明隨順妙覺，名正偏知；若不隨順，號性顛倒）	四、顯見不失
	敘彼我（指非是物，而見不見者，即自體）	五、顯見無還 六、顯見不雜
破現行無明，使其親證	敘大小（見非舒縮）	七、顯見無礙
	敘前後（擇其見精，出是非是，無前後）	八、顯見不分
	敘堅執（使自甄明有自然體，破堅執）	九、示見超情
	敘成壞（見非是見，見非因緣所成就）	十、顯見離見

　　就《合論》與真鑑十番重疊的部分來看，出入較大的分段，是在「敘彼我」之處，這是相當於真鑑的第五與第六番，其餘部分則幾乎近同。至於在義理的詮釋方面，則有所出入。尤其是《合論》所主張的「破滅無明」的遮詮方式，以及在〈序〉中所屢屢言及的「破妄見而顯真見」（《卍續》18，頁1）、「以首楞嚴定破諸妄見」（《卍續》18，頁2）、「此經功能不出破、顯二字，破則破諸妄見」（《卍續》18，頁2），這些說法與真鑑的非斥遮詮〔註5〕，主張唯

〔註 5〕關於真鑑非斥遮詮的詳情，由其對《會解》所主張的「破妄見」之說的批評中，可以完全明瞭。詳見拙作〈試析交光真鑑對於《楞嚴經會解》中「破妄見」之說的批評〉一文。收錄於《第一屆楞嚴經學術研討會會議論文集——《楞嚴經》的學術與宗教詮釋》，頁 25～49。

一表詮〔註6〕，因此才會將十番皆科為「顯見」的方式，可說是大相逕庭。而最大的一項差異，便是真鑑「十番顯見」最重要的源頭——首番所言的「指見是心」，《合論》並未列入「九段義」中，更遑論特別強調。這可以說是根本上的差別。

那麼，智旭的說法該如何來理解呢？如果仔細就其說法來看，其用「啓其端」，用「巧取」，這意味著真鑑並非完全承襲或是套用，而只是在某一方面的作法得自《合論》而來。這個「端」指的究竟為何呢？應該就是指真鑑將這十番全部的經文，透過一項主題為線索，以看似平行、不重層次的方式來區分為十個段落，並分別提出十段主旨。這種作法，便是智旭所說的「如來示阿難真見文有九段，已啓其端，交光巧取用之」的意思。在《合論》是以「真見」為線索，貫串九段文義，在真鑑則是以「顯見性」為線索，來貫串十段的文義。智旭所說的「交光巧取用之」，巧取而用的正是《合論》詮釋這部分經文的方法。而由真鑑實際上區分段落的作法來看，其十番確實是可以見到《合論》的影子。不過，必須特別強調的是，儘管真鑑「巧取」了《合論》的方法，並不意味著就完全承襲了《合論》的結構與詮釋。真鑑將其十番科文所展現出來的義理，皆集中在闡述「顯見」這唯一表詮的課題上，畢竟有其獨見。當然，《合論》的特色，正在於其強調「此經尊頂法故，以明見佛性為宗」（《卍續》18，頁 3），並說「此經……兩會數萬言，但論『見』一法者，半之」（《卍續》18，頁 12），或許真鑑是受到這方面的啓發，才會將十番的重點，完全集中在唯一表詮的「顯見」上來發揮也未可知。

第二節　「十番顯見」在全經結構中的定位

真鑑所科的「十番顯見」，其所蘊含的義理，除了由其本身的內在結構來探討外，還應考察其與本經其他單元，乃至與全經宗旨之間所相互型塑的外在結構關係。這部分，可以發現真鑑有不同角度的闡述，包括由全經判科、宗趣通別與入道方便三個不同的角度來切入，可說是一種多重的定位。以下將依序分別進行考察。

〔註 6〕遮詮與表詮，為法相宗所創之術語。「表詮相當於肯定，但在因明學上，表詮的作用兼有遮的一面，即『亦遮亦表』；遮詮相當於否定，遮詮的作用比較單一，即『唯遮不表』。」關於二者，詳見沈劍英《因明學研究》，頁 44～47。

壹、就全經判科而言的定位

真鑑所科的「十番顯見」，並非獨立於全經之中，而是屬於全經結構中的一個單元。關於部分結構在整體結構中所蘊含的意義，楊義曾有扼要性的說法。他說：

> 對於整體結構而言，某句或者某段話語處在此位置、而不處在彼位置，本身就是一種功能和意義的標志，一種只憑其位置，不需用語言說明，而比起用語言說明更為重要的功能和意義的標志〔註7〕。

關於「十番顯見」所處位置所具有的功能與意義，可以由真鑑所科的全經科文來觀察。就真鑑的科文來看，「十番顯見」是繫屬於「一、帶妄顯真」（《卍續》18，頁355），「一、帶妄顯真」繫屬於「一、尅就根性直指真心」（《卍續》18，頁355），「一、尅就根性直指真心」繫屬於「三、說盡真際」（《卍續》18，頁354～355），「三、說盡真際」繫屬於「二、如來極顯真體」（《卍續》18，頁354），「二、如來極顯真體」繫屬於「二、顯示所遺真性，令見如來藏體」（《卍續》18，頁352），「二、顯示所遺真性，令見如來藏體」繫屬於「一、如來破妄顯真」（《卍續》18，頁328），「一、如來破妄顯真」繫屬於「一、初銷倒想，說空如來藏」（《卍續》18，頁328），「一、初銷倒想，說空如來藏」繫屬於「一、說奢摩他，令悟妙心本具圓定」（《卍續》18，頁327），「一、說奢摩他，令悟妙心本具圓定」繫屬於「一、正說經」（《卍續》18，頁327），「一、正說經」繫屬於「二、如來委示」（《卍續》18，頁327），「二、如來委示」繫屬於「一、經中具示妙定始終」（《卍續》18，頁325），「一、經中具示妙定始終」繫屬於「二、正宗分」（《卍續》18，頁325）〔註8〕。換言之，這「十番顯見」的終極目標，是在具體地揭示出本經所要宣說的「妙定」，而其定位，則是在「具示妙定始終」的過程中，先指出「奢摩他」，藉以明悟這「妙定」，是「妙心本具」的「圓定」。而這「妙心本具」的「圓定」，正是說出「空如來藏」。這是一種「顯真」的進路，是顯示出阿難所遺失的真性，使他能親見「如來藏體」。而要「極顯真體」、「說盡真際」，必定得先指出個入路，這個入路便是「根性」，由此「根性」一路「顯真」地指向真心。「十番顯見」，正

〔註7〕 楊義《中國敘事學》，頁39。
〔註8〕 有關「十番顯見」在真鑑對於全經分科中的相關位置，可以參見真鑑的《楞嚴經正脈疏科》（《卍續》18）全文，或是張圓成《大佛頂首楞嚴經正脈科會》（臺北：佛陀教育基金會，2005年），書首的「楞嚴正脈大科略圖」，當能一目了然。

擔負了這指出入路的關鍵性功能。而由「十番顯見」下所繫屬的科文來看，也能明確地得知，基本上都是屬於正面揭露式的表詮。

關於這些相關繫屬的結構所蘊含的意義，眞鑑在《正脉疏》中都有所闡述。藉由了解這些闡述，對於認識「十番顯見」因其定位而具有的多重意涵，應當能有更深的領會。

首先，在全經的大結構中，「十番顯見」是屬於「正宗分」。依眞鑑的說法，「正宗」意味著「問答發揮經中正所尊尚之全意」（《卍續》18，頁325），可知這是全經的主體所在。「正宗分」下，則是屬於所分二科中的第一科「經中具示妙定始終」。關於本科，眞鑑指出「此與後科雖俱爲正宗，而仍分正、助。此科爲正，後科爲助也。正科中，惟答當機之問定，故全經一定之始終，更無別意也」（《卍續》18，頁325）。由此可知，「十番顯見」所屬的分科，是「正宗分」中的「正科」，也就是全經主體中最主要的部分。在這「正科」中全部的經文，只有一項用意，亦即答覆阿難對於「楞嚴大定」的啓請，而這同時也是全經的唯一用意。由此可以逐漸地看出「十番顯見」的重要性，以及其與全經主旨「楞嚴大定」的關係。在「經中具示妙定始終」下，則是屬於「二、如來委示」所分二科中的「一、正說經」，其下三科中的第一科「說奢摩他，令悟妙心本具圓定」。在本科中的經文，是「正答阿難第一妙奢摩他之請」（《卍續》18，頁327）。換言之，即是對於「妙定」中之「妙奢摩他」的說解，用意在使阿難能悟得「妙心」本自具足的「圓定」。眞鑑在此對於「妙心」有所概述，他說：

> 妙心，即近具根中，遠爲一切諸法實體，乃至圓具三如來藏，本來不動、周圓，自性定也。令於是心開悟分明，信解眞正，即是奢摩他微密觀照。經文自此至四卷半，引諸沉冥出於苦海，即舊解判爲「見道分」者也。（《卍續》18，頁327）

所謂「妙心」，就其涵蓋的範圍而言，近，則在眾生的六根中即具足；遠，則「爲一切諸法實體」，乃至「圓具三如來藏」。這說明了「妙心」既周遍無外又切近眾生的特性。此外，「妙心」又是「本來不動」，這正是本經所要宣說的核心要旨——「自性定」。換言之，前來所說的「妙定」，指的正是「妙心本具」的「圓定」，也就是在此所說的「自性定」。而「妙奢摩他」，則是對於「妙心」能「開悟分明，信解眞正」，屬於「解悟」的層次。本科經文的用意，便在於先悟解此，才能有後文進一步的修與證。這部分，前人則是判爲「見

道分」，意味著本科經文的用意在於「見道」。就「見道」一詞而言，似乎與眞鑑所說的用意並無不同，那麼，眞鑑爲何不沿用前人的說法，而另外作此新說呢？可有其超越前人的優點？對此，眞鑑自設問答，說明了如此的科文「有四發明優於舊判，故特改之」（《卍續》18，頁 327）。其中，第一項發明最爲關係到科文的要義，同時也是經文的要義。他說：

> 一者，顯經惟定。蓋經始終惟說一首楞嚴大定。今以三名判盡正宗，足顯始終惟是一定。舊判泛明三分，定意湮晦，豈不令人忘其爲說定耶？（《卍續》18，頁 327～328）

眞鑑認爲，前人雖然科分爲見道、修道與證道，不過，只是「泛明」而已。其實，在其他的經典，未必沒有如此的科分。如此一來，本經迥異於他經的特出之處，豈不因此而模糊掉了嗎？也就是他在此所說的「定意湮晦」，「令人忘其爲說定」。然而，本經的宗旨只有一項，那就是宣說「楞嚴大定」，這項要義若不能彰顯出來，再如何用心的科文，豈非也等同於虛文？因此，眞鑑才會改以經文本身所使用的「三名」——妙奢摩他、妙三摩與妙禪那來分判「正宗分」，以「顯經惟定」，彰顯本經從頭至尾所重之處，只在此「楞嚴大定」，任何段落的宣說，其最終都必將指向於此。就眞鑑這項改科的作法來看，確實是較前人所科更能突出本經的要義，同時，也更能彰顯出「十番顯見」的用意所在。

在「說奢摩他，令悟妙心本具圓定」下，眞鑑又區分爲二科，「十番顯見」是屬於「一、初銷倒想，說空如來藏」（《卍續》18，頁 328）。關於「說空如來藏」一事，眞鑑有所說明。他說：

> 大科下既以具示三如來藏，而又含次第圓彰之別。今於次第中，即應首示空如來藏。此空，非斷無、非滅色、非相外等空，以此中顯一切法不動、不壞，鈍（筆者案：當爲「純」）是藏性眞如，更無纖毫外法……蓋取即相皆性，純眞爲空，乃第一義空也。此依心眞如門會妄歸眞，令其知眞本有而已。（《卍續》18，頁 328）

所謂的「大科下既以具示三如來藏」，即前文中所提到的「妙心」是「圓具三如來藏」一事。雖然「三如來藏」是「圓具」，不過，在宣說的過程中，勢必仍須有次第的先後。因此，在本科中，是先揭示出「空如來藏」。按照眞鑑所說來看，這「說空如來藏」的用意，是「顯一切法不動、不壞」，無有例外，都是「藏性眞如」。這是就一切妄相中指點出眞性來，重點便在於能夠了知「眞

本有」。換言之，「十番顯見」既繫屬於此科之下，便意味著也承載了「知眞本有」的目的。

在「初銷倒想，說空如來藏」下，「十番顯見」則是屬於二子科中的「一、如來破妄顯眞」（《卍續》18，頁 328）其中「顯眞」的部分，也就是眞鑑在說明中所略微點到的「於根，多顯其眞，少破其妄」（《卍續》18，頁 328）。這顯眞的用意，在下科「二、顯示所遺眞性，令見如來藏體」中能看得更清楚。由「顯示所遺眞性，令見如來藏體」的科文，即可看出重點是要正面地顯示出「眞性」。其重要性，眞鑑在科文下有所說明。他說：

> 此科即是眞本，正修必用。佛云：「眾生遺此本明，枉入諸趣。」故
> 科名承用「遺」字。然而現具六根之中，遍爲一切法體，故此科始
> 從眼根開顯，以至四科、七大也。（《卍續》18，頁 352）

由此可知，本科開始，是眞正進入對於本經所要宣說的核心要義的認識，也就是「眞本」，眾生的「本明」。這「眞本」之所以重要，是因爲它是本經所特別主張的「正修必用」，亦即如果要成就本經的「楞嚴大定」，就必得先認清這「眞本」，才有成就的可能性。這可說是關鍵所在。而開顯的進程，則是由眼根入手，逐漸擴展到四科，乃至七大。這進程，說的既是後文開展的順序，同時也說明了這「眞本」所涵蓋的範圍，是「現具六根之中，遍爲一切法體」。此外，值得留意的是，先前只是「說空如來藏」，到了本科中，則是「令見如來藏體」，說明了「十番顯見」不只是理論上的宣說而已，是要使阿難能夠「親見」。這也可以看出經文逐漸深入的趨勢。

在「顯示所遺眞性，令見如來藏體」下，「十番顯見」則是屬於「二、如來極顯眞體」（《卍續》18，頁 354）下的「三、說盡眞際」（《卍續》18，頁 354～355）。「說盡眞際」所涵蓋的範圍，依眞鑑的說法，「若惟就其見聞覺知靈鑑無相之體而發揮之，不達於四科，不極於七大，則猶未盡其際也」（《卍續》18，頁 355）。換言之，除了「見聞覺知靈鑑無相之體」，還包括了四科與七大。而這「見聞覺知靈鑑無相之體」，正是進入眞心的關鍵門戶，其所指涉的，正是「十番顯見」所處的位置，也就是「說盡眞際」下三子科中的「一、尅就根性直指眞心」（《卍續》18，頁 355）。由此可以看出，「十番顯見」的目的，正在於「直指眞心」，而其「直指」的入路，則是專就「根性」來入手。在此所說的「根性」，正是指「十番顯見」中的眼根之性——見性。眞鑑所以如此科文的原因，一方面是因爲他對於經文的解讀，認爲「此經最殊勝處，

全在破識心而不用,取根性為因心」(《卍續》18,頁 355),必須掌握住這項關鍵性的要素,才能在修行上真正有所成就,也就是他在「一、尅就根性直指真心」下所強調的「若要決定成菩提、決定證涅槃,惟須直取根性為因地心,而後可圓成果地也」(《卍續》18,頁 355)。而這就牽涉到真鑑在對於本經的詮釋中,所提出的一項重要的主張——「捨識從根」(《卍續》18,頁 308)之說〔註9〕。另一方面如此科文的原因,則是因為「舊註救起識心,反言破見,甚違經旨,所以不得已而復解也」(《卍續》18,頁 355)。在此的「舊註」,指的是《會解》,其對於十番經文的整體認識,認為是「破妄見」。而真鑑的重新科文,便是針對《會解》的這項詮釋而發〔註10〕。

在「尅就根性直指真心」下,「十番顯見」則屬於二子科中的「一、帶妄顯真」(《卍續》18,頁 355)。繫於「帶妄顯真」之下,意味著「十番顯見」所顯的根性——見性,在這十番的過程中,並非如同真心般純真,而是帶有「妄」的特性,不過,十番經文的重點卻不在此,而是聚焦在「顯真」,這是延續了前面科文重在彰顯的用意而來。此外,也說明了「十番顯見」的「顯見」,其實也就是「顯真」。換言之,見性雖帶妄,其本性為真。關於這點,真鑑在「帶妄顯真」一科下,有所說明。他說:

> 此根中之性……今所顯者,但於凡夫分上,正惟黎耶實體……其體全是真心而具無明。雖具無明,而眾生分上捨此無別真體,非比前心無體非真也。(《卍續》18,頁 355)

在此所說的真中帶妄的「根性」,是就「凡夫」的角度而言,因此才會說「帶妄」。雖然帶妄,重要的則是真鑑所強調的「眾生分上捨此無別真體」。這說明了其所科的「十番顯見」的重要之處,便在於這十番經文所顯的見性,是眾生能夠真正成就的唯一門戶。真鑑會特別突出這項主張,一方面是因為「權、小惟認前六識心以為勝用,至於六根,一向目為色法,總攝無記,故於修行分中不知、不用,常如遺失,所謂眾生遺此本明也」(《卍續》18,頁 355)。在實際修行上,根性非但未受到重視,甚至是「不知」,反而捨本逐末地認取識心。另一方面,則是承接經文破妄之後亟需顯真的脈絡。他指出:

〔註9〕 有關真鑑「捨識從根」的主張,詳見「第五章　『十番顯見』的深層意涵——『捨識從根』」。

〔註10〕關於《會解》所主張的「破妄見」之說,其與真鑑主張之間的爭議,詳見「第三章　有關『十番顯見』詮釋進路的探討」。

今佛於破妄之後，應當機之懇求，急欲其捨彼識心、認此根性，若
不先以極顯其眞，何以使其決定取此新悟而捨彼舊執乎？是以雖有
二種顛倒見妄，姑帶之而且不遽破，故曰「帶妄顯眞」。直至十番顯
後，方乃一番破除。（《卍續》18，頁 355～356）

眞鑑是就經文的主題而言，指出破妄心之後，當務之急，自然應該是爲阿難
指出眞心，使他能夠捨棄舊有對於識心的執著，能眞正認識到眞心。因此，
即便「帶妄」，妄也不是重點所在，重點在於眞，而要認識眞，就必須先認得、
認清「根性」這扇門戶。他在本科中，再次就《會解》的「破妄見」之說提
出批評，說：「舊註自此總謂『破妄見』，遂令學者不敢直認見體爲心，違佛
本旨甚矣！千載差誤，不可不知。」（《卍續》18，頁 356）這「令學者不敢直
認」的「見體爲心」，正是眞鑑所要彰顯出來的要義。自此以下，便進入「十
番顯見」的經文範圍。

由以上的探討可以清楚地得知，在眞鑑對於經文的認識中，從最先的科
文一直到「十番顯見」，都是一貫地在進行開顯的工作，不論是「具示妙定始
終」、「顯示所遺眞性」、「極顯眞體」、「說盡眞際」、「直指」、「顯眞」，用意皆
是如此，而「十番顯見」正處在這開顯眞心最關鍵的門戶之處——認取根性。
必須如此認識，才能眞正打開對於眞心的體悟。這是眞鑑重新科分全經，給
予「十番顯見」新的定位的緣故。

相較於眞鑑將「十番顯見」定位爲開顯眞心的門戶，在《會解》的認識
中則並非如此。依據前文的考察，可以知道《會解》所徵引的諸家，對於十
番經文有不同的結構認識與定位，因此，《會解》並未獨取某一家的結構方式，
或是揉合諸家，而是僅採取會合各家的詮釋，而不會合各家的結構，也不再
對於全經重新細加結構。雖然如此，其中仍存在著隱結構。關於十番經文，《會
解》列在「正宗分」下的「見道分」中。進一步的隱科，則是前文曾提及的
「補註曰：上文破妄心，此下破妄見，以至會見歸心，漸顯眞性也」一段文
字。由這段文字中，可以清楚地知道，《會解》對於十番經文的定位，是在整
個見道過程，也就是「漸顯眞性」的過程中，屬於第二階段的破斥工作，承
接對於妄心的破斥，進一步來破斥妄見。既然是將十番經文定位爲「破妄見」，
自然也就並未將這十番經文視爲進入眞心的門戶，也並未特別彰顯出「根性」
這關鍵性的鎖鑰了。

《楞嚴經疏解蒙鈔》曾從全經結構的角度，對於眞鑑提出「十番顯見」

的主張有所批評。《疏解蒙鈔》說：

> 古師科判各有經宗：長水立顯如來藏心科，本諸舘陶，次立正約心
> 見以破顯，即孤山之別破心見也；總約諸法以會通，即孤山之總破
> 諸法也。二師蓋並宗舘陶，或源或委，咸有從來，焉可誣也？正約
> 心見科中，長水立廣辨見性，文長義博。自後，寂音九段廣破無明，
> 北峯三科初開圓解。雖復遮、表不一，咸歸於破妄顯眞、明如來藏
> 心耳！近師不安舊文，苦諍十番顯見，此立彼破，章門日煩。竊謂
> 諸師巧借寂音多生知見，不若北峯因依長水順導經宗。破見正以顯
> 見。經云：「是眼非燈，是心非眼」，非顯見而何？顯見即是顯心。
> 經云：「獲淨明心，得清淨眼」，非顯心而何？但欲去故標新、自出
> 手眼，不憚多知巧見、別立科條。清涼言無益經文，但盈紙墨，斯
> 之謂與！（《卍續》21，頁179）

《疏解蒙鈔》在此徵引了長水子璿、孤山智圓、德洪與北峰宗印四家的科判，指出雖然各家的科文看似互有出入，「遮、表不一」，其實，最終的看法卻是相同的，都認爲經文是「破妄顯眞」，是「明如來藏心」。接著所批評的「近師不安舊文，苦諍十番顯見」，指的正是眞鑑的主張。《疏解蒙鈔》認爲，先前諸家作「破見」的詮釋，其實就是在「顯見」，而「顯見」即是「顯心」，並引用經文爲證，而認爲「十番顯見」的提出，只是「欲去故標新、自出手眼」，「多知巧見、別立科條」，是所謂的「無益經文，但盈紙墨」。其實，如果說「破見正以顯見」，則顯然《疏解蒙鈔》也認爲目的是在「顯見」，則何以不逕標爲「顯見」，而要作「破見」之說呢？這不正是眞鑑獨出手眼，有別於前人之處嗎？又說「顯見即是顯心」，則顯然也是認同眞鑑的主張。《疏解蒙鈔》會提出批評，很可能是因爲其所採取的立場，是「因依長水順導經宗」，承襲子璿的結構觀念，而無法就眞鑑的思路來認識。事實上，雖然《疏解蒙鈔》說「正約心見科中，長水立廣辨見性」，似乎意味著子璿也注意到了「見性」是重點，不過，子璿的態度，與眞鑑確實有別。由前文所整理的科文中，可以看出子璿是將十番經文定位在「破妄見明眞見」，而其前一條同層次的科文，則爲「破妄心顯眞心」（《卍續》16，頁440）。顯然子璿是認爲經文言見與言心是分開的兩條脈絡。就這點而言，眞鑑的「十番顯見」，則是「剋就根性直指眞心」，指出見與心爲一條脈絡。此外，子璿還將首番的經文科爲「且示見性惟心」。這「且示」二字，態度也與眞鑑的極力勸認「見性」，認爲十番經文皆在發明見性一事大

相逕庭。很顯然地，《疏解蒙鈔》的批評，並未能進入眞鑑的思路中來認識其用意。事實上，必須將眞鑑的「十番顯見」置於其在全經中的定位來看，才能領會眞鑑如此重新科經的一番苦心。其苦心，便在於極力顯出「根性」這一扇開啓眞心的門戶，突出重點所在，避免同時主張破、顯並行的雙脈說模糊了焦點，這才是眞鑑有別於諸家的獨出手眼之處。

貳、就全經「宗趣通別」而言的定位

上文探討的有關全經判科方面的定位，這是屬於可見的經文結構方面的定位。除此之外，眞鑑還就更深一層的義理結構來定位「十番顯見」。他在《正脉疏懸示》的第二個章門——「法古提綱」（《卍續》18，頁 280）中，「法古人之程式」（《卍續》18，頁 280），立了十門來「提經中之大綱」（《卍續》18，頁 280）。其中，第七門的「宗趣通別」（《卍續》18，頁 280），便是由更深一層的義理結構來給予「十番顯見」定位。

關於以「宗趣」來探討經文義理的方式，眞鑑明白地表示是襲取了華嚴宗的解經方式。所謂的「宗」與「趣」，眞鑑分別引用了華嚴宗三祖賢首法藏與四祖清涼澄觀的說法來說明。他說：「賢首釋云：『當部所崇曰宗，宗之所歸曰趣。』清涼以宗爲語之所尙，而趣同賢首。」（《卍續》18，頁 300）依照「當部所崇」與「語之所尙」的說法，可知「宗」指的是經文的主旨，而「趣」是「宗之所歸」，則意味著「趣」爲經文提出該項主旨的目的。

關於《楞嚴》一經的宗趣，眞鑑區分爲總與別兩方面來介紹。所謂「總」，是就全經而言，「別」，則指的是全經中的各個單元。就「總」的方面來說本經的宗趣，眞鑑認爲，是「以圓定爲宗，極果爲趣」（《卍續》18，頁 300）。「圓定」指的是「如來所示三如來藏心，即性眞圓融大定」（《卍續》18，頁 300），而「極果」則是「世尊結示入於如來妙莊嚴海，圓滿菩提，歸無所得，即十方佛究竟極果」（《卍續》18，頁 300）。

而就「別」的方面來論本經的宗趣，眞鑑認爲，可區分爲「六對」單元。所謂「六對」，是指「破顯、偏全、悟入、體用、行位、分滿」（《卍續》18，頁 300）。六對各自的關係，都是「先宗而後趣」（《卍續》18，頁 300），亦即破爲宗則顯爲趣，偏爲宗則全爲趣……等。而六對彼此之間的關係，則是「躡前對之趣作後對之宗，而復起其趣」（《卍續》18，頁 300）。換言之，這六對是有先後的因果關係，由前啓後，不可紊亂，因而開展出全經。「十番顯見」

正是位於「六對」中的第一對「破顯」的部分。

關於第一對「破顯」的宗趣，眞鑑的說法是「徵破識心爲宗，顯發根性爲趣。言委曲破盡識心，意在令其舍識心而發明六根中性也」（《卍續》18，頁 300）。在此說明了「十番顯見」在義理結構上的定位，是承接在破識心之後，目的是在「發明六根中性」。而全經的宗旨，前文已指出，是「以圓定爲宗」，「圓定」也就是「性眞圓融大定」，其中「性眞」的「性」，正同於在此所發明的根性。換言之，「十番顯見」正是進入本經宗旨的關鍵性門戶，由認清此根性，才能進入三如來藏大海之中。這以根性作爲引導門戶的用意，可由眞鑑對於第二對「偏全」宗趣的介紹來看出。

關於第二對「偏全」的宗趣，眞鑑的說法是：

> 偏指根性爲宗，全彰三藏爲趣。此即攝前顯發根性中先惟種種偏明
> 見精圓妙者，意在從近至遠，全彰四科、七大爲空藏，十惑、三續
> 爲不空藏，四義三藏爲空不空藏也。（《卍續》18，頁 300）

由此可知，原本爲趣的「十番顯見」，在第二對中則成爲宗，以此引出「全彰三藏」的目的。眞鑑在此所說的「偏指根性」，「攝前顯發根性中先惟種種偏明見精圓妙」，乃至「從近至遠」，這「偏指」與「偏明」，在在說明了「十番顯見」並不是本經最終的歸趣，然而，卻可以看出，這正是進入本經宗旨的重要門戶，捨此莫由。由掌握住「顯發根性」這項關鍵，才能進入「全彰三藏」，而這是屬於悟門的部分。由此「圓悟華屋爲宗」（《卍續》18，頁 300），才能有接著「得圓根一門」（《卍續》18，頁 300）的「得門深入爲趣」（《卍續》18，頁 300），這是第三對的「悟入」。「得門深入」之後，「證得圓通之體」（《卍續》18，頁 300），以此而能「發圓通三十二應等大自在用」（《卍續》18，頁 301），這是第四對「體用」的「證圓通體爲宗，發圓通用爲趣」（《卍續》18，頁 300）。以「發圓通用」之「運圓定行」（《卍續》18，頁 301），來「徧歷圓因五十五位」（《卍續》18，頁 301），則是第五對「行位」的「運圓定行爲宗，歷圓因位爲趣」（《卍續》18，頁 301）。由「歷分證之位」（《卍續》18，頁 301）而能最終「圓滿無上菩提」（《卍續》18，頁 301），則是第六對「分滿」的「歷分證聖位爲宗，取圓滿菩提爲趣」（《卍續》18，頁 301）。茲以表格的方式整理如下：

六 對	宗	趣
破 顯	徵破識心爲宗	顯發根性爲趣

偏　　全	偏指根性爲宗	全彰三藏爲趣
悟　　入	圓悟華屋爲宗	得門深入爲趣
體　　用	證圓通體爲宗	發圓通用爲趣
行　　位	運圓定行爲宗	歷圓因位爲趣
分　　滿	歷分證聖位爲宗	取圓滿菩提爲趣

就這「六對」來看全經開展的過程，雖然最初是「徵破識心」，不過，卻只是做到了「破妄」而已，眞正入眞的門戶，實是在於「顯發根性」，由此才能開展出後文的圓悟、得門、證體、發用、運行、歷位，最終「圓滿菩提」。這便是眞鑑所說的「達此由悟而入，由入而深，由深而極。一經趣進了然在目，圓融次第二無礙矣」（《卍續》18，頁 301）的全經義理結構。「十番顯見」正定位在入眞的義理門戶之處。

參、就「入道方便」而言的定位

除了就全經經文結構與內在義理結構來給予「十番顯見」定位外，眞鑑還由「入道方便」的角度來切入。

關於這「入道方便」的說法，眞鑑有不同於前人的主張。他認爲，前人是將耳根圓通法門視爲「最初方便」（《卍續》18，頁 327），其原因爲「舊惟據諸圓通中有最初入道方便之語」（《卍續》18，頁 327）。關於這「最初入道方便」的經文，是在二十五圓通各自說明之後，佛陀對文殊所說的「汝今觀此二十五無學諸大菩薩及阿羅漢，各說最初成道方便，皆言修習眞實圓通」（《大正》19，頁 130）處。然而，眞鑑卻是由全經開頭處，亦即當阿難與摩登伽同歸佛所時，「阿難見佛，頂禮悲泣，恨無始來一向多聞，未全道力。殷勤啓請十方如來得成菩提，妙奢摩他、三摩、禪那最初方便」（《大正》19，頁 106）處來說的。他的解讀是妙奢摩他、妙三摩與妙禪那，「三名下開解處、契入處、修證處，應皆各有最初方便，但前後隱而中間獨顯著耳」（《卍續》18，頁 327）。這意味著開解有開解的最初方便，契入有契入的最初方便，而修證也有修證的最初方便。此外，他又進一步將方便區分爲「兩重」（《卍續》18，頁 327），分別是「初方便與最初方便」（《卍續》18，頁 327）。如此一來，妙奢摩他、妙三摩與妙禪那除了有各自的「最初方便」外，還有各自的「初方便」〔註11〕。

〔註11〕眞鑑的這項作法，爲民國時的圓瑛所繼承，並更進一步區分爲三重，分別是

那麼，具體的內容爲何呢？眞鑑分別有所說明。首先是妙奢摩他，他說：

> 奢摩他中，以悟見是心爲初方便（至後圓彰三藏方爲極顯，故此顯
> 見方是初方便也），而以了識非心爲最初方便（以若不知妄識非心，
> 終不能認見爲心，故破識爲最初方便也）。（《卍續》18，頁 327）

就進入妙奢摩他而言，眞鑑認爲，起初是以「悟見是心」爲入門的方便，而「了識非心」則是比「悟見是心」更前的「最初方便」。會主張「了識非心」爲「最初方便」，並非意味著其與妙奢摩他有直接的關係，而是因爲必須先認清妄識並非眞心這一點，撤除了這道障礙，才能眞正朝妙奢摩他前進，所以以「破識」爲「最初方便」。而稱「悟見是心」爲「初方便」，則是因爲妙奢摩他必須到後面經文「圓彰三藏」之後，才完全彰顯出來，相形之下，「悟見是心」自然只是「初方便」。而這「悟見是心」，指的正是「十番顯見」的經文所彰顯出來的義理。因此，就「十番顯見」的定位而言，雖然在前文探討全經判科時，已經得知曾繫屬於「說奢摩他，令悟妙心本具圓定」之下，不過，當其與妙奢摩他的關係，由這「入道方便」的角度切入，才更能彰顯出其在開解處的實踐功能，同時，由此也才能開顯出後文妙三摩的契入處，以及妙禪那的修證處。因此，雖然眞鑑只說出「十番顯見」是妙奢摩他的「初方便」，說妙三摩是「以反聞自性爲初方便」（《卍續》18，頁 327），「以入道場爲最初方便」（《卍續》18，頁 327），妙禪那是「以十信爲初方便」（《卍續》18，頁 327），「以乾慧地爲最初方便」（《卍續》18，頁 327），不過，實際上，應該可以說，「十番顯見」是妙奢摩他、妙三摩與妙禪那一貫而下最初的「初方便」，是本經一切顯眞過程中最初的「初方便」。必須如此說出，才能彰顯出「十番顯見」在「入道方便」中的定位及其重要的程度。

第三節　關於重視結構一事的探討

由以上的考察可以看出，眞鑑對於「十番顯見」的解讀，不只是就全經的經文結構而言來定位，同時還分別由宗趣與入道方便的不同角度，來多方豐富其定位的面向，可說是一種多重結構的定位。關於其重新結構一事，一方面存在著其對於前人詮釋觀點的質疑，甚至是否定，另一方面，則藉此來

最初方便、初方便與方便。詳見圓瑛《大佛頂首楞嚴經講義》（臺北：大乘精舍印經會，2004 年 2 月修訂初版），頁 79～80。

彰顯出自己的詮釋觀點，是以結構為方法來突顯出「十番顯見」的主題——顯發根性。可以看出，其認為結構對於詮釋活動所具有的重要影響力。如果與《會解》相較，可說是精細結構與概略結構（隱結構）的對比。眞鑑在《會解》之後重新架構本經，是對於結構在經文詮釋的過程中，其所佔有的地位的一種重新肯定，乃至豎立了詮釋經文時的權威依據。就《會解》的方面來看，其對於所徵引諸家的不同科判，並未加以處理，這一方面或許是因為處理不易，另一方面，則可能是因為惟則認為結構在經文詮釋的活動中，並非絕對必要，只需有概略性的結構即可，關於全經的詳細結構，似乎可以是交給讀者依自身的解讀來自行處理。如此一來，便顯示出《會解》在進行詮釋活動時，並不認為結構是具有絕對性的權威。

　　關於眞鑑在詮釋時特重結構一事，這其實牽涉到的是他所採用的研究方法。就其所用的方法來看，顯然迥異於《會解》，反倒看似是回到《會解》之前諸家的方法，亦即運用宗派的詮釋經典方法，即華嚴宗「十門分別」的解經方法，不過，實際上卻不止於此，而是在承襲中有所超越，提出了屬於其個人獨到的詮釋主張，這主張便是特重語脈與科判的解經方法。以下將逐一進行探究。

壹、「十門分別」的詮釋方法

　　眞鑑在《正脉疏懸示》中，曾特別立了「法古提綱」（《卍續》18，頁280）的單元，來從多方面提出他對於本經的種種觀點。他說：

> 二、法古提綱者，法古人之程式，提經中之大綱也。詳夫如來五時設教，藏乘所收，有無量差別法門、無量差別因緣，乃至理趣淺深、機宜利鈍等種種不同。今釋斯經，若不解前懸判分明，則如上諸事鮮不迷惑。是故解家於經前懸敘，乃一定法則也。然準古諸師多於解前作十門分別，序次名目亦多相似，而不無小異。故茲列數雖遵於古，而序目實不盡同，亦各隨所見而已。（《卍續》18，頁280）

所謂「法古提綱」，說的即是效法前人在詮釋經文之前，先對於「如來五時設教」、「藏乘所收」、「無量差別法門」、「無量差別因緣」、「理趣淺深」與「機宜利鈍」等相關課題，進行「懸判分明」，以此來「提經中之大綱」。換言之，「法古提綱」並不是依照經文順序所作出的詮釋，而是以主題的方式來進行詮釋。眞鑑所採用的，是所謂「十門分別」的方法，這其實是承襲華嚴宗對

於經典詮釋的研究方法。

　　所謂「十門分別」，錢謙益在《楞嚴經疏解蒙鈔》中，曾說：

　　　　將釋經文，先標懸敘。天台五重，賢首六門，皆倣龍樹釋論，立緣
　　　　起論之例而作也。清涼《華嚴疏》稟承賢首，總啟十門。前八義門，
　　　　後二正釋。（《卍續》21，頁 107）

這種在詮釋經文之前所做的「懸敘」，天台宗與華嚴宗都有這樣的研究經典的
方法。真鑑所採用的「十門分別」，就此的敘述，可以清楚地看出是華嚴宗的
研究方法。錢氏在此說「清涼《華嚴疏》稟承賢首，總啟十門」，可知在賢首
法藏時，已運用這種「十門分別」的研究方法。法藏在《華嚴經探玄記》中
所提出的「十門」是：

　　　　一、明教起所由。二、約藏部明所攝。三、顯立教差別。四、簡教
　　　　所被機。五、辨能詮教體。六、明所詮宗趣。七、具釋經題目。八、
　　　　明部類傳譯。九、辨文義分齊。十、隨文解釋。（《大正》35，頁 107）

這「十門」到了清涼澄觀時，略為有所改動。澄觀在《大方廣佛華嚴經疏》
中所提出的「十門」是：

　　　　一、教起因緣。二、藏教所攝。三、義理分齊。四、教所被機。五、
　　　　教體淺深。六、宗趣通局。七、部類品會。八、傳譯感通。九、總
　　　　釋經題。十、別解文義。（《大正》35，頁 503）

本來在法藏「十門」中的「七、具釋經題目」，到澄觀時，調整為「九、總釋
經題」，如此一來，在研究方法的「十門」中，其分類可較為整齊，也就是前
文錢氏所說的「前八義門，後二正釋」。真正對於經典的題目與經文內容詳細
說明的，是在最後兩門，前八門則是以主題的方式來詮釋義理。這套方法，
後來被宋代的子璿運用在研究《楞嚴經》上〔註12〕。他在《首楞嚴義疏注經》
開頭，便明白地將這「十門」的研究方法列出：

　　　　一、教起因緣。二、藏乘分攝。三、教義分齊。四、所被機宜。五、
　　　　能詮體性。六、所詮宗趣。七、教迹前後。八、傳譯時年。九、通
　　　　釋名題。十、別解文義。（《大正》39，頁 823）

雖然在文字上與澄觀的「十門」略有出入，實質上則可說是完全相同，也是
「前八義門，後二正釋」的格式。然而，同樣也是以「十門分別」來研究《楞

〔註12〕有關子璿以「十門分別」來詮釋《楞嚴經》的情況，可參見崔昌植《敦煌本
　　　　《楞嚴經》の研究》，頁 275～279。

嚴經》，眞鑑的「十門」卻有所不同，值得留意〔註13〕。雖然他說前人「十門分別」的「序次名目亦多相似，而不無小異」，似乎「小異」的影響不大，不過，他的「十門」「列數雖遵於古」，在「序目」上卻是「實不盡同」。而這有別於前人之處，正是反映出眞鑑所特別重視之處。眞鑑所列出的「十門」是：

> 一、確定說時。二、藏乘分攝。三、因緣所爲。四、義理分劑。五、
> 教所被機。六、能詮教體。七、宗趣通別。八、科判援引。九、通
> 釋名題。十、別解文義。（《卍續》18，頁280）

就眞鑑這「十門」來看，大致上與前人無異，前人所無的，是「確定說時」與「科判援引」這兩門。立「確定說時」一門，是因爲有關《楞嚴經》說出時間的定位，歷來多有爭議，或主於《法華》前，或主於《法華》後，眞鑑對此發表意見，自是理所當然〔註14〕。最值得留意的，恐怕還要屬第八的「科判援引」一門了。如果就前人「十門」的「前八義門，後二正釋」來看，顯然「科判援引」無法歸屬於「義門」，也不屬於「正釋」，而是屬於研究方法，這種研究方法的特色，並不在於主題式的探討，而是重在將經文加以分析，並整理出個人理解中的結構，以此來規範與彰顯全經及其各個經文單元（小至一字，大可幾近全經）的意涵。如此看來，眞鑑的「十門分別」固然有承襲前人之處，不過，更值得留意的，則是其異於前人而特立之處，那便是這第八的「科判援引」一門。雖然前人對於《楞嚴經》進行研究時，也有注重科判者，如前文所提及的《會解》所徵引的諸家，不過，似乎很少有人如眞鑑一般，將科判對於詮釋經典的重要性，特別在「十門分別」中獨立提出〔註15〕。這意味著這「科判援引」

〔註13〕 向來將眞鑑歸類於華嚴系的研究，似乎都只注重在眞鑑承襲的部分，而未曾留意到眞鑑在承襲之外獨出手眼的部分。

〔註14〕 眞鑑會特別提出此門，是因爲他對於《楞嚴經》的研究，不僅只是就本經來進行詮釋，同時還涉及了與《法華經》之間的相對關係。而這相對關係對於《楞嚴經》義理的釐定，則是影響匪淺。關於眞鑑的論點，詳見《正脉疏懸示》中的「確定說時」條，《卍續》18，頁280～282。

〔註15〕 眞鑑在「十門分別」中，將「科判」獨立提出的這項作法，其實，便是將原本作爲一般方法論的「科判」，提升爲特殊方法論。而其提升，並非只是原樣的襲用而已，而是對於「科判」進行了方法學上的建構。詳見下文。關於一般方法論與特殊方法論，傳偉勳曾有說明。他說：「哲學方法論大體上可以分爲一般的（general）與特殊的（particular）兩種。」所謂一般的哲學方法論，是「必須跳過任何特定的思想立場，純然成立之爲方法論，而不帶任何實質性的思想內容」，其旨趣是「提供具有普遍應用可能性的思維方法或哲理詮釋進路」。而特殊的哲學方法論，則是「與獨創性哲學家的思想內容息息相關而無從分離，方法論與思想創造乃構成了一體的兩面」。關於這兩種方法論，傅

一門，主宰了眞鑑對於《楞嚴經》的詮釋，是其最核心的詮釋方法。

貳、特重經文結構的詮釋方法

一、科判重要性之簡介

守培在《楞嚴評義》中曾說：「諸疏之不同，其重要在大綱。」〔註16〕所謂「在大綱」，其深層意涵，指的是各家注疏將整部《楞嚴經》的經文，區分爲大小層次不同的區塊。這些大小層次不同的區塊，各自形成不同的意義單元，而又互相形塑他者所具有的意涵。彼此之間的關係，可說是既各自獨立，又相互關涉，由此而構成具有完整內在邏輯系統的《楞嚴經》注疏。雖然《楞嚴經》的經文只有一部，可是，一旦各家對於經文的大小層次區分不同，對於經文意涵的建構便會因此而出現了差異。這種差異的造成，其實，正是各家對於「經文結構」的認知不同所致。在此所說的「經文結構」，古人稱之爲「科判」〔註17〕。

如果將歷來對於《楞嚴經》的注疏概略區分，則可大略區分爲科判者與未科判者。科判者如果再細分，則不同科判者將有不同的詮釋呈現。就《楞嚴經》本身而言，僅僅是一部經文，可是，當科判者介入之後，就內在意涵上而言，卻可說是有多部《楞嚴》，難怪袾宏會有摸象之嘆了。

由此看來，科判實是左右著《楞嚴經》經義的詮釋。古人對於這一點的認識，似乎比今人更爲清楚。早在宋代的戒環，即在其《楞嚴經要解》中說：「科判失准，則理義自差。」（《卍續》17，頁683）而明代的傳燈，則在《楞

氏指出，「一般的哲學方法論有時可能轉變成爲特殊的哲學方法論，反之亦然」。傅偉勳《從創造的詮釋學到大乘佛學》，頁4～8。

〔註16〕釋隆根編校《守培全集》上編（新加坡：南洋佛學書局，1984年），頁1111。

〔註17〕關於「科判」，梁啓超解釋爲「組織的解剖的文體」。他說：

稍治佛典者，當知科判之學，爲唐宋後佛學家所極重視。其著名之諸大經論，恆經數家或十數家之科判，分章分節分段，備極精密。（道安言諸經皆分三部分：一、序分。二、正宗分。三、流通分。此爲言科判者之始，以後日趨細密。）推原斯學何以發達？良由諸經論本身，本爲科學組織的著述，我國學者，亦以科學的方法研究之，故條理愈剖而愈精。此種著述法，其影響於學界之他方面者亦不少。

見梁啓超《佛學研究十八篇》（臺北：臺灣中華書局，1985年5月臺五版）之「翻譯文學與佛典」，頁29。此外，有關科判的特點、功能、起始和發展的概略情況，可參見張伯偉〈佛經科判與初唐文學理論〉，《文學遺產》第一期，2004年，頁61～64。

嚴經圓通疏前茅》中，也有同樣的見解。他說：

> 凡爲釋經，科節最要。故識科者，謂之知大途；不知科而俱解文義
> 者，謂之通小節，所以講下有推車撞譬住（筆者案：似應爲「壁柱」）
> 之譏。然有大科焉，小科焉。寧失其小，弗失其大。苟失其大，則
> 一經大旨俱成錯亂。（《卍續》89，頁 524～525）

傳燈在此，不僅強調了科判在詮釋經文方面的重要性，更進一步就科判中的
不同層次，特別強調「寧失其小，弗失其大」，否則，將會造成整部經文核心
要旨的錯解。爲此，傳燈特地在《楞嚴經圓通疏前茅》中，立了「明科判」
這個單元來加以說明。他說：

> 佛經分科，自西晉道安法師始。謂不問大、小乘經，悉可分爲三分：
> 謂序分、正宗分、流通分。序，則敍一經之由致。正，則正說當機
> 得益。流通，則命弟子弘傳。……於三分中，隨其義之起止而節節
> 分科。所謂如禾之有科，以容其苞本；水之有源，以派其支流。古
> 人謂科含大義，信不誣矣！故諸師釋經，動必分科。如《楞嚴》一
> 經，吳興、溫陵、長水、孤山諸師皆有科判，獨天如《會解》無之。
> 然無，則獨利於上根；有，則斯益於下士。又初學，見科多而望洋；
> 久習，得科分而游刃。釋經分科，亦要事也。（《卍續》89，頁 494）

傳燈在此簡介了三分科經的由來與大意，並說明了科判對於讀者的重要與助
益。他特別指出，歷來詮釋《楞嚴經》者，幾乎都有各自的科判，「獨天如《會
解》無之」。這是一項重要的觀察。至於有無科判的差別，是否眞如傳燈所說，
是各自適合不同程度的讀者：無，利上根；有，益下士，這是另一個值得探
討的問題，至少，由傳燈所說的「科含大義」、「諸師釋經，動必分科」諸語，
可以看出古人對於科判在詮釋經文方面的重視程度。

除了傳燈之外，明代的無一道人廣豐，也強調科判「實經之大綱」（《卍
續》18，頁 257）。他指出，當初在《楞嚴經正脉疏》刊刻告成時，尚缺科判，
結果導致了讀者有「條貫未通，艱於得味」（《卍續》18，頁 257）的閱讀困難，
而這其實也可以說是間接回應了傳燈所說的「得科分而游刃」的觀點。由以
上的說明與例證可以看出，對《楞嚴經》的相關研究者而言，科判一事在進
行詮釋經典時所受到的重視程度。

二、方法學的轉向與建立：特重語脉與科判

由前文可知，重視運用科判來研究《楞嚴經》，並非眞鑑一人而已，然而，

眞鑑對於科判的重視程度，則顯然超越了其他《楞嚴經》的研究者，乃至特地爲了詮釋《楞嚴經》而立了「明科判」的單元的傳燈。這一來是因爲他特別將科判提出爲「十門分別」中的一門，突出了這項研究方法，再者，則是他對於科判這項方法的具體內容，作出了詳細的建構。而科判確認的前提，則是經文的語脉，亦即前後經文之間的邏輯關係。這二者皆屬於經文結構的範疇。因此，要明瞭眞鑑特重經文結構的詮釋方法，就必須由其對於語脉與科判的運用，以及對於科判這項方法的建構來深入探究。

（一）獨標「正脉」，特重語脉

有關眞鑑特重語脉一事，最爲直接而明顯之處，便是他將注疏命名爲「正脉疏」。歷代在對於經論等著作進行詮釋時，不論是天台的五重玄義，或是華嚴的十門分別〔註 18〕，都十分重視對於著作名稱的解說。如五重玄義最初即爲「釋名」，而十門分別中也有「總釋經題」。這是因爲詮釋著作者認爲名以表實，在短短數字的著作名稱中，便已蘊含了整部著作的意涵與特色〔註 19〕。

那麼，眞鑑命名爲「正脉疏」的用意爲何呢？他在《正脉疏懸示》與《正脉疏》的開頭處，都曾經鄭重說明了此事。在《正脉疏懸示》前，他說：

> 舊解徒知慕經圓妙，不能曲順經文，深研本有圓妙的旨，而乃傍引他家彷彿圓妙之義以會釋之。故不惟文義了不相合，且將本經元來脉絡悉成紊亂，而首尾不相通貫。故今新疏，但惟奉順佛經，曲搜本意，令其脉絡貫通，則經中本有圓妙深意，豈他家所能比擬？故名「正脉」，意在此也。（《卍續》18，頁 259）

眞鑑將其著作命名爲「正脉」，用意便在於與其他舊有的注疏作出區隔，標出其所重視的關鍵所在。他認爲舊有注疏的問題，出在不能「曲順經文」來窮究《楞嚴經》本身的妙義，反而援引別家的義理來進行詮釋，其結果，除了造成與本經文義不相合之外，反而還使得「本經元來脉絡」紊亂。而命名爲「正脉」，正是針對這一個情況而發。眞鑑強調其特點是「順佛經」、「搜本意」、

〔註 18〕關於五重玄義與十門分別的對應關係，可參考「賢台教會合表」。見白聖編著，慧律校訂《楞嚴經表解》（臺北：果庭書院，2005 年），頁 10。

〔註 19〕中村元在論及「中國人的訓詁癖與文辭偏好」時，曾提及中國注釋家對於經題訓詁的重視。詳見〔日〕中村元著，林泰、馬小鶴譯《東方民族的思維方法》（臺北：淑馨出版社，1990 年），頁 194～195。不過，他以文獻學的角度來批評中國注釋家所作出的創造性的詮釋，則似乎透露出其研究成果較爲缺乏同情的理解。

「令其脉絡貫通」，這其實就是專就《楞嚴經》本身來詮解《楞嚴經》，是視《楞嚴經》本身為一部意義完足的經典，其經文之間，自成一個有系統的整體，彼此在關係上相互照應。詮釋者所要進行的工作，則是由這「本經元來脉絡」來深入理解經文的本意，藉由貫通經文前後的照應關係，來向讀者彰顯本經的用意。簡言之，或許可稱之為經義在結構（脈絡）中。這其實是一種方法學上的轉向，企圖將前人「傍引他家彷彿圓妙之義以會釋」的詮釋方法，轉為專就本經的結構來詮釋經義，由原本外部意義系統介入的方式，轉變為內部意義系統的發掘與建構。

而在《正脉疏》的開頭，眞鑑也有同樣的說法。他說：

> 特標「正脉」者，疏之別號也。良以此經滿數萬言，文雖長廣，而聖言辭義雙妙、首尾照應、脉絡貫通，無有不相照應、不相通貫之處。舊解多惟就文輙解，更不首尾顧盼；或未見本意，冒昧推原，以致前後不相照應、語脉互成乖反。今疏非敢意外穿鑒，但惟曲順聖經本來語脉而疏導之，務令前後照應、語脉貫通而已。緣此名「正脉」云。（《卍續》18，頁310）

《正脉疏》開頭的這段話，同樣說明了眞鑑對於「舊解」「前後不相照應、語脉互成乖反」的不滿。眞鑑認為，詮釋《楞嚴經》必須掌握的要點，並不是任何高深的理論，而是「但惟曲順聖經本來語脉而疏導之，務令前後照應、語脉貫通而已」。他用「但惟……而已」的說法，說明了在詮釋《楞嚴經》時，他並不同意有開放其他理論系統介入的空間，不主張雜揉入他家的理論來作為詮釋上的預設，而是只要能夠虛心地遵循經文的「本來語脉」，溝通前後經文在意義上的相互關係即可。而這樣的主張能夠成立，其前提即是眞鑑所說的「聖言辭義雙妙、首尾照應、脉絡貫通，無有不相照應、不相通貫之處」，是視本經為一個自身意義完足、自成結構的系統。因此，統合以上兩段眞鑑對於「正脉」的說明，可以確知，所謂的「正脉」，指的正是「本經元來脉絡」、「聖經本來語脉」，也就是經文本身的結構關係，這正是眞鑑在著作名稱中所要彰顯的方法學上的轉向，重新建立其認為正確的詮釋《楞嚴經》的方法。

除了在著作名稱上顯現出對於語脉的重視外，在實際進行經文詮釋時，眞鑑也時常特別突出這一點。如在《正脉疏》中，詮釋「十番顯見」的第四番經文「顯見不失」時，說：

> 前阿難聞呵非心，驚謂捨此更無，將同土木？如來安慰，許以眞心

有體而已，非正開示眞心也。……長水彼處即謂開示眞心，以許爲
與，何有實惠哉！故此不失科中正倒二相，方是開示眞心之正文，
而阿難到此，方知於緣塵外，更有如此廣大心體，而如來所許果爾
非虛。請與前之許辭對觀，甚有味矣！可見通釋佛經，能詳語脉爲
妙，不可潦草錯會。（《卍續》18，頁 375）

這是以語脉爲判準，來論斷子璿與自己的詮釋，認爲自己才眞正精準地詮釋
了經文的眞意。又如經文詮釋進展到「說奢摩他，令悟妙心本具圓定」一科
時，眞鑑特別指出，他認爲前人見道、修道而後證道的科判其實有所不足，
因而改科爲奢摩他、三摩與禪那。他曾特別說明如此的科判有四項發明優於
前人所判，其中，第二項的「遵經明言」與第三項的「問答相應」，便顯現出
他運用語脉來處理的方法。他說：

二者，遵經明言。蓋舊判理雖不差，其奈但是隨己所見取義別判，
非經文現有明言。今經三處顯然各有，單標三名取之分科，則是遵
佛明言判佛文義，有何差忒？

三者，問答相應。蓋阿難歷舉三名，而佛答須要三名下落。舊判只
明見、修、證意，而於三名竟不結歸，全無下落。今判按次以答三
名，豈不與問甚相應耶？（《卍續》18，頁 328）

他以「今經三處顯然各有」、「遵佛明言」，來對比出前人的科判只是「隨己所
見」、「非經文現有明言」，同時，還有「於三名竟不結歸，全無下落」的缺點。
如此強調以語脉爲判準的詮釋之處甚多：

舊註既不辯訛誤，復不推此來意，致令此處經文前無結歸而後無發
起，復何脉絡之可通哉！（《卍續》18，頁 516）

此經文之脉絡也。（《卍續》18，頁 547）

舊註不達經文一貫此處，全不知是重敘圓通，以爲諸住最初方便，
往往別判，致令經文脉絡永不通也。（《卍續》18，頁 733）

良以義廣言長，忘其最初本意，則始終語脉不可通矣。（《卍續》18，
頁 527）

按《深密經》佛以無分別觀爲奢摩他，以差別觀爲毗婆舍那，似分
照眞俗之意。今詳味斯經語脉，似不全同彼意。（《卍續》18，頁 765）

環師承如存不存以結非想，承若盡非盡以結非非想，得其語脉矣！

（《卍續》18，頁 816）

此方與下「非爲聖證」等語脉投合。（《卍續》18，頁 834）

前後之文，無復矛盾之可議矣！（《卍續》18，頁 542）

若此，則經文前後召應，脉絡貫通，極爲妙旨。（《卍續》18，頁 551）

通上經論考之：經固佛言，論亦佛意，豈敢妄生敬慢，輕起抑場（筆者案：當爲「揚」）？但旨寓於文，而聖語錯綜，實無定相。固不可私於所習而失其公評，亦不應避嫌而隱佛實義。（《卍續》18，頁 763）

由這許多強調脈絡不可通，或是「得其語脉」、「脈絡貫通」等評語，都可以看出眞鑑認爲「旨寓於文」，要明白經旨，必須由經文的結構入手的根本主張。

而在作爲導讀性質的《正脈疏懸示》中，也同樣屢屢運用語脉來處理問題，突出他與前人見解的不同之處。如他認爲前人的詮釋，對於經初所示的根性，以及接著的三藏、圓通、乃至五十五位等經中的重要主題，並未能有照顧到相互脈絡的妥善處理。他說：

大抵舊之解家，於經後分多不顧前。如談三藏，已早不達其即前初示之根性，及說圓通，何曾明其但入藏性？及陳諸位，又豈知其牒圓覺而修證藏性乎？不思阿難既以華屋喻前藏性，則圓通，所以進華屋之門，而五十五位，所以升華屋之堂而入華屋之室也，豈離前華屋而他有所適哉！是則始終既惟一藏性，則始終惟一圓融性定而已。（《卍續》18，頁 270～271）

眞鑑以「始終既惟一藏性」、「始終惟一圓融性定」來串起前後經文主題的脈絡，以突顯出其認爲「舊之解家，於經後分多不顧前」的錯誤詮釋。又如本經經初所言及的重要主題——妙奢摩他、三摩、禪那，眞鑑對於前人以天台止觀比附的詮釋方法十分不以爲然，而認爲應該根據經文結構來處理。他說：「阿難最初問妙奢摩他、三摩、禪那，譯人全存梵語，未翻華言，意令智者據經前後本文，兼較他文同異，量定其意爾！」（《卍續》18，頁 265）又如「耳門是深淺通修之法，經有明文，而三觀通於淺深，《楞嚴》中何文可證耶」（《卍續》18，頁 266）。眞鑑甚至立了「科釋不相應迷」的單元，來說明前人在科判與經文詮釋之間無法相應的落差。他說：

二者，科釋不相應迷。此則不但迷於經文，即於自所科釋亦多自相矛盾。如舊解雖不細分小科，亦略分於三大科：一曰見道，二曰修道，三曰證道。初科既云見道，即應未及說於修道，而修道須有待

於下科。及至釋文，往往搜尋三觀，應當即是修道。其實經文元無如是語脉，只是文外強判，而順文豈有教人修三觀之語？縱取一二相似之文附會說之，殊無情謂。近亦有不撥見道之科，而却開大段以硬派爲三觀者，不思見道者，開悟理性之謂也；三觀者，修進功夫之事也。既說止觀，即是修道，何須判成見道分哉！又若此處早是修道，即是如來但教眾生從三觀而修，至下耳根圓通，又何用哉！（《卍續》18，頁265～266）

雖然眞鑑詳細說明了前人之誤的情況，不過，最關鍵之處，其實還是在他所說的「經文元無如是語脉，只是文外強判」這項方法學的區別。此外，還有多處提及相關的觀點：

舊解全失語脉，不相接續。新疏出其伏疑，加以脉絡之科，方知來意是也。（《卍續》18，頁301）

連問答說話的次序也不知道，安能發揮佛意？（《卍續》18，頁274）

諸家之解，前後不相通者……（《卍續》18，頁270）

斯則前後皆但順奉佛言，各成妙旨。（《卍續》18，頁274）

是則撥佛前後妙旨，全成自語相違。（《卍續》18，頁274）

甚至在《正脉疏懸示》最後的「皈敬三寶請求加被偈」中，也特別彰顯出他特重語脉的方法學主張。他說：「註釋不違於本意，始終語脉得融通。」（《卍續》18，頁309）眞鑑認爲，對於本經的詮釋如果想要「不違於本意」，關鍵便在於「始終語脉得融通」一語中。

由以上的討論可以看出，眞鑑在詮釋《楞嚴經》的過程中，對於其認爲前人之說有疑義之處，是以語脉來作爲最高的判準。這正好是對於《會解》的針砭。《會解》對於《楞嚴經》的詮釋，採取的是會合諸家之說的方法，這其實是一項高難度的方法。其難處，便在於所徵引的各家詮釋，本來皆有其各自的脈絡存在，而各家的脈絡並不必然相容，如何來處理其間的衝突之處，便必須具有方法學上的自覺。關於《會解》的詮釋方法，惟則僅在《大佛頂首楞嚴經會解》敍〉中有過簡要的說明。他說：

始余見長水璿師、孤山圓師、泐潭月師、溫陵環師之說，又閱吳興岳師之集，併得興福愨、資中沇、眞際節、橋李敏諸師之意，無不大同，惟所見或各從一長，乃不能不小異，遂使行者泣岐、莫辨良導，則不達之患，不在彼而在乎此矣！今余會諸家要解，以通大途。

異不公乎眾者，節之；異而互通者，互存之；互爲激揚者，審其的
據而取之；間有隱略乖隔處，則又附己意，目爲補註。若合殊流同
歸于海，故爲之會解。（《龍藏》144，頁 259）

由「惟所見或各從一長，乃不能不小異」來看，可知惟則在撰作《會解》時，
已經看出各家的詮釋之間存在著衝突。至於是不是眞的如他所說的「小異」，
恐怕就值得商榷。因爲如果眞的只是「小異」，又如何會「使行者泣岐、莫辨
良導」？不是已經「無不大同」了嗎？如此看來，這些惟則認爲「小異」之
處，恐怕未必眞是「小異」，應該詳加處理才是。然而，惟則對於這些他認爲
「小異」之處的處理方式是：如果各家可以互通，則同時存留下來，而與眾
不同之處，則是加以刪除。這些不論是存留或是刪除之處，都看不見惟則去
取的義理標準何在。尤其是刪除的部分，是以「異不公乎眾者」爲理由。問
題是，這些與眾不同的衝突之處，會不會才是各家亟欲傳達的獨到之見呢？
而由各家詮釋脈絡中所摘取出來的部分，又如何才能融合爲新的一體成形的
脈絡呢？顯然惟則並未處理這些問題，而只是對於詮釋過程中的「隱略乖隔
處」，簡單地以「附己意」的方式來加以彌縫。這種縫縫補補的詮釋方式，自
然會留下不少的破綻之處。最明顯的，也是最爲眞鑑所批評之處，便是在本
論文所探討的「十番顯見」的部分，遭受到眞鑑以「標、釋全不相應，破、
顯兩無決定」（《卍續》18，頁 276）所提出的論難〔註 20〕。當然，惟則完成《會
解》僅用了三年的時間〔註 21〕，既要其能理解九家之說，並分別摘取所要，
這已經不是一項小的工程，如果還要他能在方法學上有所自覺，處理這些彌
縫的問題，似乎不免有求全之責。這些問題，恐怕只能交給讀者自行處理了，
只是不知能自行處理的讀者又有多少？相形之下，眞鑑以十年之功所完成的
《正脉疏》〔註 22〕，則確實是後出轉精，能照顧到詮釋時的前後呼應、融貫
一體。這都得歸功於他在方法學上的自覺——特重語脈。

〔註 20〕有關這個問題的探討，詳見「第三章 有關『十番顯見』詮釋進路的探討」。
〔註 21〕在〈《大佛頂首楞嚴經會解》敍〉之後，有臨川沙門克立所寫的小記，克立自
　　　言「愚與師（筆者案：即惟則）遊從既久，自其搜括諸家，參酌去取，凡三
　　　年而《會解》成，皆愚所且（筆者案：當爲「目」）擊」（《龍藏》144，頁 260）。
　　　可知《會解》費時三年而成。
〔註 22〕眞鑑在《正脉疏懸示》的「制疏始終」中，曾提及了撰作的經過。他說：「次
　　　年（萬曆丁亥年）春，安慶賢王招住城西南隅報恩堂。棲遲十載。其間，人
　　　事及內外講期一切不發，而註經朝夕亦無少輟。至萬曆丙申冬而疏成。」（《卍
　　　續》18，頁 261）可知《正脉疏》之成費時十年。

（二）建立有關科判的方法學

眞鑑不只在實際進行詮釋時特重語脉，以之爲最高判準，他還進一步爲科判建立了方法學上的系統。前文已指出，他在「十門分別」中，特地立了「科判援引」一門，這一門，即是對於科判的種類與作用有意識地進行系統性的建構。在「科判援引」一門中，他先開宗明義地指出，科判對於詮釋經典一事所具有的重要意義，就如同匠人所不可或缺的「規矩準繩」一般。他說：

> 詳古人立科判以解經，極爲成式，猶公輸之規矩準繩。數萬言經，捨科判而逐文汗漫釋之，何異捨規矩準繩而取方圓平直？未之或中也。（《卍續》18，頁 301）

由眞鑑以「公輸之規矩準繩」來譬喻科判在詮釋經典時所扮演的角色，可以看出，這項方法在眞鑑看來，並非可有可無，而是必須具備的。在此所批評的「捨科判而逐文汗漫釋之」，雖然並未點名，不過，應該可以感覺到是針對《會解》的作法而發。而捨棄科判的結果，則是「未之或中」，以此相形，突顯出眞鑑認爲科判在詮釋經文時，具有使意義傳達精準的功能。

以上是先概略地從詮釋時有無科判的對比，來確立科判這項方法的必要性。雖然科判的方法是古人的「成式」，不過，前人似乎鮮少對於這項方法所具有的類型與作用，有意識地進行分類及探討，而這正是眞鑑與眾不同的用心之處。他將科判的類型概分爲四類，分別是「本有科」、「分文科」、「約義科」與「生起科」，並進一步介紹了各科的作用與要點。

首先是「本有科」。關於本科，眞鑑的說明是：

> 一者，本有科。說主於本文中自分者也。如五陰、六入等現具經文，解時須順分之。（《卍續》18，頁 301）

依眞鑑所說，所謂「本有」，指的是經文本身已經作出明顯的主題區分，如本經所說的「云何五陰本如來藏妙眞如性」（《大正》19 頁 114）與「云何六入本如來藏妙眞如性」（《大正》19 頁 114）等單元。因此，「本有科」的作用，便在於將經文中已明確區分出主題的經文單元，予以提要析解出來。這類有明顯主題的單元，在進行分科時，比較不容易產生異議。

其次是「分文科」。眞鑑對於「分文科」的說明是：

> 二者，分文科。謂文句繁長，若不詳其文勢而分截之，則易成攪亂。故前後節斷，令其分劑分明，不相逾越，亦可名分劑科。譬一統分

十三省，諸省又各分爲若干府，諸府又各分爲若干州、縣等。從寬
至狹，自少成多，各有統系。故舉州、縣，則知其屬於何府；舉府，
則知其屬於何省，而各有界限，不相混濫矣！然不同上之本有，此
疏家因文分屬而立，如本疏所立「十番顯見」等科是也。（《卍續》
18，頁 301）

所謂「分文」，意即將文勢過長處加以分截。因此，「分文科」的作用，顧名
思義，即在於將經文繁長之處，依其發展的情況，加以分截爲若干單元，以
避免文義因文勢過長而模糊不清。雖然眞鑑強調「分文科」是要使經文能「分
劑分明，不相逾越」、「各有界限，不相混濫」、「分屬而立」，似乎都著重在「分」
字上，著眼於外在形式的區隔，不過，這些分截的單元卻並未因此而成爲毫
無相關的獨立單元，其內在之間的繫屬關係，反倒因而能更加清晰。這由眞
鑑譬喻中所提及的「舉州、縣，則知其屬於何府；舉府，則知其屬於何省」
等語即可得知。值得特別留意的，是眞鑑最後所說的「然不同上之本有，此
疏家因文分屬而立，如本疏所立『十番顯見』等科是也」一段話語。由這段
話中可以得知，本論文的研究主題「十番顯見」，正是屬於眞鑑所立的「分文
科」的類型。這一類型與前一類「本有科」的不同之處，在於本類型不是因
爲經文本身已經作出明顯的主題區分而形成，而是由「疏家因文分屬而立」。
既然在經文中並未明顯區分出主題，而是由「疏家」來進行科分，則其間就
必然會存在著較具彈性且見仁見智的詮釋空間。因此，相形之下，「分文科」
所科分的經文，勢必較「本有科」更具有「疏家」的個人特色與觀點，同時，
也較「本有科」更具有探討的空間。

　　第三種類型則是「約義科」。關於「約義科」，眞鑑的解釋是：

三者，約義科。謂文中所詮之義，有相對待應合者，如身心包徧依
正之類；文中不甚顯著，則約義分之，令其顯現，如「身心蕩然」
等文中所分之科是也。（《卍續》18，頁 301）

「約義科」的設立，主要是針對經文中文義「不甚顯著」的部分，就其所蘊
含的意義加以區分，使讀者在閱讀時，能因此而更清楚地掌握經義。如對於
經文「身心蕩然」的解說，眞鑑依文義而科分爲「一、心蕩然」（《卍續》18，
頁 482）與「二、身蕩然」（《卍續》18，頁 483）的作法即是。

　　最後一種是「生起科」。關於本科，眞鑑的說法是：

四者，生起科。謂說主語脉次第生起文義。譬如樹株，初以一本，

> 或分二支，或三、四支等，是爲大支。諸大支復各出諸中支，而中
> 支又各出諸小支等。雖至最小之支，仍可尋知自何大支而出。若非
> 科文明其來處，安可尋究乎？此如天親判《金剛》二十七疑，本經
> 如答五大圓融科中。舊解全失語脈，不相接續。新疏出其伏疑，加
> 以脈絡之科，方知來意是也。（《卍續》18，頁 301）

依眞鑑的說法，「生起科」是針對依「語脈」而「次第生起」的「文義」所立
之科。其作用，在於彰顯經文脈絡中，處於不同位置的文義之間的因果關係。
會立此「生起科」，眞鑑指出，完全是針對前人注疏「全失語脈，不相接續」
的缺失而言。這「不相接續」，正是針對《會解》那種剪剪貼貼、縫縫補補的
詮釋方式而發的。因此，才會另行科釋本經，使經文中原本來龍去脈不清的
「伏疑」之處，藉此「脈絡之科」，而能明瞭經文發展的意涵與關係，其重點
在於「明其來處」。

　　在說明了其所建構的各種科判的意涵與作用後，眞鑑還特別針對前人科
判的流弊，提出了製科時的注意事項，那就是「最不宜行輩錯亂」。他說：

> 製科最不宜行輩錯亂。譬如人家宗派一祖元所生者，或三子，或五
> 子。其子各所生者或多或少，皆是孫輩，不得僭子。而孫所生者又
> 是曾孫，不得僭孫。……近世如《要解》等，全不諳此。於一輩間，
> 動分十七、八科，或二、三十科。及細察其所分，則高、祖與子、
> 孫，乃至曾、玄，皆同列爲一輩，全無尊卑統屬，何取於分也？今
> 疏病懲此弊，所分之科，務令自大降小，從少增多。（《卍續》18，
> 頁 301～302）

眞鑑會特別提出「不宜行輩錯亂」的主張，主要是針對《要解》等前人注疏
中的科判而發的。他認爲，前人的科判雖然也有看似分科十分詳細的，不過，
仔細留意其所分的科文之間的關係，卻有「全無尊卑統屬」的缺失。原本分
科的用意，是希望藉由將經文加以分梳，使得經文的意涵能更加明晰，而其
要，便在於分梳後所呈現出來的層次之別。如果分科後的經文，仍然是「全
無尊卑統屬」，在眞鑑看來，如此的分科，雖有而實無，並未能眞正發揮科判
的功能，貫徹分科的精神。因此，「今疏病懲此弊」，眞鑑自己在實際進行操
作時，便特別注重分科時必須「自大降小，從少增多」，以使經文的意涵因分
科的層次而豁顯出來。

　　由以上所提出的四種科文的類型與功能，以及因對於前人科判的反省，

而提出的製科注意事項，可以看出眞鑑對於科判一法，是有意識地在進行反省與建構。除此之外，眞鑑還特創了兩項在實務上十分實用的作法，值得讚賞。一是在科文前頭，標出天干與地支來區別科文的層次。其次，是在每一大科結束之處，標明「某大科已竟」。他說：

> 慮古科但以疏爲次第，無字號以別之，而講者多迷，乃以十干、十二支置於圈內，題於科頭〔註23〕。如甲爲父，則乙爲子；丙爲孫，則丁爲曾孫。令其行輩炳然，不相僭亂。凡於大科盡處，則結云「某大科已竟」，則永無迷科尋覓之勞。後之刊者，務請屈從，無以爲異常而不用也。（《卍續》18，頁302）

這兩項作法的用意，一在於便利講經者易於區別科文的次第，另外則在避免「迷科尋覓之勞」。雖然作法是兩項，用意則都是在於便利閱讀科文的人。由眞鑑在最後所苦口婆心的叮嚀「後之刊者，務請屈從，無以爲異常而不用也」，可以看出這兩項作法爲眞鑑所獨創，而這也蘊含著眞鑑對於科判一事的用心，以及其對於讀者的體貼。

總觀以上所述，可以看出，關於科判一法，眞鑑是有意識地在進行建構，同時還針對前人的流弊加以反省，並提出改進的方法。其改進的對象，不只包括如《會解》之全無科判者，也涵蓋了如《要解》一類原本即已有科判的注疏。而眞鑑所提出的方法，後來也爲《楞嚴經指掌疏》所採用。《指掌疏》中說：

> 全經脈絡有綱有目，目中復有綱目，如世祖、父、子、孫展轉相生，曾無少紊。若綱之與綱，目之與目，則如兄弟相次，先後適宜。依此分科，自有層次。《楞嚴正脈》頗得此訣，今疏傚之。（《卍續》24，頁169）

《指掌疏》有見於眞鑑作法層次分明的優點，因而加以仿效。不過，《指掌疏》在這段話後接著說「但交師分析過甚，多於應續反斷。初學不察，致義失貫，

〔註23〕眞鑑這項將天干與地支標示在科文前頭的作法，在今日《卍續》第18冊的《楞嚴經正脉疏科》中並無法看到，倒是在《嘉興藏》中還保留著，可供參閱。詳見《明版嘉興大藏經》第17冊（臺北：新文豐出版股份有限公司，1987年4月臺一版），頁68～86。之所以如此，或許是因爲《嘉興藏》是「明清之際民間刊刻佛教藏經的代表」，極力保存了原典的原貌。關於《嘉興藏》的研究，可參見藍吉富的〈《嘉興藏》研究〉一文。見藍吉富《中國佛教泛論》（臺北：新文豐出版股份有限公司，1993年8月），頁115～179。另可參見賴永海主編《中國佛教通史》（第十二卷）（南京：江蘇人民出版社，2010年11月），頁580～584。

今疏別之」（《卍續》24，頁169），批評眞鑑科判的缺點，在於「分析過甚」、「應續反斷」、「致義失貫」，這方面的批評，則屬於實際應用層面的問題。前文指出，當經文主題未有明文說明，而是由疏家所科分而出時，其間必然存在著仁智互見的彈性空間。因此，《指掌疏》的批評是否允當，並無礙於眞鑑對於科判一法進行方法學上建構的貢獻。總而言之，眞鑑的研究對於文章結構的重視與用心的程度，無庸置疑，是值得肯定的。

參、對於以結構爲方法的反省

眞鑑一改《會解》兼採諸家之說的研究方法，在進行詮釋活動時，轉爲特重語脈與科判，這其實就是以結構爲方法。對於其在方法學上的用心，前文已予以肯定，不過，這是否就意味著其主張可作爲詮釋《楞嚴經》時的最高而且是唯一的判準呢？這恐怕還有待進行方法學上的反省。

一談到眞鑑以結構爲方法，很容易令人聯想到在二十世紀的西方，由語言學所發展出來，而後逐漸被擴充應用到人類學、社會經濟學、文學與心理分析等各領域的結構主義（structuralism）〔註24〕。關於結構主義，其特點可概略歸納爲以下三項，分別是：一、結構優先於人的主體。意即「唯有結構才能解釋意義的產生」。二、共時性優先於貫時性。這意味著結構中的各個單元，在時間中，是以共時的（syncronic）方式呈現出來。三、無意識的原則。這指的是意義本身是「被結構以某種無意識的方式決定」〔註25〕。其中，第三項與第一項其實互爲表裡。而這三項的中心主題，其實就是秩序的問題〔註26〕。要在一團混亂的現象中認識其意義，首要之務便在於尋找其秩序。這秩序是客觀的存在，獨立於主體的認識之上，同時是超越時間性的，意即不隨時間的流轉而變動。

一、結構優先於主體的反省

就這些主張來看，倒似乎與眞鑑頗爲相近。首先，眞鑑的方法，其背後

〔註24〕關於結構主義的起源、發展、原理及評價，可參考〔比〕J.M.布洛克曼著，李幼蒸譯《結構主義》（臺北：古風出版社，1987年），李幼蒸譯《結構的時代》（臺北：古風出版社，1988年三版），以及沈清松《現代哲學論衡》之「第十章　結構主義之解析與評價」，頁257～290。

〔註25〕詳見沈清松《對比、外推與交談》（臺北：五南圖書出版股份有限公司，2002年），頁55～56。

〔註26〕關於結構主義對於「秩序」的看法，詳見〔比〕J.M.布洛克曼著，李幼蒸譯《結構主義》，頁143～147。

的預設也是結構優先於主體，亦即意義是先在於主體而存在於結構之中。這由他對於結構一法的強力推崇，以結構作爲評判前人詮釋意義正確與否的標準，即可看出。不僅如此，他甚至還在詮釋的過程中，時常以先在的結構來評判《楞嚴經》的經文。譬如經文「當由不知眞際所詣」的「詣」字，眞鑑在詮釋時說：「詣字尋常訓往字。今詳經來意，似是在字之意。譯人命辭稍未穩也。」（《卍續》18，頁343）。其中的「今詳經來意」，正是眞鑑用以評判詮釋的先在結構，這結構不只先在於眞鑑之前、讀者之前，同時也先在於譯者之前，因此才會有「譯人命辭稍未穩」的批評。又如十番顯見第二番中的這段經文：「云何汝今以動爲身、以動爲境」，眞鑑的詮釋是：

> 此科是佛怪問，引起下文責之之詞。因人多不省解，以謬註錯亂，言愈多而愈不明，故號分爲一科，以便發明。……此蓋緣譯人下得云何二字太早。若將此二字移作下科之頭讀之，自是明爽，不費委曲釋矣！試讀看。（《卍續》18，頁362）

眞鑑認爲前人對於這段經文的詮釋之所以會「謬註錯亂」，問題的關鍵，是出在「譯人下得云何二字太早」，只要將「云何」二字改動位置即可解決。就眞鑑更動經文順序的作法來看，似乎是改動了結構，其實，他改動的是「譯人」的結構，而改動的判準，則是他心中先在的經文結構，是以此先在結構來論斷譯者下字的早晚。而最後的「試讀看」三字，其對於讀者積極的勸進態度，其實就是強烈企圖使讀者接受其認識的結構，使其結構不只先於譯人，也先於讀者對於意義的自行建構。再如對於十番顯見第八番中「文殊，吾今問汝：如汝文殊，更有文殊是文殊者？爲無文殊」的詮釋，眞鑑認爲「無字即非字。當時只合著一非字爲妙，譯人略傷巧耳！」（《卍續》18，頁396～397）這也是以優先於譯人譯文的結構爲詮釋的判準。

關於這結構、主體與意義三者的關係，現代的研究成果，倒是提供了一項值得參考的觀點：

> 意義固然有其結構面，但並不僅只有結構面。……在詮釋學中我們就看到不同的主張，強調結構皆必須經過人或主體的詮釋，才得賦予意義。而且意義的活動亦會帶動結構的形成，換言之，結構並非純然冷漠、客觀的框架，而是出自於結構化（structuration）歷程而得的結果〔註27〕。

〔註27〕沈清松《現代哲學論衡》，頁287。

由這個角度來看，並不是要切割意義與結構的關係，也不必要切割，而是要思考結構與意義的關係，究竟是一種可理解性，或者是等同性？就眞鑑的作法來看，似乎較傾向於等同性。這樣的作法，便難免會較爲忽略了主體對於意義的產生以及對於結構的形成所具有的影響，同時，還可能忽略了承認不同主體的詮釋可能，而造成某種方法學上之宰制行爲的出現。當然，這樣的說法，並非意味著眞鑑的主張是認爲意義僅停留在經文表面可見的結構之處。前文已指出，眞鑑的詮釋是具有多重結構的。除了經文結構的意義外，他還進一步深入經文背後，指出其深層用意，如「捨識從根」等主張的提出〔註28〕。雖說如此，其詮釋畢竟仍未溢出於經文的脈絡之外，也似乎不允許溢出於脈絡之外。然而，如果就經文成立的動機來思索，則顯然並不是爲了呈現客觀結構而成立的，而是爲了讀者的生命成就，這一點與西方結構主義的關懷大不相同。如此一來，便必須面對一個問題：那就是主體與意義的關係，而這個「主體」是複數型，亦即詮釋者（讀者）不僅僅是一位。在這複數型主體與意義之間，是否必然而且只能存在著一種足以成就主體生命的結構，便十分令人懷疑，更遑論主體與意義之間的動態關係不能溢出於這唯一的結構。換言之，當承認眞鑑對於《楞嚴經》的詮釋在結構上的貢獻時，還必須同時對於這種方法的局限性有所警醒，必須對於詮釋者（讀者）生命的多元性具有開放的關懷，允許生命的成就具有溢出於結構的可能性，而不應以爲只有以遵循經文脈絡的理解方式爲唯一的成就途徑。以下便是幾個明顯的例子。

在《景德傳燈錄》中，曾記載了五代時的文遂與法眼文益的一段公案：

> 金陵報慈道場文遂導師，……嘗究《首楞嚴經》十軸，甄分眞妄緣起，本末精博。於是節科注釋，文句交絡。厥功既就，謁于淨慧禪師（筆者案：即法眼文益），述己所業深符經旨。淨慧問曰：「《楞嚴》豈不是有八還義？」師曰：「是。」曰：「明還什麼？」師曰：「明還日輪。」曰：「日還什麼？」師懵然無對。淨慧誡令焚其所注之文。師自此服膺請益，始忘知解。（《大正》51，頁411）

就這則公案來看，文遂「甄分眞妄緣起，本末精博。於是節科注釋，文句交絡」，顯然也是採取結構的方法，並認爲「深符經旨」。然而，文遂卻並未因

〔註28〕關於「捨識從根」的探討，詳見「第五章　『十番顯見』的深層意涵──『捨識從根』」。

此而成就，這由他對於文益所問「懵然無對」可以得知。而文益所問的三句話語，首句「《楞嚴》豈不是有八還義」與次句「明還什麼」，這兩句是經文本有的結構及語句，對此，熟悉經文與結構的文邃，應答如流。然而，當第三句問話「日還什麼」出現時，這句話顯然並不存在於經文本有的結構與語句中，而是溢出於經文的脈絡之外，這時，堅守結構為方法，則顯然是有時而窮。而文邃後來得以成就，也不得不歸因於與這次溢出經文脈絡的機緣有密切的關係。

另外一個例子，是有關得法於文益高弟天台德韶的上方遇安禪師，其生命成就的機緣。遇安的成就，在於其破讀了《楞嚴經》經文的「知見立知，即無明本；知見無見，斯即涅槃」：

> 瑞鹿安禪師於此嘗破讀：「知見立，句，知即無明本；知見無，句，見斯即涅槃。」洞然開悟，每習誦以為常。門人謂宜以四字為句。安曰：「此是吾悟處，不可易也。」時謂之安楞嚴。（《卍續》25，頁160）

遇安因「破讀」，亦即未遵循經文原有的結構而得以開悟〔註29〕。當門人以經文原有的結構——「四字為句」提出質疑時，遇安的「不可易也」，說明了生命成就更加超越了經文結構的層次。又如長水子璿的成就機緣：

> 初依洪敏師學《楞嚴》，至「動靜二相了然不生」有省。聞琅邪慧覺道重當世，趨至其門。值其上堂，即致問曰：「清淨本然，云何忽生山河大地？」覺喝云：「清淨本然，云何忽生山河大地？」師俯伏流汗，豁然大悟。（《大正》49，頁293～294）

子璿起初學習《楞嚴經》，應該也是依循經文脈絡的方式來理解。然而，真正成就的機緣，卻不在於結構脈絡之中。如果就他的提問「清淨本然，云何忽生山河大地」來看，這本是經中富樓那向佛陀的提問，而佛陀對於這個問題也作出了詳盡的答覆。因此，如果子璿是要得知答案，儘可向經中找尋，而依他的學習背景來看，想必也早已知道佛陀的答案。然而，他卻並未因此已知的結構脈絡而得成就，反而對於已有答案的問題重新提問，顯然原有的結

〔註29〕關於這則公案，吳言生指出：「遇安裁開原有的句讀的作法，是禪門祖師的一貫風格。既然禪不在知見文字之中，就不可尋章摘句拘泥於經文。進行創造性『誤讀』，用佛經來印證悟心，正是禪宗一貫的創造性本色。相反，僅憑知解則難證楞嚴三昧。」見吳言生〈論法眼宗對佛教經典的汲取〉，《宗教學研究》第 2 期，2000 年，頁 61。

構脈絡並不足以滿足他在生命成就上的渴望。重新提問的這項舉動，或許意味著他希望能藉由溢出於原有的結構脈絡而得到成就，而慧覺幫助他成就的方式，也顯然不是使他依循著原有的理解脈絡，不允許他滯留在原有的脈絡之中。光就文字來看，很明顯地，慧覺的「答案」，其實只是將子璿的問題覆述一次而已，並未提出任何明顯的答案。然而，他重覆一次子璿的問題，尤其是重提時的那一「喝」，這種使得子璿得以真正成就、「豁然大悟」的方式，顯然是溢出於經文既有的脈絡之外。

由上述的例子，可以看出，生命成就並非一定要局限在《楞嚴經》原有的結構脈絡之中，是可以允許溢出於結構脈絡之外。這並非意味著結構一法不足取，事實上，上述例子中的諸師，在溢出於結構之前，都早已具有結構的基礎。「溢出」一詞，其實意味著由原有的而出，與原有具有關連，而非憑空而出。而其用意，則在強調不應局限於結構，以結構為唯一的方法，而凌駕於主體之上。

二、共時性優先的反省

其次，是有關共時性優先的問題。真鑑將全經加以科判，呈現與讀者，使讀者能藉此來理解經文所欲傳達的意義。雖然讀者在閱讀科判的過程中，是隨著時間的推進而逐次開展其對於意義的領受，不過，就科判整體的結構而言，卻是同時成立的。換言之，在真鑑的結構中，雖然各個單元間存在著邏輯關係，不過，就各單元而言，其存在卻並非有時間上的先後，而是先於時間發展存在的。例如在提獎阿難歸來，佛陀明告阿難「一切眾生從無始來生死相續，皆由不知常住真心、性淨明體，用諸妄想。此想不真，故有輪轉」（《大正》19，頁 106）後，真鑑立「如來備破三迷」（《卍續》18，頁 330）一科，並說：

> 此妄想有三種非真，而眾生因之，以成三重迷執。一者，本非是心而似是心……。二者，本非有體而似有體……。三者，本非有處而似有處……。今不直破前二非心、無體，但且奪其後一所執心處，令其一一審察，顯其了無住處，欲彼自覺其妄。必待七處情盡終不自悟，然後訶其非心、明其無體也。（《卍續》18，頁 330）

就真鑑所說來看，妄想既有三種，卻又「不直破前二」，而「必待七處情盡」然後再破，似乎意味著「七處」是先於時間存在的共時性結構，同時，「訶其非心、明其無體」，也早已存在於「七處情盡」之前，三者可說是共時性的結

構,「前二」只是在「七處情盡終不自悟」後才顯露出來,並非「七處情盡終不自悟」後才存在。又如「十番顯見」,前文雖已澄清前人對於其「平頭十王」的質疑,不過,就後九番的科判「示見不動」、「顯見不滅」、「顯見不失」、「顯見無還」、「顯見不雜」、「顯見無礙」、「顯見不分」、「示見超情」與「顯見離見」來看,則似乎無法呈現出其間存在著何種時間上的動態發展關係。前文指出,真鑑說後九番的經文,「乃所以答前四義而同後五義」,是在答覆心性所具有的寂、常、妙、明與周圓的意義,至於其間九番經文發展進程本身所蘊含的意義,則似乎不是其關心的重點。這一點,與德清之以破五蘊八識的貫時性進程來詮釋〔註 30〕,恰好可以形成明顯的對比。而真鑑這種重在共時性的方法,難免會遭受到「腹稿」的質疑。太虛在評論真鑑將奢摩他、三摩與禪那三名分別判屬為「正說經」中三個部分的作法時,曾認為當經文開頭佛陀對阿難「徵發心及標真妄二本,復教應當直心」的時候:

> 若阿難此處自察出家所發心為真為妄、頓悟真心,直心正念真如,則即讚大慈悲發弘誓願可也。同十方佛一道超出,始永離諸終委曲相,雖本經從此止可也〔註31〕。

所謂「本經從此止可也」,是不認為全經結構應局限為共時性的存在,亦即並不認為全經從頭至尾對於讀者來說都必須存在,而全經的真義,也並不等同於客觀的全部經文的加總,亦即並非客觀的全部經文才能涵蓋,而是可因不同讀者與經文相互之間在時間上的動態關係,來呈現出不同的開發情況。太虛並進一步質疑說:

> 阿難豈知如來有三卷強奢摩他,三卷強三摩,一卷弱禪那,待其問而說,故次等問此三名乎?如來豈同後代人師,先成腹稿,一有人問,不多不少,一一搬演出乎〔註32〕?

這項質疑可謂尖銳。雖然真鑑將奢摩他、三摩與禪那分別判屬「正說經」的

〔註30〕真鑑科為十番顯見的經文,在德清的科判中,依序分別是「斥妄心,破想蘊,以明六識無體」(《卍續》19,頁 71)、「辨妄見,破行蘊,明七識無體」(《卍續》19,頁 71)與「非見精,破識蘊,滅第八識,的指正修行路」(《卍續》19,頁 71),明顯具有隨著經文發展而逐漸深入的趨勢。詳見德清《楞嚴經通議略科》之「初、正破五蘊、八識,以明人空」(《卍續》19,頁 71)一科。

〔註31〕見太虛《大佛頂首楞嚴經攝論》。收錄於太虛大師全書編纂委員會編《太虛大師全書》(臺北:太虛大師全書編纂委員會,1970 年再版),頁 1544～1545。

〔註32〕太虛《大佛頂首楞嚴經攝論》,收錄於太虛大師全書編纂委員會編《太虛大師全書》,頁 1545。

三部分，並無「先成腹稿」、「不多不少，一一搬演出」的用意，然而，其特重以結構爲方法，便難免會遭遇到這種「腹稿」，亦即共時性優先於貫時性的批評。

由以上所論來看，眞鑑似乎與結構主義聲息相通，其實，筆者並無意在兩者之間劃上等號，而雙方也確實並非完全相同。以上的探討，只是要藉彼使此更加顯明而已。「行動的主體對於系統，歷史的貫時性對於共時性，有意識的努力對於無意識的命定，仍然有其不可化約的特殊性。」〔註33〕這應該可以作爲對於強調「正脉」、特重以結構爲方法者的一項重要的提醒。

〔註33〕沈清松《現代哲學論衡》，頁 288。

第三章 有關「十番顯見」詮釋進路的探討

　　關於「十番顯見」的經文，眞鑑重新進行詮釋的一項重要原因，在於其認爲《會解》的說法有誤。根據《會解》的詮釋，認爲「十番顯見」這部分的經文，都是在「破妄見」。對於這種說法，眞鑑大大地不以爲然，認爲詮釋的重點應該是在「顯眞」，而在其《正脉疏懸示》中大加抨擊，特別立了「顯見不決定」（《卍續》18，頁274）的單元來詳加辯解，並對於經文重新進行詮釋。

　　雙方的出入，其實突顯出來的是詮釋進路的不同。因此，本章特別由詮釋進路的角度，來考察眞鑑重新詮釋、有別於《會解》的重點所在，藉此以突顯出其重新詮釋的用意與特色。而在突出眞鑑的詮釋外，還將進一步探討雙方詮釋之間的關係，是否僅能如眞鑑的詮釋所呈現出來的水火不容，或是可能藉由對話，尋找出新的詮釋空間？

　　以下將先考察眞鑑以「顯眞」爲主的詮釋進路，接著介紹《會解》以「破妄」爲主的詮釋進路，然後再就眞鑑對於《會解》之辯破進行探討。最後，則企圖在雙方的詮釋之間，尋找一個可能對話的新詮釋空間。

第一節　《正脉疏》單提「正脉」，以顯眞爲主的詮釋進路

　　要認識眞鑑的詮釋進路，最直接的方式，便是進入他對於經文的詮釋之

中。有關眞鑑顯眞的詮釋進路，可以概分爲三部份來考察。首先，是有關顯眞主題確立的部分。既然要以「顯」爲主，則勢必需要明白地將所要「顯」的對象具體地指出，否則，即便極力言「顯」，也只是空言，不知其所「顯」爲何物。眞鑑確立顯眞的主題，是在首番「指見是心」的部分，所顯的對象則是「見性」。確立顯眞的主題後，則是對於顯眞主題的集中發明。從第二番的「示見不動」一直到第十番的「顯見離見」，這九番的顯見便是在進行這方面工作。而眞鑑這以顯眞爲主的詮釋進路，不只在「十番顯見」的範圍內發明，甚至還延續到「十番顯見」之後的部分。因此，第三部分則是就「十番顯見」之後，有關顯眞主題的延續發揮來考察。由上述三部份的探討，來看出眞鑑一以貫之的、顯眞的詮釋進路。

壹、顯眞主題的確立──首番的「指見是心」

在前一章中，曾就前人批評眞鑑的「十番顯見」是「平頭十王」一事加以澄清，指出眞鑑的十番，其實只有一王，那一王就是首番的「指見是心」。首番之所以在十番中獨尊爲王，是因爲其在眞鑑的詮釋中，並非僅如前文所提及的子璿的看法，認爲只是「且示」的角色而已，而是本經眞正要豁顯的重點所在，是顯眞的門戶、關鍵。眞鑑在本番經文中所特別費心的，便是將這顯眞的主題加以確立並彰顯出來。

首先，就眞鑑的科名來看，其將本番科爲「指見是心」，這是明白地指出本番的重點，便在於清楚地指出見性。他在還未進入經文詮釋之前，便先在「指見是心」的科文下扼要地作出說明。他說：

> 六根中性，雖同一陀那細識，而最便於目前開示者，莫過於眼根中見性，故惟從此顯發，而餘可例知。然此見性所以別於眼識者，但取照色之時，一如鏡中無別分析，即是見性。起念分別，即屬於識，聞等例此。是可見祖師云「毫釐有差，天地懸隔」最爲格言。學者當以細心甄別之。（《卍續》18，頁356）

就眞鑑所說來看，他先交代了爲何要藉由「指見」──指出「眼根中見性」的方式，而不是透過其他五根，原因是在於性（即陀那細識）雖然是一，可是根卻分爲六。而在眼、耳、鼻、舌、身、意六根中，以眼根入手來使人認識性，則是最簡便的方式，因此會由見性來入手。其次，則是對於見性的說明，並區別與其眼識的不同之處。眞鑑指出，所謂「見性」，是指在接觸到色

塵時，能原原本本地反應色塵之貌，如影像投射在鏡中一般，而不加以分析者即是。其中值得留意的，是「照色之時」四字。「照」字即意味著不加分析之意，而「之時」二字，尤其應注意，指的正是接觸的那一刻。當那一刻一過，通常人會對於接觸到的色塵進行辨識，也就是真鑑在此所說的「起念分別」，這時作用的便不是見性，而是眼識。此外，真鑑在本段文字中還值得留意的，是「餘可例知」與「聞等例此」二語。這兩句話語的用意，說明了本番經文本身的未盡之意。本來以下的經文，是專就眼根入手來交代見性，不過，既然「六根中性」是「同一陀那細識」，則認識到眼根中的見性以及其與眼識的不同，不就等同於認識到其他五根中的聞性、嗅性、嚐性、覺性與知性，以及它們與其他五識的不同之處嗎？

就真鑑以上所說來看，其先說明由眼根中見性入手優於其他五根的原因，其次介紹見性的內涵，並區別與眼識的不同之處，在在都可以看出其詮釋的焦點是集中在彰顯見性上。尤其是最後引用祖師的話語來提醒「學者當以細心甄別之」，甄別性與識的不同，用意還是為了彰顯出見性來。

而再進入到經文詮釋的部分來看。真鑑將本番經文區分為三科。雖然分為三科，每科的詮釋方向其實也都指向著要彰顯出見性來。首科的「一、雙舉法喻現前」（《卍續》18，頁 356），其內容是本番經文所關注的問題，即佛陀對阿難的提問：「阿難，汝先答我見光明拳。此拳光明因何所有？云何成拳？汝將誰見？」（《大正》19，頁 109）就佛陀的提問來看，共提出了三個問題，分別是拳之光明的來由、如何形成拳與以何而見。關於這三個問題，阿難分別作出了答覆：「阿難言：『由佛全體閻浮檀金赩如寶山清淨所生，故有光明。我實眼觀，五輪指端屈握示人，故有拳相。」（《大正》19，頁 109）在阿難分別答覆後，由佛陀進一步追問的問題，可以看出本番經文真正關心的主題究竟為何。佛陀的追問，並不是繼續上述的三個問題，而是將焦點集中在上述三個問題中的第三個「汝將誰見」上。這由阿難答覆後，佛陀追問的問題是「若無汝眼，不成汝見」（《大正》19，頁 109）這探究「見」的問題，即可看出。

既然焦點是在「汝將誰見」這個問題上，再回過來看真鑑的科文，將接下來的經文科為「二、辨定眼見是心」（《卍續》18，頁 356），就可以看出真鑑詮釋的重點，並不在於針對阿難眼見之誤進行遮遣，而是特重在要將「汝將誰見」的「誰」正面地加以抉發彰顯出來。因此，他會將本番經文最核心

的部分科為「二、辨定眼見是心」，用意便在於彰顯「誰見」的「誰」為「心」，而不是阿難所認為的「眼」。關於這最核心的一科，真鑑區分為三子科來進行詮釋。分別是「一、辨無眼有見，顯其不假眼緣」（《卍續》18，頁 356），「二、辨矚暗成見，顯其不假明緣」（《卍續》18，頁 357）與「三、辨見乃是心，顯其離緣獨立」（《卍續》18，頁 358）。如果單就真鑑這三子科的科文來看，可以看出每科的前半部分，包括「辨無眼有見」、「辨矚暗成見」與「辨見乃是心」，都是針對經文內容的概括提要，而後半部分的「顯其不假眼緣」、「顯其不假明緣」與「顯其離緣獨立」，則是將經文背後的用意彰顯出來。就真鑑連用三個「顯其」的作法來看，很明顯地將詮釋主軸集中在顯真的進路上。

接著再看進入經文詮釋的部分。首先是第一子科的「一、辨無眼有見，顯其不假眼緣」。關於這部分，真鑑的看法，認為是在針對阿難「我實眼觀」的謬見加以辨析，指出即便是無眼的盲人也能有見，以此來彰顯出見其實是「不假眼緣」。就這部分的經文來看，尚未明白言及本番經文所要揭示的核心重點——見性，不過，真鑑卻已在本科中特別針對「見性」大加發揮了一段議論。他說：

> 見性自結為根，便局肉眼，所謂聚見於眼。眾生浩劫迷己為物，但謂見性全屬肉眼，無上勝性反成劣相。略說其劣，有三不及前心：一者，有形。可見、可捉，不若識心不可見、不可捉摸也。二者，有礙。見前缺後，見障內不見障外，覯近限遠，不若識心前後、內外、遠近皆可緣也。三者，易壞。觸之即傷，不若前心卒難損壞也。以故眾生但認前心，而曾不覺此眼中之見為妙性也。今欲當機決定捨彼識心、認此見性，故須巧示，令知此見非眼，全不係眼而為有無，判然有離眼之體。是故但悟此見非關肉眼，則豁同虛空，無礙無邊。所謂常住妙明、不動周圓，無窮妙義從此而漸顯，方能迥超前心，而今（筆者案：當為「令」字）決取捨矣！以故此科持（筆者案：當為「特」字）辯無眼有見，而下科判其是心非眼也。（《卍續》18，頁 356～357）

真鑑的詮釋可以分為兩方面來看：一是就眾生「聚見於眼」這項誤認相較於識心的優劣之處加以說明。其次，是將本子科的用意與全番經文的用意相互結合來進行詮釋，指出本科「巧示」的目的在於「有離眼之體」。就第一方面

來看，眞鑑指出眾生「聚見於眼」、「但謂見性全屬肉眼」，是先明白說出眾生
認識的現況，而這現況即由經文中阿難的認識「我實眼觀」而來。而這樣的
認識，是因爲肉眼相較於眾生認爲是心的「識心」來說，眞鑑認爲，有三項
條件足以說明了肉眼的不足之處。他略微歸納了肉眼「有形」、「有礙」與「易
壞」的三項缺點。這三項缺點其實反襯出識心在這三方面的優越超出，才會
造成「眾生但認前心，而曾不覺此眼中之見爲妙性」的結果。關於眞鑑對於
這第一方面的詮釋，雖然費了一些筆墨在大談「其劣，有三不及前心」，其實，
眞正的用意是在「曾不覺此眼中之見爲妙性」，企圖點出眾生對於見性（眞）
的不覺，這是在爲第二方面的詮釋進行鋪路。而在第二方面，則是說明了本
科的主旨，是爲了成就全番經文所要揭示出來的「見性」。眞鑑指出本科的「巧
示」，是要使當機明白「此見非眼，全不係眼而爲有無」。既然無眼卻仍能有
見，則必定「判然有離眼之體」，由此而與全番經文的用意──「今欲當機決
定捨彼識心、認此見性」進行連結。因此，他認爲即便本科尚未彰顯出見性
來，只要能「悟此見非關肉眼」，一刀兩斷地切離了眼與見具有必然關係的誤
解，便能進一步向「豁同虛空，無礙無邊。所謂常住妙明、不動周圓，無窮
妙義從此而漸顯」的方向前進，連結到本番經文所要彰顯的見性來。由眞鑑
以上的詮釋來看，可以看出，他對本子科的詮釋，是爲了後文的顯出見性預
先進行鋪陳。

　　接著是第二子科「二、辨矚暗成見，顯其不假明緣」的詮釋。本子科的
詮釋，則是針對「阿難疑於覬暗非見」（《卍續》18，頁357）而發的。眞鑑認
爲，本科的經文辨析出「矚暗成見」，用意是要彰顯出見其實是「不假明緣」。
眞鑑在對於本科的詮釋中，是結合了前一子科來共同說明。他說：

> 上科示內不依根，此科示外不循塵。良以眾生既以迷己爲物，蕡然
> 與物無分，何但無眼即謂爲無見，而無明亦謂其無見矣！故此深明
> 其暗中無損於見也。（《卍續》18，頁357）

「上科示內不依根」，指的是前一子科所闡明的見「不假眼緣」，而本子科既
然「矚暗成見」，則可知見「不假明緣」，亦即在此所說的「此科示外不循塵」。
眞鑑接著所說的「眾生既以迷己爲物，蕡然與物無分」，其實正是說明了「內
不依根」與「外不循塵」這前後兩子科所要突顯出來的用意，便是要由「與
物無分」的糾纏中析出、彰顯出「己」來。這個「己」，既然不依根與塵，則
可知所謂的「物」，不僅僅是指涉了一切的外在，還包含了色身。眞鑑認爲前

後兩子科的經文，便是蘊含了要由色身與外在的糾纏中，析出、彰顯出「己」來。

經文詮釋至此，如果包含「十番顯見」之前「七番破處」時對於識的否決，則可說根、塵、識三者皆已被撥落，那麼，「汝將誰見」的「誰」既然不是根、塵、識三者，而且也超越了根、塵、識三者，則這個「誰」是否能有明確的指涉？能不能夠有一個正面的答案呢？這就得進入到「辨定眼見是心」的第三子科「三、辨見乃是心，顯其離緣獨立」中來探討。

第三子科「三、辨見乃是心，顯其離緣獨立」，就科名來看，明顯地指出了「見乃是心」，這是正面地揭示出了前二子科「顯其」中所未說出的「其」，以及「汝將誰見」的「誰」究竟為何。而「顯其離緣獨立」的「緣」，則是包含了前二子科所撥落的「眼緣」（根）與「明緣」（塵），其實，還包含了之前「七番破處」的「識心」（識），可謂超出根、塵、識三者之外，迥然獨立。而在經文詮釋的部分，眞鑑特別著重在本子科最後的經文「眼能顯色，如是見性，是心非眼」上。他說：

> 有眼得燈者，但借燈以顯色，而所以見者，決是眼而非燈。此能例之喻，人所共知。由是以例無眼得眼者，亦但借眼以顯色，而所以見者，決是心而非眼。此所例之法，人所未覺。聞經者極宜省悟於此，而認取見性為心矣！（《卍續》18，頁358）

雖然眞鑑在此同時說明了「能例之喻」與「所例之法」，不過，可以很明顯地看出，他要強調的，其實是「無眼得眼者，亦但借眼以顯色，而所以見者，決是心而非眼」這「所例之法」。由他所說的「此所例之法，人所未覺」，以及對於「聞經者」的極力勸認，認為「極宜省悟於此，而認取見性為心」，可以看出他將詮釋的方向歸結於此。在此特別值得留意的，是眞鑑雖然將詮釋重點集中在經文最後所說的「如是見性，是心非眼」上，而他對於「所例之法」的說明，也說「決是心而非眼」，不過，最後的結語卻不是就「是心」與「非眼」兩方面同時而論，而是單單突出「是心」的方面，強調要「認取見性為心」，可以看出其顯眞的進路十分清晰。

除了就本番經文來詮釋外，他還結合了「十番顯見」之前的經文發展，來突顯出經文的詮釋焦點，確確實實是歸結在此處的「是心」上。他在極力勸說「聞經者」之後，進一步發揮了顯眞主題在此的觀點。他說：

> 觀佛前呵識心，則曰「非心」；今薦見性，則曰「是心」，明以應阿

難眞心之求。但令知其離彼肉眼，不藉明塵，別有全性。所謂靈光
獨耀，迥脫根、塵。極顯其眞，何嘗破其爲妄乎？具眼者請深味之，
詳辯具在《懸示》。(《卍續》18，頁 358)

眞鑑以前文來與此處的經文進行對比。在前文中，當佛陀詢問阿難「以何爲
心當我拳耀」(《大正》19，頁 108)，阿難答以「即能推者我將爲心」(《大正》
19，頁 108) 時，佛陀直截了當地對阿難說「咄！阿難，此非汝心」(《大正》
19，頁 108)。而到了本處的經文中，佛陀則明白地說出「見性是心」。眞鑑認
爲，這正是爲了回應由經文開頭至此，阿難一直苦苦祈求，卻屢屢遭到否定
而捉摸不著的眞心。在本子科中，正是「極顯其眞」，給予阿難正面的答覆，
而這也正是正面地確立了顯眞的主題。他在此所說的「但令知其離彼肉眼，
不藉明塵」，指的正是前二子科經文的用意。在眞鑑看來，前二子科的鋪陳，
正是爲了歸結於本科的「別有全性」、「靈光獨耀，迥脫根、塵」。這種對於見
性重視的態度，倒與子璿「且示」的態度迥然不同。而眞鑑在將顯眞的詮釋
發揮到極致的同時，也不忘回頭質疑了《會解》的詮釋進路，認爲「何嘗破
其爲妄」，並說「具眼者請深味之，詳辯具在《懸示》」，提示讀者可以進一步
參閱他在《懸示》中的論證。關於這個部分，後面將有章節專門進行探討。

　　就眞鑑對於本番經文的詮釋來看，到此可說是已將顯眞的主題──「見
性」加以確立並且彰顯出來。不過，本番的經文卻並不是到此爲止，而是還
有第三部分的「三、未悟更希廣示」(《卍續》18，頁 358)。這部分經文的內
容，說明的是阿難與在場聽聞者「心未開悟」(《大正》19，頁 109)，仍期待
佛陀進一步闡述的情況，並未牽涉到義理的部分。然而，眞鑑在此的詮釋，
卻並不只是將情況重新說明而已，而是把握機會，加強其對於顯眞主題的確
立。首先是針對阿難與大眾「口已默然」(《大正》19，頁 109) 的反應，作出
三重解釋。他說：

一者，一向但知有眼方爲有見，無眼即爲無見。今驗盲人觀暗，始
知無眼有見，而此見與眼殊不相干。二者，一向但知見明方可成見，
見暗不得成見。今例有眼暗中，同於無眼之暗，始知見暗之時，誠
亦是見。三者，一向但知見惟是眼，不名爲心。今觀有眼得燈、無
眼得眼，皆但顯色，始知見乃是心，而此見精離彼肉眼別有自體，
誠異前心離塵無體矣！默然之中，反覆研味此意而已。(《卍續》18，
頁 358～359)

真鑑在此所做的解釋，其實，正是歸納了本番經文的重點，即前面科文所指出的：見不假眼緣、不假明緣，是離緣獨立的，是心而不是眼。可說是對於顯真進路與主題的確立重新強調一番。

除了重新強調顯真的進路與主題外，真鑑在第三部分的經文詮釋中，還為後文顯真主題的集中發明先行鋪路，使得顯真的進路能夠持續發展。這由他對於「口已默然」的下一句經文「心未開悟」的詮釋，即可看出。他說：

> 心未開悟者，未大開悟也。此中更有諸疑意，謂我之所求，因前緣心不寂、不常、非妙、非明，故別求寂、常、妙、明之心。今佛示我此見為心，雖知即心，不知此心亦具寂、常、妙、明等義否耶？末四句，皆意請如來宣示此義耳！按佛後文明示如來藏心，乃云常住、妙明、不動，於阿難之四義已同，而但加周圓一義，足成五義。當知此下於見性九番開示，乃所以答前四義而同後五義，足徵此見即是如來藏心。至文一一別示。（《卍續》18，頁359）

就真鑑的詮釋來看，可知他是將接下來的經文區分為九番。雖然區分為九番，主題卻都是集中在發明「見性」上，也就是在此所說的「此下於見性九番開示」。而既然在本番中已經說出「見性是心」，則很明顯地，對於見性的發揮，同時就是對於真心的發揮。他認為，阿難由經文開頭一直苦苦祈求，卻屢屢遭到否定而不知的真心，便是在即將開展的九番經文中得到了回應。關於後九番經文所彰顯的真心的意涵，將會在下一章中進行考察。

貳、顯真主題的集中發明
——由二番的「示見不動」至十番的「顯見離見」

前文已指出，真鑑在首番確立了顯真的主題——「見性」之後，還為後文的詮釋進行鋪路，將向下九番的經文，全都定位在對於見性的發明上。因此，後九番的詮釋工作，可稱之為「顯真主題的集中發明」。

首先是對於第二番經文的詮釋。真鑑將第二番的經文科為「二、示見不動」，意味著本番經文的用意，便是在正面地彰顯見性具有不動的特質。他將本番經文區分為三科，分別是「一、辯定客塵二字」（《卍續》18，頁359）、「二、正以顯見不動」（《卍續》18，頁360）與「三、普責自取流轉」（《卍續》18，頁362）。僅就科名來看，可以看出全番的核心在於「二、正以顯見不動」。不過，真鑑的詮釋，並不僅是依據經文所說的內容照樣說明而已。在「一、辯

定客塵二字」中，雖然主題是談論「客塵」二字，其實，眞鑑詮釋的焦點已鎖定在見性上。他在對於本番經文開頭，佛陀詢問大眾當初「因何開悟」（《大正》19，頁 109）時的詮釋，便已經指出「此中客、塵但喻身境及緣身境之心，主、空俱喻見性」（《卍續》18，頁 359）。而在全番核心的「二、正以顯見不動」，就經文本身而言，可以明顯地看出講述的焦點是集中在見性上。如佛陀對阿難所言「佛手不住，而我見性尚無有靜，誰爲無住」（《大正》19，頁 109），以及「我頭自動，而我見性尚無有止，誰爲搖動」（《大正》19，頁 109），分別以兩次「如是」加以印可，即可得知。不過，雖然如此，眞鑑的詮釋卻不僅是就經文加以分析而已，他特別就經文中與見性相對而言的佛手及阿難的頭加以發揮，指出本番見性的不動，分別是就外境與內身而言。「佛手不住」的部分，是「對外境以顯不動」（《卍續》18，頁 360），眞鑑特別發明說：

> 當知此中但舉佛手爲一切外境之例。既知佛手開合與此見性無干，則凡一切萬相及諸世界，任其紛亂動止，皆與見性無干矣！若人於萬相中，忽然覷見此不動之性常恒不昧，何至爲境所奪？妙之至也。（《卍續》18，頁 361）

而在阿難「我頭自動」的部分，則是「就內身以顯不動」（《卍續》18，頁 361）。眞鑑也特別發明說：

> 當知此中但取頭搖爲發悟之端。既知頭動而見恒不動，則凡此身往來千里萬里，乃至恒沙世界死此生彼，而此見性常如虛空，無所動也。若人悟此恒常，不隨身轉，則日用中行住坐臥，皆在自性定中。誌公云「不起絲毫修學心，無相光中常自在」者，此也。其與閉目想空、自墮法塵之影者，天淵懸絕矣。（《卍續》18，頁 361～362）

這兩層意思，在對於本番第三科「三、普責自取流轉」的經文「遺失眞性，顛倒行事」（《大正》19，頁 110）的詮釋中，也再次強調。眞鑑說：

> 認妄遺眞，事事顛倒。非惟世間事業，縱使種種修行，皆名顛倒。以其動執身境，靜依法塵。依法塵者，還同身境，曾不覺知本有天然不動之見性也。（《卍續》18，頁 363）

雖然在此對於「顛倒行事」有所說明，除了指出是前文所說的「動執身境」外，眞鑑還自行深入發揮，指出「靜依法塵」也是顛倒，不過，眞正要強調的重點，還是歸結在「曾不覺知本有天然不動之見性」上。這專就「見性」發明的詮釋，一直持續到對本番最後一句經文「自取流轉」的說明。眞鑑說：

末句責其自取者，言非有魔驅、鬼制，但由自棄不動之本性，自取
流轉之身境而已。嘗謂：繞學道者便知覓主人翁，却乃多認攀緣不
住之客，而不知目前朗然常住之見性方是真主人翁；繞聞般若者便
說真空，却乃閉目懸想搖動之法塵，而不知目前廓然不動之見性正
是真空。快哉！法王之妙示。行人於此宜當反覆體認，必有豁然時
節，始信孤負本有，久矣！（《卍續》18，頁363）

在此總結了見性的不動，不只是離於對外境「攀緣不住」的「朗然常住」，同
時也是離於對內身「閉目懸想」的「廓然不動」，可謂「動靜雙離」的真不動。
除了解釋經文外，真鑑還特別叮嚀讀者「宜當反覆體認」這「本有」。可見不
論是在理論或是實踐上，其詮釋都是集中在發明見性上。

　　除了在詮釋時將焦點集中在見性外，對於本番經文並非直接作「見性」
之處，真鑑也特別予以指出是「見性」。如在詮釋「遺失真性」一句時，特別
指出「真性，即指不動之見性」（《卍續》18，頁363）即是。

　　接著是對第三番經文的詮釋。第三番的經文，真鑑科爲「顯見不滅」，意
味著本番經文是要正面地彰顯出見性具有不滅的特質。關於本番的經文，真
鑑科分爲三部分，分別是「一、會眾領悟更請」（《卍續》18，頁365）、「二、
如來徵顯不滅」（《卍續》18，頁366）與「三、王等極爲喜慶。」（《卍續》18，
頁369）。首先是「一、會眾領悟更請」，這部分敘述的是本番經文所關心的問
題，包括了阿難與大眾的「願聞如來顯出身心真妄、虛實、現前生滅與不生
滅二發明性」（《大正》19，頁110），以及波斯匿王的「云何發揮證知此心不
生滅地」（《大正》19，頁110）。就經文來看，關心的是「身心」與「此心」，
明顯地焦點是在「心」上，不過，真鑑在詮釋時，特別指明這所問的「心」，
其實就是指見性。這由他在阿難與大眾「願聞」一句的經文下，特地說「心
即指前見性」（《卍續》18，頁365），以及在波斯匿王問「云何發揮」一句的
經文下，也特別註明說「此心即指見性」（《卍續》18，頁366），即可看出。
而在本番的核心「二、如來徵顯不滅」的部分，真鑑又區分爲三子科，分別
是「一、顯身有變」（《卍續》18，頁366）、「二、指見無變」（《卍續》18，頁
367）與「三、正申二性」（《卍續》18，頁368），重點在後二子科。雖然如此，
真鑑在「一、顯身有變」的最後，便已經提及了即將要發揮的見性。他說：「此
雖如來令其詳敘肉身念念遷謝之相，將欲顯後見性全無遷謝」（《卍續》18，
頁367），已先預示了經文的主旨在於「顯後見性全無遷謝」。而到了「二、指

見無變」一科中，眞鑑除了在科文下，說明經文的用意是「欲因所見之水不
異，引顯能見之性不變」（《卍續》18，頁 368），以及特別強調「能見即根中
見性」（《卍續》18，頁 368）外，還在經文佛陀問波斯匿王「觀河之見有童耄
否」（《大正》19，頁 110），波斯匿王答以「不也！世尊」（《大正》19，頁 110）
下，專就見性不變發揮了一段論議。他說：

> 問：約老而聰明不衰者可說不變，然多有老眼昏暗者，則何通之？
>
> 答：自是眼暗，非關見性。若但論眼，則固有少而昏盲者，何待老
> 來？且前指見科中，已有盲人矚暗之喻。彼許全見黑暗亦無損於見
> 體，豈止昏華乎？當知此中但是就匿王不病之眼，以驗見性不變而
> 已，非說肉眼能不變也。豈可故取病眼爲難乎？（《卍續》18，頁
> 368）

這是特別強調本處所論，是在藉由肉眼來省悟見性不變，並不是要說明肉眼
能夠不變。因此，問題中的「老眼昏暗」，眞鑑澄清說，其實是無關乎年齡，
「固有少而昏盲者」，這都是就肉眼而言。然而，在首番經文中的「盲人矚暗
之喻」，已經明白指出了即便「全見黑暗」也仍是見，更何況只是「昏華」而
已？「自是眼暗，非關見性」，點出了見性是超越了會變化的肉眼，並不隨著
肉眼的生滅而有所改變。「三、正申二性」，則是以「因皺以分變與不變」（《卍
續》18，頁 368）與「因變以分滅與不滅」（《卍續》18，頁 368），來明白地
總結出全番經文「既因身之衰變而預知身之必滅，何不因見之不變而預知此
見死後必不滅」（《卍續》18，頁 368～369），彰顯見性實無生滅的主旨。

到了第四番經文，眞鑑科爲「顯見不失」（《卍續》18，頁 369），意味著
本番的重點，在於正面彰顯出見性是沒有遺失與否的問題。在本番的詮釋中，
眞鑑在對一開始時阿難提問的「若此見聞必不生滅」（《大正》19，頁 110）的
說明，便已特別強調「上惟舉見，此復兼聞，足顯佛言隨便。其實四性六精，
俱攝見性之中矣」（《卍續》18，頁 370）。這既說明了本番是以見性作爲說明
的主題，又說明了雖然只是專就見性發揮，其實，四性（見、聞、覺、知四
性）與六精（六根之精明）都含括在其中。接著，則就本番大意加以解說，
指出「但因顛倒而說遺失，非因斷滅而說遺失也，可見非眞遺失。故通章全
示顛倒不失之相」（《卍續》18，頁 370）。關於本番經文，眞鑑分爲「一、阿
難因悟反疑前語」（《卍續》18，頁 369）與「二、如來發明因倒說失」（《卍續》
18，頁 370）兩部分。「一、阿難因悟反疑前語」一科，指的是阿難在本番的

提問，而本番除此提問之外的全部，則都含括在「二、如來發明因倒說失」中，可以說，重點全在於此。而對於本番這「如來發明」的全部經文，真鑑明白地指出其內容是「因倒說失」。就這點來看，顯然真鑑也清楚經文的內容主要是在談論「倒」與「失」的關係。然而，在對全番大意的解說時，真鑑除了指出這「發明因倒說失」的內容，是「但因顛倒而說遺失，非因斷滅而說遺失」之外，還更進一步發揮說「可見非真遺失」與「通章全示顛倒不失之相」。這既回應了阿難提問中關注的主題——「見聞」，同時，也將經文內容加以提煉，集中在發明見性上。此外，在細部的經文詮釋中，真鑑也不忘把握機會發揮其對於見性的看法。他在對經文「聚緣內搖」（《大正》19，頁110）的詮釋中，特別設問，就見性與真妄的問題作出澄清。他說：

> 問：前謂見性是八識實體，今復以聚緣為八識功能，得失何分哉？

> 答：此識真妄和合，故見性取其一分真理，聚緣取其一分妄情。凡
> 言八識去後來先等者，皆以妄情言耳！後倣此。（《卍續》18，頁374）

就本段落的經文而言，談論的主題是「誤認心性」（《卍續》18，頁373）的經過，不過，真鑑所關心的，還是在見性上。他澄清說，在前面的詮釋中，雖然說見性是「八識實體」，而在此誤認妄心的過程中，則將「聚緣」解釋為「八識功能」，如此一來，見性究竟是真或是妄，似乎有所混淆。其實，關鍵是在於八識是「真妄和合」，有真的成分，也有妄的成分。而見性是就其「真」的部分而言，因此才會說是八識的「實體」。其實，這「實體」是並不受到作為「八識功能」的「聚緣」所影響的。

第五番的經文，真鑑科為「顯見無還」（《卍續》18，頁375），意味著本番經文的主旨，在於正面彰顯出見性沒有去來的問題。在尚未進入經文詮釋之前，真鑑便先就經文是在彰顯見性，而非破斥一事略加提示。他說：

> 自上科觀之，佛之開示，可謂盡心吐露矣！特阿難未能極領，種種
> 疑之，故有下文諸科。向使於見性略有破意，是助其疑矣！更肯領
> 之乎？破妄見之言，足知其非是也。（《卍續》18，頁375）

這其實就是再次強調自己顯真進路的正確性，並且不忘破斥《會解》破妄進路之誤。關於本番經文，真鑑區分為四個部分，核心在於「二、如來破顯二心」（《卍續》18，頁376）。在「二、如來破顯二心」的科文下，真鑑先將破與顯的對象指明，「破，謂破緣心；顯，謂顯見性也」（《卍續》18，頁376），明顯地指出「顯見性」才是本科經文的目的。接著在本科下的「一、破緣心

有還」(《卍續》18，頁 376) 中，對於「掌亭人都無所去，名為亭主」(《大正》
19，頁 111) 一喻的詮釋，說「此雖但以反顯緣心非主，而實即以見性為主人
也」(《卍續》18，頁 377)，說明了用意還是在於彰顯見性。而在進入到核心
中的核心「二、顯本心無還」(《卍續》18，頁 378) 一科中，真鑑依阿難之問
與佛陀之答加以區分，而佛陀回答的部分，則進一步分為「一、指喻見精切
真」(《卍續》18，頁 378)、「二、許示無還之旨」(《卍續》18，頁 379)、「三、
備彰八相皆還」(《卍續》18，頁 379) 與「四、獨顯見性無還」(《卍續》18，
頁 380)。僅就科文來看，即可得知真鑑認為本番經文的重點，是歸結於「獨
顯見性無還」。而在這過程中，真鑑還針對相關的問題特別發明。首先，在「一、
指喻見精切真」中，真鑑認為前人的詮釋有「發妄太過」(《卍續》18，頁 379)
之弊，「殊妨領悟，徒引人之猶豫，不敢直認見性為心，其失非小」(《卍續》
18，頁 379)，而發揮了一段論議。關於真鑑論議的內容，留待下文「第三節　真
鑑對於《會解》破妄進路之辯破」時，再進行探討。在此至少可以知道，在
對於顯真主題的集中發明中，真鑑確實是一直扣緊了「直認見性為心」的主
題。其次，在「三、備彰八相皆還」的科文下，真鑑針對前人將本番經文稱
為「八還辯見」提出不同的看法。他說：

> 舊將八還辯見對前七處徵心……而又獨以此八還為辨見……尤為孟
> 浪之語。前後十番皆示見性，而獨指八還，餘皆辯於何法乎？……
> 今總改之云「七處破心」、「十番顯見」，則非惟法數相稱，而心妄見
> 真之旨亦攸分矣！(《卍續》18，頁 379)

真鑑認為前人提出「八還辯見」，獨指八還為辨見的說法，遺漏了八還前後經
文的用意。因此，他重新科判，改為「十番顯見」，意味著八還與其前後的經
文，計共十番，用意是「皆示見性」。在此除了突顯出主題在於「見性」外，
還應留意的，是真鑑改用「顯見」，而不襲用前人「辨見」或是「辯見」的說
法。就前人的說法來看，不論是「辨見」或是「辯見」，其實都意味著經文是
在探討見的真妄。然而，在真鑑看來，這樣的說法大大地錯誤。他認為，雖
然經文或許也曾談論到「妄」的部分，不過，就經文的主旨而言，則只有「真」
存在的餘地，「妄」的探討出現，其實只是為了「真」的目的彰顯而存在，沒
有獨立存在的意義與空間。因此，他改用「顯見」而不用「辨見」或是「辯
見」，認為如此才能真正使經文的主旨豁顯出來。這一字之差，展現的正是他
一貫而下的、「顯真」的詮釋進路。除了在科文下發揮外，真鑑還在這主要是

在彰顯「八相皆還」的部分中，特別指出這「八相皆還」只是用來對顯出見性的不還。他說：「蓋八種俱取塵相有還，對顯見性不與塵而俱還，離塵別有全性。所以異前大科中緣心與塵俱還，離塵無性也。」（《卍續》18，頁 380）而在「二、顯本心無還」一科中歸結的重點「四、獨顯見性無還」，真鑑更特別針對見性無還的特質加以闡述。他先就經文「汝見八種見精明性當欲誰還」（《大正》19，頁 111）的意思解釋，他說：

> 見亦言八種者，由前列八相時，一一相中皆須對於見性。若無見性，憑誰取相乎？故見亦隨相而言八種矣！當欲誰還者，言見性於此八相之中，畢竟與何相而俱還乎？（《卍續》18，頁 380～381）

真鑑在此對於「汝見八種見精明性」的詮釋，頗值得商榷。依真鑑的詮釋，「見亦言八種」，是因為「隨相」，意即因為前文言及八相，所以也作八種來詮釋。就真鑑的說法，是將「汝見八種」的「見」當作名詞來解釋。然而，這樣的語法，似乎頗不常見，同時，也與連貫而下的「見精明性」不易銜接。此外，因為言及八相而說見有八種，則言及萬法時，是否又該說見有萬種呢？則見究竟該有幾種？而這樣的說法，是否又會與下番經文中所說的「諸物類自有差別，見性無殊」（《大正》19，頁 111）相互矛盾呢？關於這個問題，其實，關鍵在於應該將「汝見八種」的「見」視為動詞。如此一來，既合於前文言及的看見八相，同時，也能合於語法，意味著「汝看見八種的見精明性」，這不涉及數量問題的「見性」「當欲誰還」。接著則是對於經文「何以故？若還於明，則不明時無復見暗。雖明暗等種種差別，見無差別」（《大正》19，頁111）的詮釋。真鑑說：

> 明其實無還也。蓋與一相俱還者，諸相復將何見？今諸相任遷，一一皆見，足知八塵於見性之中自相往來、自相凌奪，而此見體朗然常住，不動、不遷，豈同前來緣塵之心與塵俱還乎？（《卍續》18，頁 381）

這說明的是見性並不受到變化之相的影響，而是「朗然常住，不動、不遷」，沒有「與塵俱還」的問題，其實就是「無還」。本番彰顯見性無還的工作，其實到此可說完成。不過，對在最後結尾的經文「則知汝心本妙明淨」（《大正》19，頁 111）的詮釋時，真鑑不忘再次強調「心即見性」（《卍續》18，頁 381）。這說明了真鑑在詮釋的過程中，可能擔心讀者見到經文言「心」，而忘記其實就是在談論「見性」。因此，在後九番對於顯真主題集中發明的過程中，不斷

地隨處重覆提醒讀者，後九番經文的開展，其實都是由首番所確立的「見性是心」而來，不能忘記焦點在於這明白指出的「見性」。

到了第六番的經文，真鑑科為「顯見不雜」（《卍續》18，頁 381），意味著本番經文的主旨，在於正面地彰顯出見性不混雜於諸物之中。關於本番經文，真鑑大分為兩部分，分別是「一、阿難以物見混雜疑自性」（《卍續》18，頁 381）與「二、如來以物見分明顯自性」（《卍續》18，頁 381）。在「一、阿難以物見混雜疑自性」的部分，主要說明的是本番經文所面臨到的問題，即阿難所問的「我雖識此見性無還，云何得知是我真性」（《大正》19，頁 111）。真鑑結合了前番經文來說明阿難所問的焦點。他說：

> 此疑蓋謂承佛上示，雖知此見不與諸相俱還，而實常與水陸空行等
> 物混雜無分。今於諸物之中，將辯何者是我見性，何者是物相乎？
> 言其不可分析也。由此問意詳下答意，自然應合。分明只重我字，
> 不重真字，故吳興之解非是。（《卍續》18，頁 381）

就真鑑所說來看，這對於問題特別說明的舉動，是具有十分的必要性。因為前人對於阿難提問的理解，認為重點是要探討關於見性為真為妄的問題，也就是真鑑在此所說的「重真字」。然而，真鑑卻認為阿難提問要探究的是「我」字，亦即關心的是如何才能得知是「我」真性。真鑑理解的思路，一方面是延續前番經文的內容而言，也就是在此所說的「承佛上示，雖知此見不與諸相俱還」，另一方面，則是以後文談論的內容來反推，亦即在此所說的「實常與水陸空行等物混雜無分。今於諸物之中，將辯何者是我見性，何者是物相乎？言其不可分析也」。就真鑑以「問意」與「答意」相互「應合」的方式所作出的詮釋來看，顯然較為符合經文的用意，而這項澄清，也影響到本番在探討見性時的理解。接著是「二、如來以物見分明顯自性」的部分，這部分是本番顯見的重點所在。既然問題是認為見性與諸物有所混雜，則要彰顯的，自然是由這看似混雜的情況中，析出其實不雜的見性。真鑑將這第二部分區分為四個子科，分別是「一、先列能所」（《卍續》18，頁 381）、「二、就中揀擇」（《卍續》18，頁 382）、「三、物見分明」（《卍續》18，頁 383）與「四、責疑自性」（《卍續》18，頁 385）。由這四子科的科文來看，可以看出，真鑑認為這部分經文說明的是，佛陀對於阿難提問的處理，是先將能與所區別出來，接著則進行揀擇，使得物與見性的區別分明，最後則是對於阿難疑惑的責難。而在進入到經文的詮釋中，則是對於這顯真進路的細部發揮。首先是

「一、先列能所」。在科文下，眞鑑說明本科的用意，是「欲與揀擇分析，先須列下能見之性與所見之物，然後乃可於中擇而分之也」（《卍續》18，頁 381）。因此他將本科經文區分爲「一、列能見之性」（《卍續》18，頁 381）與「二、列所見之物」（《卍續》18，頁 382）。在「一、列能見之性」中，他特別指出，雖然依經文所言，可以有「聲聞見」（《卍續》18，頁 382）、「菩薩見」（《卍續》18，頁 382）與「如來見」（《卍續》18，頁 382）等「聖眾見」（《卍續》18，頁 382），以及眾生的「凡品見」等不同之見，不過，經文的用意，並不在於強調不同，而是在於「言見量雖殊，均爲能見之性而已」（《卍續》18，頁 382），強調見性無異。而這便銜接到「二、就中揀擇」所說的「汝應於此分別自他」（《大正》19，頁 111）。在對這句經文的詮釋中，眞鑑特別說明「自即見性」（《卍續》18，頁 382）。這說明了所謂「揀擇」，是要在物與見混雜的情況中，將見性揀出，彰顯出見性的離塵，不雜諸物。而實際的揀擇過程，則是在「三、物見分明」中。這部分是本番的核心，眞鑑將其分爲「一、正言物不是見」（《卍續》18，頁 383）、「二、正言見不是物」（《卍續》18，頁 383）、「三、反辯見不是物」（《卍續》18，頁 383）與「四、反辯物不是見」（《卍續》18，頁 385）四個單元。在「一、正言物不是見」中，經文本身所說的，都是「物」與「汝」的對比。如「是物非汝」（《大正》19，頁 111）、「亦物非汝」（《大正》19，頁 111）與「咸物非汝」（《大正》19，頁 111）。對此，眞鑑特別指出「汝字對物，即見性也」（《卍續》18，頁 383），將見性明指出來。到了「二、正言見不是物」，眞鑑則就見性不雜加以發揮。他說：

> 此科仍於諸物之中擇出見性，顯然非物，故此科是正言見不是物也。然分擇之法，亦惟約於有無差殊而揀別耳！蓋諸物羅列於見性之中者千態萬狀，是有差殊；見性徧見於諸物之上者朗然一照，是無差殊。然此無差殊之體，何嘗混雜於有差殊之物相乎？故結言「誠汝見性」，而不是物也。（《卍續》18，頁 383）

眞鑑先說明本科所進行的揀擇，是由諸物之中揀出見性，而其方法，則是就「有無差殊」來區別。接著則詳細闡述諸物「有差殊」的「千態萬狀」，以對顯出見性並不隨之而變，而是「徧見於諸物之上」。而這「無差殊」的特質，正彰顯出見性的不雜於諸物。就這前兩個單元來看，其實已經正面地將本番的主旨彰顯出來，接下來的單元，則只是就反面來論說。因此，眞鑑將前兩個單元科爲「正言」，而接下來的兩個單元則爲「反辯」，說明後二單元是「反

證於見性之非物」（《卍續》18，頁384）。雖然只是「反證」，眞鑑的詮釋，卻也對於見性有所發揮。如他說：

> 正當見物之時，見性爲我能見之體，諸物是彼所見之相。及至不見物時，則見性爲我能不見之體，諸物是彼所不見之相。（《卍續》18，頁384）

這不只說明了見性不雜於諸物，更彰顯出即便無物，見性仍舊是「朗然一照」，離塵獨立。因此，便歸結到最後所說的「汝見性雖周徧一切諸物，有情、無情，判然迥別，何至混成諸物而非汝之自性耶」（《卍續》18，頁385）這「顯見不雜」的主旨。

到了第七番經文，眞鑑科爲「顯見無礙」（《卍續》18，頁385），意味著本番是要彰顯出見性不因外物的障礙而有所影響。他在科文下，特別交代了本科存在的原因。他說：

> 無還、不雜二科已示其必爲自性，而不雜科中兼明體之周徧，遂復疑之，以爲眞性當有定體，何無一定周徧眞我？應得自在，何乃動被物礙？佛釋斯疑，故有此科無礙之示也。（《卍續》18，頁385）

由眞鑑所說，可知本科是承襲前文的結論而提出的問題。所謂前文的結論，一項是「無還、不雜二科已示其必爲自性」，另一項則是「不雜科中兼明體之周徧」。這兩項結論所引伸出來的問題，即既然這周徧的見性是我，又如何會在實際的感受中卻是「動被物礙」？似乎不是眞的周徧。眞鑑認爲本番要處理的，便是這個問題。關於本番，眞鑑大分爲兩科，分別是「一、阿難疑見不定而有礙」（《卍續》18，頁385），本科敘述的是阿難以「徧與不徧兩種見量」（《卍續》18，頁386）來提出對於「見性周徧」的質疑。眞鑑在詮釋中所說的「見量」，其實在某種程度上，已說明阿難的誤認。其次則是「二、如來各出其由而教之」（《卍續》18，頁386），本大科則是本番的重點所在。關於這部分，眞鑑先概分爲兩科，分別是「一、總示大略」（《卍續》18，頁386）與「二、詳與釋教」（《卍續》18，頁387）。在「一、總示大略」中，是先揭示出大意。大意有二：一是「明不定但由於物」（《卍續》18，頁386），這是指出阿難見量徧與不徧的原因所在。二是「明見本不因礙而有縮有斷，則見體畢竟非物之能礙」（《卍續》18，頁386～387），這部分則是標舉出本番的主題，指出見本無礙。「一、總示大略」後，則是「二、詳與釋教」，詳細地闡述「一、總示大略」中的義理。所謂「釋」，是指「出其元由」（《卍續》18，

頁387），包含在「喻塵教忘」一科中。而「教」，則是「授以解脫方法」（《卍續》18，頁 387），包含在「斥謬教轉」一科中。關於「喻塵教忘」一科，眞鑑指出本科的用意，是在「以喻明塵，即所以出其不定由塵，而教其忘塵即解脫矣！」（《卍續》18，頁387）這部分可說是對於「一、總示大略」中的「明不定但由於物」的具體闡述。在這部分中，雖然經文全是譬喻，不過，眞鑑在詮釋時，特別將與譬喻相應的法義明白揭示出來。他說：

> 法中云：欲令入無大小，但忘界室，不應說言更除見性大小之相。
> 何以故？見性本無大小，大小但由於塵。塵忘，而大小泯矣！見性更何所除乎？（《卍續》18，頁 387）

眞鑑在此明白地就顯見的主題——見性加以發揮，指出見性並不因塵而有小大的變化，而是「本無大小」。既然如此，又如何會形成障礙的感受呢？在「斥謬教轉」中，眞鑑也特別說明了這種迷惑的形成過程，並指出迷惑的關鍵所在。他說：

> 此迷四重：一迷物，二失心，三被轉，四成礙。意明見本不可礙而物本不能礙，然眾生畢竟成礙者，非由物礙而有縮有斷，但由無始不達萬物皆己而迷己爲物，遂失萬物一體之本心。物既不屬於自心，則非惟不隨心轉，而反以轉心。是故動爲物礙而觀大觀小，皆無自由分也。……可見成礙之由，正在自迷而爲物轉耳！豈由縮斷而然乎？（《卍續》18，頁 388）

這部分可說是對於「一、總示大略」中的「明見本不因礙而有縮有斷，則見體畢竟非物之能礙」的詳細說明。雖然迷惑的過程，眞鑑區分爲「四重」：一迷物，二失心，三被轉，四成礙，不過，關鍵卻只有一項，那就是「自迷而爲物轉」。要改變這種情況，就必須有具體的解脫方法。就這部分而言，眞鑑大加發揮，將本番所提及的「忘塵」與「轉物」，以體用來區分爲「體無礙」與「用無礙」，彰顯出本番「顯見無礙」的層次。先是「體無礙」的部分，在「喻塵教忘」的最後，眞鑑特別發揮了「忘塵功夫」。他說：

> 忘塵功夫，在起行因中但是觀想，亦惟達界室本空，頓息執持，非更想空。縱觀純熟，心地豁然，泯身空廓，不見界室，始是似無礙，非眞也。然此處最難透過。若取著之以爲極致，墮一色邊，不復更開矣！直待觀行功極，色陰消盡，十方洞開，無復幽暗，身界內外影相方明，如見掌果，方是眞無礙也。此即入位果中。至此，即大

小等惑，永不起矣！然亦但是體無礙，非用無礙。大用無礙，更在
下科。（《卍續》18，頁 387〜388）

眞鑑在此特別提醒，忘塵功夫的無礙，有似無礙與眞無礙的區別。所謂似無
礙，指的是藉由觀想，達到「泯身空廓，不見界室」，似乎不受到空間大小的
影響。眞鑑強調這樣的無礙「非眞」，是因爲雖然看似不受空間大小的影響，
畢竟背後仍存在著空間的預設，他認爲「此處最難透過」。如果以爲如此便是
無礙而加以取著，則無法達到眞正的無礙，必須「色陰消盡」，才是眞正的無
礙。這樣的無礙，還只是「體無礙」，也就是他對於經文「身心圓明，不動道
場」（《大正》19，頁 111）所科的「體自在」（《卍續》18，頁 388），所謂的「萬
物一體，圓而不偏，達物皆己，明而不昧，身若虛空，心安如海，萬物皆在
身心之中」（《卍續》18，頁 388），即「身心即法界之道場」（《卍續》18，頁
388〜389）。至於「轉物」的「用無礙」，則在「斥謬教轉」中。關於「轉物」，
眞鑑的詮釋是：

　　轉物者，即以小攝大，以大入小，小中現大，大中現小等，諸玄門
　　妙用也。蓋十玄門惟佛究竟，故能此即同如來矣！其惟直顯無障礙
　　之大用。（《卍續》18，頁 388）

眞鑑指出，這同於如來的「轉物」，說的就是華嚴十玄門中的種種妙用，如以
小攝大、以大入小、小中現大、大中現小等即是。就這部分的經文而言，眞
鑑認爲，這是直接彰顯出見性無礙的大用。而對此的具體發揮，則在對於本
番最後經文「於一毛端，遍能含受十方國土」（《大正》19，頁 111）的詮釋中。
眞鑑說：

　　毛端含十方，即小攝大。十方在毛端，即大入小。毛中看國而國不
　　小，即小中現大。國外觀毛而毛不大，即大中現小。此即事事無礙
　　法界，十玄門中，廣狹自在無礙門也。（《卍續》18，頁 389）

眞鑑認爲，經文「於一毛端，遍能含受十方國土」，說的正是前文「轉物」的
以小攝大、以大入小、小中現大、大中現小等華嚴十玄門中的「廣狹自在無
礙門」，也是華嚴四法界中的「事事無礙法界」。這是對於「轉物」的實際而
具體的說明，是在作用上的無礙。此外，眞鑑還進一步發揮轉物深於忘塵境
界。他說：

　　又此較前忘塵境界更是甚深。彼方圓照，此則圓用。蓋照、用具足
　　圓融，亦性能之極致矣乎！又若未得斯義，豈惟見局一界不成周徧？

> 雖見百千界，亦非周徧。何以故？以有分限故，以不能於諸法通融
> 互見故。若得斯義，則非惟一室之小不礙周徧，雖一毛端，亦不礙
> 於周徧。何以故？以無分限故，以即於一毛端見徹十方國土故。一
> 一毛端，一一塵中，無不皆然。嗚呼！深哉！見性之妙，無以加矣！
> （《卍續》18，頁 389）

就眞鑑看來，達到忘塵境界時，見性還只是成就了「圓照」，也就是前文所說
的「色陰消盡，十方洞開，無復幽暗，身界內外影相方明，如見掌果」，這只
能算是體上的無礙，還未達到作用上的無礙。必須要能轉物，才是眞正作用
上的無礙，也就是所謂的「圓用」。這「照、用具足圓融」，才是將見性的本
能眞正發揮到達極致的境界。眞鑑認爲，如果未能達到這種「諸法通融互見」
的事事無礙境界，即便所見再廣，仍不是眞正體悟到見性的周遍，因爲背後
其實仍存在著分別的界限。相反地，若能「諸法通融互見」，即使於一毛之小、
一塵之微，也能「見徹十方國土」，這便是因爲已經不存在分別的界限，而眞
正達到作用上的無礙。就眞鑑最後所讚嘆的「嗚呼！深哉！見性之妙，無以
加矣」而言，可以看出，眞鑑認爲對於顯眞主題——見性的發明，至此可說
已經發揮到了極致。

　　既然關於見性的發明已經到了極致，則接下來第八、九與十番的經文，
還要發明何種意義呢？眞鑑將第八番科爲「顯見不分」（《卍續》18，頁 389），
意味著本番是要正面彰顯出見性是與萬法混融不分。對此，他在科文下，先
發揮了一大段論議。他說：

> 夫見性量括十方，體含萬法，其與萬法非即、非離。惟其非即也，
> 故能靈光獨耀，迥脫根塵，身界無干，生死不繫。眾生不達斯義，
> 則混淆眞妄，沉溺輪迴。既無智以自分，終何由而得脫乎？惟其非
> 離也，故能塵剎混融，萬物一體，用彌法界，存泯自由。眾生未達
> 斯義，則沉冥滯寂，灰斷纏空。既自昧其家珍，亦何由而能用乎？
> （《卍續》18，頁 389）

眞鑑這段對於見性的發揮，是就其與萬法的關係而論的，指出見性雖然「體
含萬法」，雙方的關係卻並不是等同的，而是「非即、非離」。所謂「非即」
的關係，說明的是見性是不受根塵、身界及生死等的染污與繫縛，始終是「靈
光獨耀」。會對於這「不即」關係的說明，則是針對眾生因爲無法了悟這層關
係，而造成「混淆眞妄，沈溺輪迴」的後果而發的。因此，對於「不即」關

係的宣說，用意便在於眞鑑末句所說的「何由而得脫」。亦即要由原本「混淆眞妄」的情況中，超脫根塵、身界與生死等的繫縛，就必須先了悟這見性與萬法「不即」的關係。既然「不即」，則見性便朗然獨立出來。然而，雖然了悟了「不即」，見性與萬法的關係卻似乎是相互對立的，如果僅停留在這層認識上，則將造成「沉冥滯寂，灰斷纏空」，見性的全體大用並無法發揮。換言之，見性自是見性，萬法自是萬法，見性並無法自由地運用萬法。因此，還必須了悟見性與萬法「不離」的關係，才能「塵刹混融，萬物一體，用彌法界，存泯自由」，眞正發揮其作用。就這點來看，似乎本番開始要論的，便是這見性與萬法的混融。然而，這在第七番最後的「用自在」中，不是已經發揮了嗎？對此，眞鑑特別解釋其不同之處，以及本番名爲「不分」的眞正用意。他說：

> 今此不分之科，乃約不離義泯妄合眞，以顯泯乎與物混融之妙。雖不失科與無礙之後半辭義亦融，非今不分之正義矣！……（難云：既與物不分，即成萬物是見，何得文中又言無是見乎？答：文殊喻中明言有是則成二體，不得成一體矣！要須無是無非，方成一體之妙。蓋一體即是不分。當知不分者，是非雙絕之旨也。）（《卍續》18，頁389～390）

眞鑑解釋說，雖然本番「顯見不分」，是針對「不離」義來彰顯出見性的「與物混融之妙」，重在「泯妄合眞」，似乎與第四番「顯見不失」以及第七番「顯見無礙」後半部份經文所說的內容相合，不過，他特別強調「非今不分之正義」。換言之，「不分」雖然也說明了見性與萬法的混融，不過，尚有特別要宣說的重點，這重點，便在眞鑑自設難問的最後所說的「當知不分者，是非雙絕之旨」。眞鑑在此設問說「既與物不分，即成萬物是見，何得文中又言無是見」，這雖然看似是要解決文意中可能產生的矛盾，不過，其實是將全番的主旨加以突出，指出文中明言「有是則成二體」，眞正的一體，必須是「無是無非」，這才是本番主旨「不分」的眞正用意所在。換言之，本番宣說「不分」，並不只說明「不離」而已，因爲「不離」的背後，其實仍預設著見性與萬法爲二，只有「是非雙絕」、「無是無非」，才是眞正的「不分」。

就本番大義發揮後，眞鑑將經文區分爲兩大科，分別是「一、阿難執身見各體而疑見在前」（《卍續》18，頁390）與「二、如來約萬法一體而破前相」（《卍續》18，頁391）。在「一、阿難執身見各體而疑見在前」下，眞鑑先將

本番的問題加以整理，撮要說明。他說：

> 究此疑之所自來，蓋由上文諸科多與明此見性離塵獨立，乃至身境亦無相干，遂以自己平日所認身心對今新領見性，細推度之，覺此見體湛然滿前，似與身心判而為二，遂起兩重能所之解：一者，約分別以起。謂身心為能分別，見性為所分別。二者，約見以起。謂見性為能見，身心為所見。是執見性身心各自有體，遂起斯疑。至於山河萬相與見各體，更不待言。（《卍續》18，頁 390）

真鑑指出，本番問題的由來，是因為前文對於見性的闡述，多著重在「離塵獨立」的方面，也就是與萬法「不即」的方面。如此便容易造成一種印象，似乎見性與身心是「判然為二」，由此而繼續發展為「兩重能所」的誤解。一方面是誤認身心為「能分別」，見性為「所分別」，能所相較之下，自是傾向認身心為真，認見性似妄，也就是真鑑在經文詮釋過程中所說的「我身心實能分別彼之見性，而彼見性曾不能分別我之身心。我誠覺其能分別者為甚親，而彼不能分別者，為甚疏也」（《卍續》18，頁 390）。另一方面，是誤認見性為「能見」，身心是「所見」，則見性與身心似乎壁壘分明。正報尚且如此，依報則更是。面對這樣的困惑，阿難企圖明瞭的，便是「認見何得不遺身心？見身何得不同物見」（《卍續》18，頁 391）這見性與身心的關係，若再加上依報擴而充之，便是見性與萬法的關係。這個問題的解決，便在「二、如來約萬法一體而破前相」中。關於這部分的經文，真鑑區分為三大科，分別是「一、直斥妄擬前相」（《卍續》18，頁 391）、「二、辯定本無是非」（《卍續》18，頁 391）與「三、教出是非之法」（《卍續》18，頁 397）。在「一、直斥妄擬前相」中，真鑑先指出問題中謬誤的關鍵。他說：「問意雖多，惟此在前是其謬本。故佛下但破一前相，而諸疑盡釋矣！」（《卍續》18，頁 391）這作為「謬本」的「在前」，指的便是阿難提問中所說的「今〔註1〕此妙性現在我前」（《大正》19，頁 111～112）。「在前」一語背後的預設，即為相對立的二者，並非一體。因此，下文要破這「前相」，便須指出萬法與見性一體無二，這便是本番「不

〔註 1〕《大正藏》原作「令」，茲依宋、元、明校本改作「今」。案：《正脈疏》亦作「今」，依上下文意，似當以「今」為是。所謂「宋、元、明校本」，指的是《大正藏》於每頁下校勘處所標註的宋、元、明，即宋刻《資福藏》本、元刻《普寧藏》本與明刻《嘉興藏》本。有關《大正藏》的校勘，可參閱李富華、何梅《漢文佛教大藏經研究》（北京：宗教文化出版社，2003 年），頁 618～619。

分」的真義所在。接著所詮釋的，便是「二、辯定本無是非」。在這部分中，真鑑指出，經文先分別就即物與離物兩方面，來「雙用即、離，而單遣是見」（《卍續》18，頁 392），並接著遮遣「非見」，而歸結於「無是見、無非見，決定雙遣，不俱不立」（《卍續》18，頁 394）。所謂「雙遣」、「不俱」，便是彰顯出見性與萬法不二，超越原本誤以為的二元對立預設。而所以能無是無非，便在於本是「一真」。真鑑發明說：「蓋此中并將見性與外之萬物、內之身心總成合會，明其萬殊則妄，而一體元真也。」（《卍續》18，頁 396）這「一體」，便是經文所揭示出的「菩提妙淨明體」（《大正》19，頁 112）。何以雖有「萬殊」而可以是「一體」？這是因為「萬殊」的妄「皆如目病見空中華，非作故無，本性無故」（《卍續》18，頁 396）。既然「妄無實體」（《卍續》18，頁 395），則豈非只是一真？在「二、辯定本無是非」後，則是「三、教出是非之法」。真鑑總結道：

> 汝如了知見精與身心萬物元一真性，本惟一體，方得頓悟萬法悉無自他之別，肯復擬見性於身心之前，而言其可指度；見性於萬物之內，而言其不可指哉？正猶觀第一月，則妄擬莫施，是非自盡矣！
>
> （《卍續》18，頁 399）

這是針對阿難提問中的「謬本」──「在前」的處理。只要真能明瞭「本惟一真心體而已」（《卍續》18，頁 398），就不會「本從一真，詐現二分」（《卍續》18，頁 398），而作出種種「二分」的謬誤發明，即「約身心而言，見性在前；約萬物而言，是見非見」（《卍續》18，頁 398）的「虛妄亂想」（《卍續》18，頁 398～399）。

　　第九番的經文，真鑑科為「示見超情」（《卍續》18，頁 399），意味著本番的主旨，是要正面彰顯出見性超越妄情計執，這由真鑑在科文下所說的「自然、因緣，皆是妄情計執。今此見性並不屬此，故曰『超情』（《卍續》18，頁 399）可以得知。而這要超越的情計，便是在此所說的自然與因緣二種。關於這兩種要超越的情計，真鑑分為「一、非自然」（《卍續》18，頁 399）與「二、非因緣」（《卍續》18，頁 401）來詮釋。所謂「自然」，指的是外道的論點：「大義謂內而心性，外而萬物，悉本無因，自然而然。」（《卍續》18，頁 400）而要闡明見性「非自然」，則是因為阿難將先前所彰顯出的見性「非生非滅，遠離一切虛妄顛倒」（《大正》19，頁 112），誤為外道的自然之說。對此，真鑑認為經文的處理方式，是「約隨緣義以破之」（《卍續》18，頁 400）。而「非

因緣」這部分問題的提出,則是因爲佛陀曾廣說因緣之法,來難破外道自然之說的「撥無因果,不立修證」(《卍續》18,頁 400)。如今佛陀闡明見性「非自然」,阿難便改認見性爲因緣性來請教。對於改認的因緣性,經文則是「以不變義以破之」(《卍續》18,頁 401)。關於「非自然」與「非因緣」,眞鑑有扼要的闡述。他說:

> 見性作自體,明等作他法。破自然,則顯自體全能隨他法,是隨緣義,見其非自然滯一之體。破因緣,則顯他法不能變自體,是不變義,見其非因緣所生之法。二義皎然。(《卍續》18,頁 402)

眞鑑的說明,指出了自然是「滯一之體」,是不能「隨他法」,而因緣則是「所生之法」,是不能「變自體」。這二者的同時排擯,用意便在彰顯出見性不同於二者的各得一偏,而是既有不變的自體,同時也能隨緣他法。關於這點,眞鑑以體與用來分別闡述。他在對「精覺妙明」(《大正》19,頁 112)的詮釋中說:「不變之眞體曰『精覺』,隨緣之靈用曰『妙明』。……體既不變,故非因緣;用既隨緣,故非自然。」(《卍續》18,頁 402)雖然這是分別就體與用來述說,其實,彰顯出來的,則是見性同時具有常人在情見上認爲相互矛盾的兩種特質──不變與隨緣,不變的同時可隨緣,隨緣的同時仍不變,這種超越常情計度的特色。而在超越自然與因緣兩種妄情後,經文更是「重重拂迹」(《卍續》18,頁 402)。所謂的「迹」,指的便是妄情計執。包括了原本所說的「非自然」與「非因緣」,以及「以雙非遣兩非」(《卍續》18,頁 402)的「非非自然、非非因緣」(《卍續》18,頁 402),進而「以一無字,竝遣前單非與雙非」(《卍續》18,頁 402)的「無非自然、非因緣,亦無非非自然、非非因緣」,這「總躡前義而全遣」(《卍續》18,頁 402)。此外,還有爲了「防其對非成是而對遣」(《卍續》18,頁 402)的「無是自然、無是因緣」與「無非是自然、無非是因緣」。這「重重拂迹」的用意,便在於遣盡一切的妄情,而歸結於「三、情盡法眞」的「離一切相,即一切法」(《大正》19,頁 112)。眞鑑對此有所發明,他說:

> 不獨見性,但能離相,則即一切法無不皆眞也。相,謂一切情計之相,非謂法之自相也。是可見法本無差,情計成過,諸情蕩盡,法法元眞,但用忘情,無勞壞相也。(《卍續》18,頁 402)

「相,謂一切情計之相」,這很明白地說明了要超離的,便是一切的妄情計執,問題並不在法上。因此,不必「壞相」,只要「忘情」,將「諸情蕩盡」,自然

就能「法法元眞」，能「即一切法無不皆眞」。

　　第十番的經文，眞鑑科爲「顯見離見」（《卍續》18，頁 403），意味著本番的主旨，在於正面彰顯出見性離於自體中所帶的妄見。眞鑑在科文下有所說明，他說：

　　　夫見精既曰眞妄和合，則可約義而分眞妄二見。（……此但約眞見帶妄時，即名妄見；離妄時，即名眞見，豈眞有二體耶？……）今言離見者，即眞見離於自體中一分妄見而已，……此即離依他起性矣！

　　　（《卍續》18，頁 403）

眞鑑先指出，見精之體爲眞體，不過，卻仍帶妄。因此，就意義上來說，可分爲眞見與妄見兩部分。雖分兩部分，眞鑑特別強調「豈眞有二體」，意味著體只有一，也就是眞見，妄見並無體，而是「依他起」的。本番所科的「顯見離見」，便是要彰顯出離此「依他起」的妄見，即「離於自體中一分妄見」後，那純眞的眞見。

　　關於本番的問題發起，是由於阿難引用佛陀過去所說的「見性具四種緣，所謂因空、因明、因心、因眼」（《大正》19，頁 113）的因緣舊說，來質疑前一番的「非因緣」之說。由於見性是眞鑑顯眞的主題所在，現在經文明言「見性具四種緣」，似乎意味著見性是因緣所生之法，眞鑑便針對此特別註明阿難所言的見性，其實是「眼識」。他說：「阿難所引見性，蓋是眼識；如來所示，乃是根中之性。」（《卍續》18，頁 403）這詳細地區別了見性與眼識的不同之處。就眞鑑看來，「眼識」是因緣所生之法，而要彰顯的見性，是「根中之性」，並非因爲具足因緣而生，因此他強調說「今示見精全不托此」（《卍續》18，頁 404），便是延續前一番的「非因緣」之說。

　　關於阿難以因緣法來提出難問，眞鑑認爲佛陀對此問題的處理，分爲兩階段來著手。先是「一、明昔宗非第一義」（《卍續》18，頁 404），然後進一步「二、示今教爲第一義」（《卍續》18，頁 405）。這兩階段的「深明其權實不同」（《卍續》18，頁 404），說明了過去所說的因緣法只是「權」，也就是眞鑑在詮釋時所說明的「昔說因緣，但爲對治自然及邪因緣，誘引小乘，一時權宜之說，非今所說第一修證了義之教也」（《卍續》18，頁 404）。而現今要彰顯的見性，則是「第一義」、是「實」。眞鑑詮釋的重心，便集中在這「第一義」的部分。若就阿難以「因緣」爲問來看，則重點似乎應該在於強調見性「離緣」。不過，關於這所要彰顯的「第一義」，眞鑑在詮釋時，則特別指

出分為淺深兩重。先闡明的是較淺的「離緣」，然後彰顯的則是較深的「離見」。在「一、先定離緣」（《卍續》18，頁405）中，眞鑑說：

> 此一重為淺，為已說。蓋自體離緣之義，從引盲人矚暗，直至非因非緣文中，屢有此義。今重顯疊定者，以起下文耳。又顯從前所說皆離緣第一義，已自超乎因緣宗矣！其曰「見明之時，見非是明」者，言能見之性，非即所見之境。能、所判然，不難分辯。餘三放此。（《卍續》18，頁405）

這說明了見性「離緣」，是從首番顯見一直到第九番顯見所曾屢屢彰顯的要義，同時，如此的彰顯，也闡明了見性「超乎因緣宗」。如此看來，這將見性由能所混同中所析分出來的作法，其實前已有之，在本番中，只能說是重新整理說出而已，因此眞鑑會認為「此一重為淺，為已說」。而到了「二、例成離見」（《卍續》18，頁405），則是前文所未曾說明過的深義。眞鑑認為本番所要彰顯的主旨，便在這一部分。對此，他特別集中發揮，先強調說「此一重為深，為未說，更顯向後說者，皆離見第一義也。而因緣中義，益迥乎其不可及矣」（《卍續》18，頁405），接著在對經文「見見之時，見非是見」（《大正》19，頁113）的詮釋時，則更清楚地闡述說：

> 前已重重發明見精中眞妄和合。今此上一見字，即見精中本體眞見：下一見字，即見精中所帶一分無明妄見。從無始來，此之眞見常墮妄見之中。……後於聞教得悟之時，忽爾眞見現前，方能徹見妄體。然纔一見時，則斯眞見之體已即脫于妄見，不復墮于其中，故曰「見見之時，見非是見」。「非是」二字，即脫出之意。……以能見之眞見，見於所見之妄見，而眞見即非妄見矣！（《卍續》18，頁405）

眞鑑認為，經文在此所要強調的，是將眞見由原本眞妄和合的見精中脫離出來，顯出其純眞，而不再是就眞妄和合的角度來論說。因此，說「見猶離見」（《大正》19，頁113），說明的是「眞見尚猶離於見精之自相」（《卍續》18，頁405），而「見不能及」（《大正》19，頁113），則是說「見精亦自不能及」（《卍續》18，頁405），即「眞見現前時，妄見已空，故終不能及」（《卍續》18，頁405～406）。就眞鑑所說來看，此時所言，已不再是眞妄和合的角度，而是已經彰顯出純眞的部分。

對於首番至此共計十番的經文，眞鑑總結說：「通上十番示見，則帶妄顯眞已極，將剖妄而出眞，故此以發其端也」（《卍續》18，頁405）。據此而言，

顯然眞鑑認爲在以上的十番經文中，妄的部分只是兼帶的性質，並非經文所要處理的重點，重點是在對於眞的正面彰顯。而由以上的考察來看，眞鑑在對各番經文進行詮釋時，確實是將火力完全集中在「顯眞」的主題上。由原本的眞妄和合，到第十番的顯出眞見，可說是將「顯眞」的主題發揮到了極致。

參、顯眞主題的延續發揮——「十番顯見」之後

前文曾提及，眞鑑認爲經文發展到第十番顯見，是將「顯眞」主題發揮到了極致。其意義，並非意味著「顯眞」到此爲止，而是說明了「顯眞」的「眞」，已完全明白地彰顯出來。而在「十番顯見」之後的經文，眞鑑則認爲仍然是就「顯眞」的主題在持續進行發明。這條線索，由「十番顯見」最後總結時所說的「將剖妄而出眞，故此以發其端」，可以看出，雖然「顯見離見」已將眞見托出，不過，對於妄見尙未有所交代。換言之，所謂「顯眞」主題已發揮到極致，是在「帶妄」的前提下而言的。因此，眞鑑會認爲這第十番的「離見」之說，正是爲後文剖出二種見妄來「發其端」。雖說是爲「剖妄」來「發其端」，其實，根本的目的還是在「出眞」。換言之，在眞鑑看來，這其實就是對於「顯眞」主題的延續發揮。他在「二、剖妄出眞」（《卍續》18，頁406）的科名下如此說道：

> 二種顚倒見妄如璞蘊玉，而見之眞精如玉在璞。故帶妄示眞，如指璞說玉，雖珍貴非虛，而矗石未剖，美玉未瑩。此科剖妄出眞，如剖璞出玉，精瑩煥發矣！……此之剖妄，實體反露，所謂不畢竟破，似破而實顯也。（《卍續》18，頁406）

先前「十番顯見」時雖然「顯眞」，不過，還是「帶妄」，還是「矗石未剖，美玉未瑩」，而接下來的「剖妄」，則是對於原來的「帶妄」進行處理。雖然由「帶妄」而進到「剖妄」，似乎是對於妄見進行破斥，不過，結果卻是「出玉」而「精瑩煥發」。因此，雖然工作是在「剖妄」，「剖妄」卻並非目的，這就是眞鑑所說的「不畢竟破」，目的則是在藉此使得「實體反露」，雖然「似破」，卻是「實顯」，其實還是持續在進行「顯眞」。

除了在科名下特別交代外，眞鑑在對經文「爾時世尊憐愍阿難及諸大眾，將欲敷演大陀羅尼諸三摩提妙修行路」（《大正》19，頁113）的詮釋中，也特別藉由對於「陀羅尼」的解釋，來強調重點仍在於前文所彰顯出來的根性。

他明白指出在此對於「陀羅尼」的解釋，「不依舊註平派定慧止觀等」〔註2〕
（《卍續》18，頁407），而是有其個人獨到的說法。他說：

> 陀羅尼，此云總持，謂總一切法，持無量義。……陀羅尼雖通顯密，
> 且就顯言，故圭峯疏釋不取多字、一字，偏取無字，即淨圓覺心。
> 今應亦取無字，即圓湛不生滅根性也。（《卍續》18，頁407）

眞鑑在此對「陀羅尼」的詮釋方式，明白地說是承襲圭峰宗密的詮釋方法。
宗密會將「陀羅尼」解釋爲「淨圓覺心」〔註3〕，其實是因爲他是就《圓覺經》
的經文脈絡來定義的。眞鑑雖然註解的不是《圓覺經》，不過，這項詮釋精神
卻可以襲用過來，因此他會說「今應亦取無字」。然而，方法雖同，內容卻有
別，因爲這時對於「陀羅尼」的解釋，是置於《楞嚴經》的脈絡下而言的。
在《楞嚴經》中，能當得「總持」二字，當得「總一切法，持無量義」的，
在眞鑑看來，自然應該就是本經前來所開顯的「圓湛不生滅根性」。

除了在科名與經文的詮釋中，強調目的仍在「顯眞」外，在闡述二種見
妄的最後，眞鑑對此又再次提醒。他說：

> 二科皆屬歸眞。是則別業後釋迷悶中，全顯此心不變之體常自離妄，
> 而極勸人之了悟；同分後教修證中，全顯此心隨緣之用與妄相應，
> 而極勸人之修證。（《卍續》18，頁420）

換言之，不論經文探討的內容是同分妄見還是別業妄見，目的並不在這兩種
妄見上，而是要藉此來彰顯出眞心的「不變之體」與「隨緣之用」，「二科皆
屬歸眞」。由此可以看出，二種見妄的提出，在眞鑑看來，其實仍是對於「顯

〔註2〕所謂「平派定慧止觀」的「舊註」，指的正是《會解》所引用的智圓的說法：

> 孤山曰：陀羅尼，此云總持，即慧性也。三摩提，此云正受，即定性也。
> 定慧均平，故云「妙修行」。……奢摩他，三止也；微密觀照，三觀也。
> 經家所敘，則先慧而後定；如來所告，則先定而後慧。用顯圓融止觀，
> 體無二也。（《龍藏》144，頁313）

〔註3〕宗密在《大方廣圓覺修多羅了義經略疏》中，對於「陀羅尼」的說法是：

> 陀羅尼，此云總持，謂圓覺體中有塵沙德用，從本已來持之不失故。然
> 總持有三，謂多字、一字、無字，今即無字也。故《大寶積經‧陀羅尼
> 品》云：「如來之智攝諸善巧，所有宣說無不清淨，無有少法所得，皆歸
> 於空，乃至此是諸菩薩等入陀羅尼門。」若據《智論》即云：「陀隣尼……
> 翻爲能持，亦云能遮，謂種種善法持令不失，惡不善心遮令不生。」既
> 言持善、遮惡，即是萬行之本，故此標之矣！（《大正》39，頁532）

宗密在此以根本的「圓覺體」來解釋「陀羅尼」，可以看出他是在《圓覺經》
的脈絡中所作出的詮釋。

真」主題的延續發揮。

　　而在二種見妄的經文後，則是「破和合」與「破非和合」的部分。就這個部分的經文來看，似乎是在回應阿難於第十番「顯見離見」後，對佛陀所說的「世尊為我等輩，宣說因緣及與自然，諸和合相與不和合，心猶未開」（《大正》19，頁113）的困惑。因此，經文的內容，看起來是就阿難所提出的「和合」與「不和合」進行破斥。然而，真鑑卻在「破和合」與「破非和合」的最後，發表了一段有關「顯真」的論議。在這段論議中，他先交代了前後經文主題的關係。他說：「自此顯見已極，而奢摩他從根指心方便，亦盡向後轉名如來藏性，不復呼為見性之偏名矣！」（《卍續》18，頁423）所謂「自此顯見已極」，說明了真鑑認為對於見性的彰顯，是一直延續到此。「而奢摩他從根指心方便，亦盡向後轉名如來藏性，不復呼為見性之偏名」，則指出了前文彰顯的主題——見性，與後文的主題「如來藏性」並非截然為二，見性只是如來藏性的「偏名」而已。換言之，二者在名上雖有別，實質上並無差異。這由真鑑接著所說的「十番所顯，即其本具之真」（《卍續》18，頁424），以及「後不出此真性故。良以四科、七大所顯如來藏性，非別有體，即此見性轉名藏性耳」（《卍續》18，頁424）也可以看出。而前文之所以要彰顯出這作為「偏名」的見性，用意便在於作為一種顯真的進路，也就是在此所說的「從根指心方便」。這意味著「指心」為目的，「從根」則為達成這項目的的方法。真鑑對此加以說明，他說：

> 此科可以為理法界之由致。若不由此方便，從於根中識取迴脫根塵、廣大寂常靈知之自性，將何以入真空絕相之法界耶？然但謂之由致，非惟約此即為理法界也。（《卍續》18，頁424）

「此科可以為理法界之由致」，以及「然但謂之由致，非惟約此即為理法界」，在在說明了真鑑所提出的「十番顯見」為顯真的進路。

　　這種以「見性」綰合前文的「十番顯見」與後文的會通四科、七大，將詮釋的焦點完全集中在「見性」上的作法，在後文會通四科、七大的詮釋過程中，真鑑仍屢屢重覆強調。例如他在「二、會通四科即性常住」（《卍續》18，頁424）的科文下說：

> 四科，即五陰、六入、十二處、十八界也。前科言寂常妙明之心，最親切處現具根中，故剋就根性直指真心。然雖近具根中，而實量周法界，遍為萬法實體。今於萬相中一一剖相出性，是以齊此不復

稱其見性之別名，乃舉其總名，曰「如來藏心妙眞如性」。但是總別
異稱，體惟一而已矣！（《卍續》18，頁 424）

又如他在對經文「殊不能知生滅去來，本如來藏常住、妙明、不動、周圓妙
眞如性」（《大正》19，頁 114）的詮釋中，也分別就「常住、妙明、不動、周
圓」一一註解，來強調如來藏性便是「十番所顯見性之全體」。他說：

其常住等八字，皆稱此眞如之德也。本無生滅曰常住，不滯明寂曰
妙明，本無去來曰不動，不徧（筆者案：當爲「徧」）空界曰周圓。
常住、不動，離於凡夫之生死；妙明、周圓，揀於二乘之涅槃。……
具此眾妙，故曰「妙眞如性」，亦即前十番所顯見性之全體也。（《卍
續》18，頁 426）

由以上所言，可以明白地看出，眞鑑在「十番顯見」之後，仍然延續發揮其
「顯眞」的進路，以此由見性而一路直入如來藏性之中。

第二節 《會解》破、顯並存，以破妄爲主的詮釋進路

相較於眞鑑以顯見性爲主的詮釋進路，《會解》的作法則有所出入。在詮
釋進路上，《會解》首先標舉出這部分的經文是在「破妄見」，而並未有專顯
見性的說法。其次，在針對各番具體經文的詮釋中，《會解》同時又屢屢言及
了彰顯眞性。就這部分的經文來看，《會解》的詮釋，可說是破、顯並存，而
其進路，則顯然是以破妄爲主。以下將分別就其進路與詮釋加以介紹。

壹、破妄進路的提出

《會解》在進行細部詮釋之前，先在大方向上進行了定調，指出向下即
將開展的經文，即眞鑑所說的「十番顯見」的部分，是在進行「破妄見」的
工作。《會解》的說法是：

補註曰：上文破妄心，此下破妄見，以至會見歸心，漸顯眞性也。
原夫妄心本無自性，依眞發現，全體即眞。所謂破無所破，無明即
明，眞無別眞，一念即是，如鏡現像，全像是鏡，此乃今經之圓旨
也。世尊前云：「一切眾生不知常住眞心，用諸妄想。」今云：「執
此生死妄想，誤爲眞實。」然則妄想果非眞心邪？當知法無得失，
迷悟在人。若根利惑薄者，了達妄想之體，直下便是眞心。是猶因
像悟鏡，則無像而不是於鏡；因鏡悟像，則無鏡而不具於像也。今

阿難示同於迷，大似不識鏡體，卻認去來之像而執以爲鏡，不亦誤
哉！故假重重破斥，掃蕩執情，使其是非明白，然後始可會妄全眞
也。會通之文，備見於第二、第三卷中。（《龍藏》144，頁283）

「上文破妄心，此下破妄見，以至會見歸心，漸顯眞性也」，是《會解》在此
所做出的承先啓後的總詮釋。「上文破妄心」，指的是前文的「七處徵心」，重
點在於破除妄心。「此下」二字，則指的是即將進入本論文所關注的主題，即
眞鑑所謂的「十番顯見」的經文。關於這一部份的經文，《會解》認爲是在「破
妄見」。「以至會見歸心」，則是《會解》在本段文字末所說的「會妄全眞」。《會
解》指出，「會通之文，備見於第二、第三卷中」，指的應當即是《楞嚴經》
卷二末至卷三的經文中，所探討的五陰、六入、十二處、十八界與七大等，
皆是「如來藏妙眞如性」的部分。「漸顯眞性」，則說明了由「破妄心」到「破
妄見」，再到「會見歸心」這一連串的工作，是在逐漸彰顯出阿難的眞性。因
此，《會解》本段定調所涵蓋的範圍，應該包括了第一、第二一直到第三卷的
經文，而眞鑑所謂「十番顯見」的經文，則是屬於這其中的一部份。這部分
雖說是在進行「破妄見」的工作，目的則實是在於彰顯眞性。

在做出承先啓後的總詮釋後，《會解》接著敘述的，並非直接針對即將開
展的經文做出詮釋，反倒是發揮了其對於全經主旨的認識，即引文中「原夫
妄心本無自性……因鏡悟像，則無鏡而不具於像也」這一大段文字。就這段
文字而言，強調的是妄心當體即是眞心，即便《會解》明瞭在此與之前的經
文，用意都是在於甄別眞與妄二者，即引文中所提到的「世尊前云：『一切眾
生不知常住眞心，用諸妄想』」，以及「今云：『執此生死妄想，誤爲眞實』」。
這兩段文字，一說「不知常住眞心，用諸妄想」，很明顯地，是以「用諸妄想」
爲非，指出眞心與妄想有別；一說「執此生死妄想，誤爲眞實」，這一「誤」
字，用意也在於區別妄想與眞實。就經文在此本來想要傳達的用意來看，《會
解》應該是了解的。不過，《會解》並不承接經文本來的用意繼續解說，反而
說「然則妄想果非眞心邪」。這一則說明了《會解》確實掌握了本處經文所要
強調的用意，是妄想與眞心有別，再者，則說明了《會解》所認爲經文最終
的眞意，並不是在此眞妄二分的格局中流轉，即便能捨妄認眞，在《會解》
看來，終究非屬本經所要彰顯出來的第一義。《會解》眼中本經的第一義，也
就是所謂的「今經之圓旨」，應該是在此所說的「妄心本無自性，依眞發現，
全體即眞」，「破無所破，無明即明，眞無別眞，一念即是」，以及「妄想之體，

直下便是眞心」這眞妄俱泯的境界。而《會解》在此提出了「今經之圓旨」，其實，正襯托出其在總詮釋中所說的「破妄心」、「破妄見」與「會見歸心」這一連串「漸顯眞性」的過程，不論是「破妄」或是「顯眞」，都只是在眞妄二分的情況下所流轉的方便而已。這其實已預示了不論是「破妄」還是「顯眞」，在究竟第一義中，畢竟皆不是，而只是不同的進路罷了。

在標舉出「今經之圓旨」後，《會解》將探討的重點轉回到經文中的阿難來，這部分，則是對於即將開展之經文的說明。在前文中，《會解》曾說過「法無得失，迷悟在人。若根利惑薄者，了達妄想之體，直下便是眞心」，如今接著所說的，則是「今阿難示同於迷，大似不識鏡體，卻認去來之像而執以爲鏡，不亦誤哉」。顯然在《會解》的看法中，「法」並無眞妄之別，會有眞妄、迷悟之別的問題，其實是出在「人」的認識。不論是就「迷悟在人」或是「根利惑薄者」，乃至「今阿難示同於迷」來看，都可以看出《會解》詮釋時所關懷的焦點，是著眼於「人」所呈現出來的情況。因此，既然現在阿難「示同於迷，大似不識鏡體，卻認去來之像而執以爲鏡」，經文要處理的，自然是阿難的妄見，這才會有「假重重破斥，掃蕩執情，使其是非明白」的「破妄見」之說。

《會解》會關注到「妄見」的課題，其實並不是始於此處的經文，而是在本經開頭處，當阿難因遭摩登伽女之難而爲文殊師利提獎歸來時，佛陀首問當初發心時見何勝相，阿難答以見佛之三十二相勝妙殊絕，在該段經文下，《會解》已特別指出了後文開展的進路。《會解》說：

> 補註曰：阿難見相，乃緣塵分別之見；其所發心，即妄想攀緣之心。
> 後文七徵、八辨重重逐破者，此也。（《龍藏》144，頁268）

在《會解》看來，七徵時是在「破妄心」，即在此所說的「妄想攀緣之心」，而到了眞鑑所說的「十番顯見」處，《會解》則認爲是在「破妄見」，破的是「阿難見相」的「緣塵分別之見」。

有關《會解》這將「破妄見」置於「破妄心」之後的主張，《會解》曾特別引用仁岳的說法來詳加說明。《會解》說：

> 吳興曰：前破妄心，但離龐執，故今請云「發妙明心」也。將破妄
> 見，欲顯眞見，故復請云「開我道眼」也。又則眼見必由識心，故
> 心、眼雙舉。扣佛音教，其旨甚微。問：何故先破妄心，後破妄見？
> 答：應有三義。一者，心爲迷妄之元，復是人執之本，須先破之。

二者，心屬王數，通乎三性，故在前破。見惟眼根，但屬無記，故
在後破。三者，所破妄心，且離緣塵分別想相，而未能知心性常住。
今破妄見，則引盲人矚暗等以彰見性不滅，乃至舉手飛光，皆顯性
無搖動。當知如來從麤至細，自淺而深，開示阿難奢摩他路也。(《龍
藏》144，頁284)

《會解》這段詮釋，本來只是針對阿難所說的「發妙明心，開我道眼」二句
經文，不過，在詮釋中，卻進一步將前後文「破妄」的詮釋進路連結起來。
就這兩句經文來看，顯然重點有二，一爲「妙明心」，另一則爲「道眼」。「妙
明心」是回應前文的「破妄心」，而「道眼」則是與下文的「將破妄見，欲顯
眞見」相呼應。然而，如此的說法，似乎意味著心與眼見判然爲二，因此，
接著才會說「眼見必由識心」，回應了在這破妄進路中「心、眼雙舉」的用意
及其關係。由「眼見必由識心」一語中，可以看出，《會解》關心且處理的重
點是「眼見」與「識心」，二者皆是屬於「妄」的部分。《會解》會提出破妄
的詮釋進路，應該就是因爲其關心的重點在屬於「妄」的一面的緣故。

《會解》接著說明「先破妄心，後破妄見」的理由有三。就前兩點而言，
雖分爲二，不過，強調的重點卻相同，「心爲迷妄之元」、「人執之本」、「屬王
數」，相較於「見」，說明的都是心所造成的影響，是無可與其相提並論者，
因此會「先破妄心」。第三點則說明了前文雖破妄心，卻「未能知心性常住」。
就此而言，可以看出，《會解》確實是明白本經所要彰顯的重點，是「心性常
住」。因此，在接著的「今破妄見」中，《會解》便不只說明其只有「破妄見」
的部分，還同時看出其有「彰見性不滅」與「顯性無動搖」的意涵。這一方
面意味著「破妄見」的經文，是爲了補充前文「破妄心」的不足而發的，顯
現了破妄進路不只相互承接，還相互補充。而這補充，卻並不只是關注到破
妄的部分而已，還包含了經文發展的歸趨，即在前文「破妄心」時尚未正面
揭露的「心性常住」這顯眞的部分。《會解》最後所說的「當知如來從麤至細，
自淺而深，開示阿難奢摩他路」，其中的「從麤至細，自淺而深」特別值得細
讀，因爲這正是對其詮釋進路的說明。

所謂「從麤至細」，指的是破妄的部分，而「自淺而深」，則是指顯眞的
部分。就破妄的部分而言，《會解》對於「破妄心」的看法，認爲是「但離麤
執」，意味著此時僅有「離執」，而且所離之執尚「麤」，反顯「破妄見」之時
所破之執較前爲細。而在顯眞的部分，「自淺而深」，意味著在「破妄心」時

尚未顯眞，到了「破妄見」時，則已藉由「彰見性不滅」與「顯性無動搖」，逐漸彰顯出「心性常住」的重點。這說明了在《會解》的看法中，經文的開展，是妄消眞長的過程，而眞與妄的消長在「破妄見」的部分中相互交疊，因此，《會解》在這部分的詮釋中所呈現出來的樣貌，才會是破、顯並存的模樣。

由以上的探討可以看出，《會解》會主張以「破妄見」作爲詮釋進路，應該是與其關注的焦點有關。《會解》關注的焦點，是由前文所言及的眞妄二分，以及阿難之執的角度來論說。而其經過，則在破妄過程開展的同時，逐漸彰顯出眞性的部分。

貳、破、顯並存的詮釋

雖然《會解》以「破妄見」的破妄進路來範圍眞鑑所謂的「十番顯見」的部分，不過，在具體經文的詮釋中，顯然這部分並不只有破妄的呈現而已，同時還存在著顯眞的部分。由前文所提及的「將破妄見，欲顯眞見」，以及「今破妄見，則引盲人矚暗等以彰見性不滅，乃至舉手飛光，皆顯性無搖動」，即已可以略知梗概。以下則將就細部經文的詮釋，來考察《會解》在「破妄見」中破、顯並存的詮釋情況。分段方式，則依眞鑑十番的區分方式，以爲對比。

在眞鑑的首番中，《會解》的詮釋，主要集中在後半的部分。先是引用戒環與弘沇的說法說：

> 溫陵曰：若燈見者，下牒上結，明見不由眼也。資中曰：心爲其主，餘是助緣。既知見性屬心，漸明眞見矣！（《龍藏》144，頁286）

就《會解》的引用來看，顯然破、顯的詮釋同時並存。所謂「明見不由眼」，這是針對阿難由經文開頭以來，佛陀三次徵問阿難「誰見」，阿難三次皆答以「眼見」的誤解而發〔註4〕。要在破妄見，破除阿難以「眼能顯色」（《大正》

〔註4〕 有關經文中佛陀重複問了阿難三次同樣的問題一事，這一條經文的脈絡，要以《楞嚴經貫攝》的見解最爲獨到。《楞嚴經貫攝》說：

> 「汝將誰見」四字，世尊已三問矣！初云「將何所見」，阿難答言「由目觀見」。次云「汝將誰見」，阿難又答以「同將眼見」，可謂辜負婆心。所以不即破者，因阿難迷執方堅，未可驟語，故頭番且窮其妄心所在，二番且破其妄心無體。至此阿難自悲自悔，捨妄求眞，然後重理前語，以「汝將誰見」四字喚醒之。阿難不悟，仍執「眼觀」，于是重重辨剝，點出「是心非眼」。從前公案，一語了結矣！（《卍續》23，頁134）

就《楞嚴經貫攝》的說法來看，可以進一步明瞭，在經文開頭時，阿難的認

19，頁 109）爲見的誤解。這是承襲前文的脈絡而來。而接著所說的「心爲其主」、「見性屬心」與「漸明眞見」，則是屬於顯眞的部分，這是爲阿難正面揭示出見的根源在心。其中的「既知……漸明眞見」，特別値得留意，因爲這部分反映的是《會解》對於顯眞的看法。在《會解》的認識中，所謂的「漸明眞見」，或許可說有三層意涵。首先，說明了《會解》所看重而要闡釋的「眞」，指的是「眞見」，而非見性。因此，即便在此已指出「見性是心」，《會解》仍要說「漸明眞見」。換言之，此時尙未「全明」眞見，不過，也不是完全未明眞見。其次，這「漸明」二字，指的是阿難由妄進眞的認識過程，目標是對於「眞見」的「全明」，而不是指「眞見」本身有所謂的「漸」。這由「既知」二字，即可知指的是阿難「既知」，由此而進入「漸明眞見」的軌道上。第三，則可知《會解》破、顯並存的詮釋，破的部分，是就破阿難的妄見而言，顯的部分，則指的是顯阿難的眞見。

除了引用以上二家的說法外，《會解》最後還引用了崇節的詮釋補充說明：

> 眞際曰：大眾默然佇誨，良由眞妄未明。若認見境之心，前來已奪；若謂本眞之見，豈假根塵？口既默然，心希開悟。（《龍藏》144，頁286）

這說明的是經文發展至此時，阿難與大眾認知中的實際情況。其中，「本眞之見，豈假根塵」，遮遣了原本誤認的根塵和合而「顯色」的「眼見」，加上前文已破斥的「見境之心」，可以說，在破妄的部分，根、塵、識三者已皆被破斥。而顯眞的部分，雖然正面地提出「見性是心」，不過，並未對眞見多加說明，在阿難的角度，只能說初有概念而已。

到了眞鑑所科的第二番經文中，《會解》的詮釋，仍是破、顯並存。《會解》引用吳興仁岳的說法，指出「此中所問，……意令荅出客塵是動，主空不動，欲將動以譬妄，不動喻眞。下文屈指、飛光，義亦如是。」（《龍藏》144，頁286）這說明了《會解》的認識中，本番經文是要藉由動與不動之別，來甄別眞妄，顯出其眞。在破妄見的部分，《會解》的看法是「此因阿難謂身境有動，見性不動，寄斥大眾迷眞常而見無常也」（《龍藏》144，頁288），這說明了經文破斥大眾執無常之見。而關於「眞常」之見部分的詮釋，則在本番最後的詮釋處：

知是心知、目見，心與見二者似乎爲二，到了本處的經文說出「見性是心非眼」（《大正》19，頁109），才明白地指出了心與見並非爲二。心與見的關係，至此才有一番新的開展。

> 吳興曰：……已上經文，雖明見性不動，然猶未論此見亦妄，離見
> 乃眞。資中曰：此寄瓻相，密談眞見，分別顯了，並在後文。（《龍
> 藏》144，頁 288）

所謂「已上經文，雖明見性不動」，可說是《會解》對於全番經文意涵的確解，明白地指出了「見性不動」。不過，就接著所說的「然猶未論此見亦妄，離見乃眞」，以及「此寄瓻相，密談眞見，分別顯了，並在後文」來看，顯然《會解》並不認爲本番經文在顯眞方面是明明白白地「分別顯了」。關鍵在於《會解》對於「眞」的詮釋，著重在「眞見」，同時也顯現出《會解》對於經文所彰顯的「見性」，似乎並不特別重視。而《會解》所認爲的對於「眞見」明白地揭示出來，則要到眞鑑所科的第十番「顯見離見」才完成，也就是在此所說的「後文」、「離見乃眞」。由首番的詮釋至此，已可以看出，《會解》對於「顯眞」的「眞」所認定的標準，是後文的「離見」的「眞見」，因此，在首番所說的「漸明眞見」，顯然是以第十番爲目標所作出的說明，則回過頭來看第二番的經文，自然便會認爲「此寄瓻相，密談眞見」，而阿難此時的「見」，自然也就「此見亦妄」。

《會解》在眞鑑所科的第三番經文中的詮釋，仍是破、顯並存。首先，《會解》引用的是子璿的說法：「長水曰：佛……欲顯生滅中有不生滅，如前頭自搖動，見無所動。」（《龍藏》144，頁 290）就此說法來看，意味著是要顯眞，由妄中顯出眞，即在此所說的「生滅中有不生滅」。不過，在接著所引用的仁岳的說解，則有進一步的詮釋，而且是破、顯並言。《會解》說：

> 吳興曰：前示阿難見無搖動，後示匿王性無生滅。一往似同，義須
> 甄別。何則？阿難以身境爲動，此相猶瓻，謂見性不動，且據目前
> 對揚而說。今佛問匿王肉身變壞，乃至荅云刹那刹那不得停住，其
> 相甚微。泊（筆者案：當爲「洎」字）談見性，自童至耄不遷不變。
> 由是而知，所破生滅則瓻細有殊，所顯見性則近遠成異。聖人引物
> 入如來藏，其致漸深，讀者詳此。（《龍藏》144，頁 290～291）

在此，先扼要指出前番與本番的重點，分別是「見無搖動」與「性無生滅」，這是分別就前後兩番的經文各自解讀的結果，都是就顯眞的一面而言。不過，一旦將兩番連結起來解讀，便「義須甄別」，甄別的是由妄與眞各自的角度來看。在所破的妄的部分，有由粗至細的進程，即由「阿難以身境爲動，此相猶瓻」，進展到「刹那刹那不得停住，其相甚微」。而在所顯的眞的部分，則

由「謂見性不動，且據目前對揚而說」，進展到見性「自童至耄不遷不變」。
顯然《會解》在詮釋時，認爲破妄與顯眞雙方面是同時並行的，而且妄相破
得越細，眞性顯得越深。而最後所說的「聖人引物入如來藏」，則道出了破顯
的目的，並不在於此而已，這其實便意味著在此的破顯只是方便，而不能視
爲究竟歸趣，究竟歸趣是後文的「入如來藏」。

　　《會解》在本番最後所引用的孤山智圓與長水子璿的說法，也值得留意。
《會解》說：

> 孤山曰：見精即見性也。皺者爲變，則顯生死無常；不皺非變，則
> 顯涅槃常住。生死、涅槃雖分兩派，克論體性，豈有二殊？言偏意
> 圓，變即非變。若然者，豈但破匿王引外之見，抑亦酬阿難二發之
> 請也。長水曰：敘其淺悟，但云捨生趣生；詳彼深意，必知滅元不
> 滅。隨宜領解，未即顯言也。（《龍藏》144，頁 292）

首先，是有關見性的認識。就由此所區分的皺／不皺，以及變／不變來看，
顯然是站在眞妄二分的預設立場來詮釋，「生死無常」自然是屬於妄的部分，
而「涅槃常住」則是屬於眞的部分。這是第三番的經文本身所顯現出來的情
況。而所謂的「見精即見性」，便是屬於此時的「不皺非變」，即眞的部分。
然而，這樣的眞，在《會解》看來，只是相對眞，而非絕對眞。因此要接著
混合眞妄、超越二分的預設，而說「雖分兩派，克論體性，豈有二殊」、「變
即非變」，或是「詳彼深意，必知滅元不滅」。若由這絕對眞的角度來看經文
發展至此所說明的見性，則似乎還只是在過渡時期，是要由眞妄交纏的情況
中破妄顯眞的方便之說而已。在此的「隨宜領解，未及顯言」，以及「豈但破
匿王引外之見，抑亦酬阿難二發之請」，顯然是超越經文在此所言的詮釋，以
前文所言及的「無明即明」、「妄想之體，直下便是眞心」的「今經之圓旨」
爲絕對的一眞。

　　到了眞鑑所科的第四番經文，《會解》的詮釋，分別指出了眞與妄的部分，
並且再次強調其全妄即眞的「今經之圓旨」。首先，《會解》引用了戒環之說，
來交代眞與妄兩方面。《會解》說：「溫陵曰：此明諸佛眾生同一體性，固無
遺失，特依倒見言遺失也。」（《龍藏》144，頁 293）這一方面彰顯了「諸佛
眾生同一體性」的眞的部分，也交代了妄的部分是因爲「倒見」之故。而雖
然有妄，卻毫不影響眞的部分。接著，則是由全妄即眞的角度來說明。《會解》
說：

> 然則汝今幻妄身心，皆是妙明心鏡所現，全體是心。直不即幻妄而
> 悟妙體，反乃遺本妙而執幻妄，是認悟中之迷，此即顛倒所在也。（《龍
> 藏》144，頁 294）

由《會解》所說的「即幻妄而悟妙體」，可以看出，《會解》始終是以「全體
是心」這種全妄即真為最高標準，而不是停留在真、妄二分的情況中，以捨
妄入真來詮釋。

而在真鑑所科的第五番經文中，《會解》的詮釋，仍舊是破、顯並存。《會
解》先引用仁岳的說法，分別指出了顯真與破妄的內容：

> 吳興曰：……今阿難重以緣心為問者，欲顯真性無能所之相也。……
> 下文指月喻等，略簡所緣之法、能緣之心，真體可見矣！（《龍藏》
> 144，頁 295～296）

所謂「欲顯真性無能所之相」、「真體可見」，指的便是顯真的部分，而此真之
顯，則有賴經文指月喻中的「略簡所緣之法、能緣之心」這破妄的過程來完
成。因為這正是針對「今阿難重以緣心為問」的「緣心」而發，「由是經文惟
破分別之性」（《龍藏》144，頁 296）所進行的處理。這破妄以顯真的過程，
在針對經文指見精為不還時，也有所說明。《會解》指出，「見精真妄猶雜，
所以廣約緣塵簡出真性，披沙若盡，金體自純」（《龍藏》144，頁 297），其中
的「廣約緣塵簡出真性」、「披沙若盡，金體自純」，說明了《會解》是破、顯
並存的詮釋。雖然在詮釋時破、顯並存，不過，《會解》仍不忘特別強調其全
妄即真的「今經之圓旨」。《會解》特別針對第二月的詮釋補充說明說：「補註
曰：第二月固非真月，然因捏目而成，其實一體。」（《龍藏》144，頁 298）
在此的「補註曰」，是惟則的補充詮釋〔註 5〕。由惟則特別的補充說明，可以
看出即便是「會解」的性質，惟則仍不忘其在各家詮釋之上所特別提出的真
妄一體、全妄即真的最高標準。這一點在對於八還之後所指出的「見性不還」
的詮釋中，《會解》也再次加以強調：

〔註 5〕 惟則在〈《大佛頂首楞嚴經會解》敘〉中，曾對於其會合諸家之說來進行解釋
的取擇標準有所說明，他說：
> 今余會諸家要解，以通大途。異不公乎眾者，節之：異而互通者，互存
> 之；互為激揚者，審其據而取之。間有隱略乖隔處，則又附己意，目
> 為「補註」。若合殊流同歸于海，故為之《會解》。（《龍藏》144，頁 259）
依此說可知，《會解》中所說的「補註曰」，絕對是惟則自己的說法，同時，
會作「補註曰」的說法，又必定是惟則認為前人的詮釋有所不足，即其所說
的「隱略乖隔處」，才會因此而「又附己意」，作出明白地宣說。

> 吳興曰：見性不還，猶喻二月，此見屬妄，將亦須還，惟有眞月所
> 喻眞性誠不還耳。下文云：「但一月眞，中間自無是月非月。」又云：
> 「見見之時，見非是見」，豈非此見亦可還乎？（《龍藏》144，頁
> 298～299）

就發展至此的經文而言，「見性不還」爲此處所欲揭示的第一義，然而，《會
解》的詮釋，並不以經文的發展爲詮釋的標準，而是以後面的經文，如「但
一月眞，中間自無是月非月」，「見見之時，見非是見」等眞見作爲詮釋的最
高標準，來超越此處的「見性不還」，自然會認爲「此見亦可還」。

　　而對於眞鑑所科的第六番經文，《會解》的詮釋則仍是破、顯並存。《會
解》引用仁岳的說法，一方面指出了佛陀顯眞的答覆，同時，還說明了破妄
的緣故。《會解》說：

> 吳興曰：阿難所疑雖識見性而未知眞性，如來所答豈不顯眞？但由
> 見性似在於內，眞性必周於外，佛欲示之，故指一切物象皆是見精
> 所矚。矚既斯徧，性何攸局？此寄見性之徧以顯眞性之徧也。然則
> 肉眼所見物象森羅，佛眼所觀眞空冥寂，猶恐阿難認此見性既周外
> 物，仍謂外物同我能見，故下文破之。（《龍藏》144，頁300）

《會解》認爲，在本番經文中，佛陀既對阿難揭示出「眞性之徧」，同時，還
針對阿難可能的誤解加以破斥，可說破與顯兩方面皆照顧到。不過，在對於
本番的詮釋中，似乎有一矛盾之處。在仁岳的說法中，「此寄見性之徧以顯眞
性之徧」，固然說明了見性與眞性有某種程度上的關連，不過，二者似乎並非
完全相同，由「此寄……以顯……」的說法來看，顯然詮釋的重點是在眞性，
而非見性。而這正延續了在上番經文最後所說的「見性不還，猶喻二月，此
見屬妄，將亦須還，惟有眞月所喻眞性誠不還耳」，認爲見性與眞性尚有層次
之別。然而，《會解》在本番的詮釋中，則還引用了戒環的說法，說：「溫陵
曰：牒上以顯眞性也。見性周徧，即汝眞性。」（《龍藏》144，頁301）在此
所說的「見性周徧，即汝眞性」，則似乎意味著見性即眞性，與所徵引的仁岳
之說似有矛盾，卻未見《會解》有所處理。

　　在第七番中，仍是破、顯並存的詮釋。《會解》先明白指出阿難的問題所
在，是以其肉眼所視爲疑：「補註曰：……今阿難以所視廣狹而疑見體舒縮，
故有斯問。」（《龍藏》144，頁301）對此，仁岳與戒環的詮釋十分精當：「孤
山曰：方圓因器，不在虛空；大小由塵，何關見性。」（《龍藏》144，頁302）

「溫陵曰：離塵觀性，自得本眞，不勞功用。」（《龍藏》144，頁 302）二者的詮釋，都是將妄塵與見性析離開來，顯出眞性。而到了本番後半，《會解》的詮釋，顯然逐漸朝向超越眞妄二分的格局：

> 補註曰：前云認物爲己，今云迷己爲物。前乃就妄擇眞，且言物與己異，故斥自身皆謂之物。今將以眞融妄，應知萬物皆己。萬物皆己而迷以爲物，故失本心，爲物所轉，而見內外之殊、大小之異也。
>
> （《龍藏》144，頁 302～303）

《會解》的詮釋，顯然說明了由前文至此，是有從「就妄擇眞」進展到「以眞融妄」的進程。既然「融妄」，則就是崇節所說的「既滅前塵，形量不立。一切即一，性乃圓成」（《龍藏》144，頁 303），已有揭示出一眞的意味。

雖然一眞之意已顯，不過，到了第八番的經文，阿難仍是以妄見提問：「孤山曰：……阿難尙存能所，謂所見既是眞性，則我能見復是何物？」（《龍藏》144，頁 303）對此，《會解》引用戒環的說法，認爲佛意是要顯出一眞之中無是非相對之義：

> 溫陵曰：佛意爲顯見與見緣如虛空華，於中本無是非是義。（《龍藏》144，頁 306）

> 溫陵曰：自住三摩地，即自性首楞正定也。聖人住是定中，了見萬法惟一圓融清淨寶覺，曾無非是，此正答所問也。見，根也。見緣，境也。所想相，識也。根、境、識三，攝盡萬法。夫能了諸緣元一寶覺，無是非是，則從前眞妄虛實、倒心緣影、疑異分別之情，豁然而蕩矣！（《龍藏》144，頁 306）

就戒環之說來看，顯然意在顯眞。不過，仁岳的說法除了顯眞之意外，還包括了破妄的部分：

> 吳興曰：「我眞文殊」，答第一義例，立菩提妙淨明體也。「無是文殊」，答第二義例，破色空是見也。「然我今日非無文殊」，答第三義例，破色空非見也。「於中實無是非二相」，總結破意。夫眞無是非，是非由妄。……實而言之，眞性本來無是非是。（《龍藏》144，頁 306～307）

仁岳雖然也道出了「眞無是非」、「眞性本來無是非是」，不過，認爲經文同時也破斥了「色空是見」與「色空非見」的「是非二相」。而到了最後的部分，顯然都認爲經文之意是超越了相對的眞與妄，顯示出了絕對一眞：「溫陵曰：

出指……非指，言是非雙泯也。吳興曰：物爲所指，見非可指。眞性俱離，
故云『出指非指』。」（《龍藏》144，頁307）

　　雖然一眞已經揭露，阿難在第九番中，仍然繼續提出自然與因緣之說來
難問。因此，對於本番的詮釋，《會解》仍是破、顯並存。破的部分，是針對
阿難的妄見而發，也就是《會解》所引用的戒環之說：「溫陵曰：釋非自然也」
（《龍藏》144，頁309），「溫陵曰：釋非因緣也」（《龍藏》144，頁310）。而
顯的部分，則是揭示了一眞超越了妄情偏計，是「離一切相，即一切法」：

> 溫陵曰：疊拂偏計，眞是（筆者案：戒環於《要解》中作「直示」，
> 當以此爲是。）精覺也。因緣、自然、是非等相，皆是妄情偏計分
> 別。精覺妙明本無是事，故曰「離一切相」。偏計既離，則圓成實體
> 觸處現前，故曰「即一切法」。祖師所謂「但離妄緣，即如如佛」，
> 又云「是非已去了，是非裏薦取」，此「離一切相，即一切法」之意
> 也。（《龍藏》144，頁310）

在此所說的「疊拂偏計」，即是針對阿難所提出的「因緣、自然、是非等相」
的「妄情偏計分別」加以遮遣而言。一旦妄情遮遣，眞體自然顯露出來。值
得留意的是，在此所說的妄，已不是就個別可計的各種妄相而言，而是就作
爲諸妄總稱的偏計所執來看待。因此，「偏計既離，則圓成實體觸處現前」。
由《會解》在此的說解，以及其所引用的禪宗祖師所說的「但離妄緣，即如
如佛」，可以很清楚地看出《會解》對於破、顯二者關係的認識，是一體的，
並非截然劃分爲二體。換言之，《會解》在此所說的破與顯，並非破妄爲一事，
顯眞爲一事，亦即不將破與顯分爲兩階段而言。若破與顯分爲二體，則《會
解》的詮釋，應該在破妄之後，另外更顯一個眞體。然而，《會解》的詮釋，
卻是「是非已去了，是非裏薦取」，只要超離妄緣，如如之體當下即顯，顯然
顯眞不離破妄，破妄即可顯眞，而且，破妄的同時即是顯眞。因此，在《會
解》的詮釋中，破與顯，其實是看似相反、實則相成的關係，二者統合，則
臻於「亡然存然，不可得而名焉」（《龍藏》144，頁310）之境。

　　到了第十番，《會解》仍是破、顯並存。在《會解》看來，其實前文既已
遮遣偏計所執，則圓成實體已顯，無需詞費。然而，阿難再以因緣之說提出
難問，則佛陀便再就此而破、顯。《會解》說：

> 補註曰：……前舉精覺妙明，既已盡拂因緣、自然之計，且以戲論
> 分別如手摩空等語責之矣！而阿難滯情未解，再引世尊常說因緣以
> 爲問難，由是重拂因緣，發明眞見。（《龍藏》144，頁312）

顯然要破的妄，是就阿難再次的以因緣爲難問而言。對於本番經文中再次言及見暗仍爲見一事，《會解》認爲與首番所言及的盲人覩暗之例「所破有異」。《會解》說：

> 吳興曰：若必見暗等，與初卷盲人覩暗見性是同，所破有異。前顯見性是心，且破眼根能見；今顯見性非明，廣破因緣能見。破緣既廣，顯性實深，由是下文談見見非見。（《龍藏》144，頁311）

在《會解》看來，首番經文中，只是破除阿難「眼根能見」的誤解而已，如今所破，則是就一切因緣全部而言，相形之下，自然是「所破有異」，而且是「破緣既廣」。而就顯眞的方面而言，「若必見暗等，與初卷盲人覩暗見性是同」，顯然見性並不因爲經文的進展而有別，不過，就「顯」一事而言，則是隨著經文的進展而逐漸加深，亦即在此所說的「顯性實深」。這一逐漸加深的「顯性」，必須特別留意，指的並不是眞性本身有所謂的淺深之別，而是就對阿難所進行的彰顯動作而言，有由淺至深的進程。即便「顯性實深」，仍與「見性是同」並不相互衝突。而破緣之後的「見見非見」，《會解》則認爲是對於前文見精不還更進一步的詮釋。《會解》說：「補註曰：此明離緣之見即見精也。向於八還文中，且指見精爲不還者，今於下文則遣之矣！」（《龍藏》144，頁311）前文所言的見精，即是在此所揭示的「離緣之見」，而眞見則尙須進一步離此「離緣之見」。《會解》說：

> 吳興曰：準前文云「見明之時，見非是明」等，皆以能見見於所見，能非是所也，例今「見見之時」義亦如是，即以前之能見復爲今之所見。蓋言眞見見於見精之時，眞既無妄，故曰「見非是見」也。（《龍藏》144，頁311～312）

這是以能所相對的模式來解釋，指出原本作爲能見的見精，實則爲眞見之所見，能離此見精，方爲純眞之眞見。關於眞見與見精的眞妄關係，《會解》中有特別的闡述。《會解》說：

> 夫見精者，映色之性也。見雖屬妄，其性元眞。當知見見之時，無別所見，只是見於見中之性耳。然則若未見性，性在見中，同名見精。若能見性，性脫於見，方名見見。（《龍藏》144，頁312）

所謂「見雖屬妄，其性元眞」，這是指出了見精與眞見既有相異又有相同之處。相異之處，是眞見爲純眞，見精屬妄。相同之處，則是這屬妄的見精，其性仍爲眞性，與眞見相同，這由「若未見性，性在見中，同名見精」一語也可

看出。因此，所謂的「眞見」，在《會解》看來「無別所見」，並非另有一個獨立於見精之外的「眞見」，而「只是見於見中之性」，亦即見得屬妄的見精中的「元眞」之性，便是眞見。此時的「眞見」，同於在此所說的「若能見性」的「見性」，爲一實證動態的描述，而不是一個指涉固定對象的名詞，如首番「見性是心」所說的「見之性」。一旦「性脫於見」，由見精中見得眞性，認識中的眞性已不再與見精之妄混雜，便是實證動態的「見性」、「眞見」。《會解》在最後特別補充說明原本阿難是以因緣難問，何以經文要言及離見課題的緣故。《會解》說：「補註曰：……蓋謂眞見尚離於見精，故見精有所不能及，何況因緣、自然、和合等說而能及之哉！」（《龍藏》144，頁 312）在《會解》看來，言及離見，即「眞見尚離於見精」，不只是明白交代出何爲眞見，同時還有對於「因緣、自然、和合等」種種情計的遮遣，在顯眞的同時，破妄也得以圓滿完成。

　　總結《會解》對於十番經文的詮釋，可說是破、顯並存的詮釋模式。雖然在詮釋進路上採取的是「破妄見」的路子，認爲經文是因爲要破斥阿難之迷而開展，不過，在實際詮釋的過程中，很明顯地，顯眞的部分並未缺席。換言之，「破妄見」作爲一種進路，只是過程而已，並不是目的，目的仍在顯眞，顯出「性脫於見」的、純眞無妄的眞見。而由首番到十番的詮釋，則是一個漸破漸顯的進程。

第三節　眞鑑對於《會解》破妄進路之辯破

　　關於「十番顯見」的經文，眞鑑不只以嶄新的詮釋進路重新疏釋，提出了自己的主張，同時還在詮釋的過程中，屢屢言及《會解》的詮釋有誤，並特別於《正脉疏懸示》中立「顯見不決定」條，專門就其認爲《會解》的破妄之誤進行辯破。關於眞鑑對於《會解》的辯破一事，其實正是詮釋的衝突。由於本論文的研究焦點主要是在眞鑑的詮釋方面，因此，就這場詮釋衝突來看，至少可以概略由兩方面來留意：首先，是由眞鑑對於《會解》辯破的角度來觀察。眞鑑會對於《會解》進行辯破，自然是因爲其不滿《會解》的詮釋。不過，不滿與辯破本身是否能達成目的，未必就能夠劃上等號。這時，其辯破方式是否能夠達成預期成效，亦即有關其批評的有效性的問題，便值得加以檢視。其次，就身處今日的研究者而言，雖然未必能夠完全對於這場

詮釋衝突加以仲裁，不過，難道就因此而連尋找一個可能對話的新詮釋空間也毫無希望？由創造的詮釋學的立場來看，這應該不是一件令人絕望的事〔註6〕。因此，下文將就以上所提及的兩方面來進行考察，分別是本節所要探討的眞鑑之辯破《會解》的破妄進路，以及在下一節中，重新尋找使雙方對話的、新的詮釋空間。

　　由前文的考察，可知眞鑑對於「十番顯見」的經文，完全採取的是顯眞的進路。他在「十番顯見」的最後，對於十番經文的要旨作出總結。眞鑑說：

> 通上十科論之：初科，則顯其脫根、脫塵，迥然而靈光獨耀。二科，則顯其離身、離境，凝然而本不動搖。三科，則顯其盡未來際究竟不滅。四科，則顯其從無始來本有不遺。五科，則顯其無往、無還，挺物表而常住。六科，則顯其不雜、不亂，超象外以孤標。七科，則顯其性元自在，轉萬物而大小何局？八科，則顯其體本混融，譬一月而是非莫辯。九科，則顯其諸情不墮，遠越乎外計、權宗。十科，則顯其自相亦離，轉入於純眞無妄。顯見至此，可謂顯之至矣！
> 舊解總將如是顯意而悉爲破見，此予所以不得已而重疏之一端也。
> （《卍續》18，頁406）

就這總結來看，前後十科的要旨，依眞鑑的說法，都是「顯其⋯⋯」，完全是在「顯見」，然而，《會解》卻將這顯見的用意完全誤解爲「破見」，眞鑑自陳其重新注疏的原因在此。眞鑑這種顯眞進路的提出，完全是針對《會解》的破妄進路而發。不論是在眞鑑自己對於經文的詮釋，還是眞鑑對於《會解》的辯破過程中，都可以發現眞鑑的立場十分堅定，毫無妥協讓步的空間。對

〔註6〕傅偉勳指出：

> 詮釋學實與所謂「（純粹）客觀性」甚或「絕對性」毫不相干，對於「客觀性」或「絕對性」的無謂迷信或偏向，動輒導致嚴重的學術武斷與自我標榜，有如自扮「詮釋學的上帝」角色，對於人文學科（humanities）與社會科學（social sciences）的進步發展構成一大絆腳石，足令我們現代學者自我警惕。

對此，他的看法是：

> 詮釋學的探索所能獲致的，充其量祇不過是一種「相互主體性脈絡意義的詮釋強度或優越性」（hermeneutic priority or superiority in the intersubjective context）而已。⋯⋯眞實的詮釋學探討（必須）永遠帶有辯證開放（dialectical open-endedness）的學術性格，也（必須）不斷地吸納適時可行的新觀點、新進路，形成永不枯竭的學術活泉。

傅偉勳《從創造的詮釋學到大乘佛學》，頁3。

此，值得探討的，是眞鑑究竟是如何來辯破《會解》破妄的進路？是純粹由自己的立場來進行跨越式的批評，形成各說各話的局面，還是入室操戈，曾嘗試由《會解》的思路來進行難破？而其辯破的過程，是純粹辯破？還是有破有立？考察清楚這些問題，將更有助於了解眞鑑對於「十番顯見」的主張。

根據筆者的考察，發現眞鑑對於《會解》的辯破，並不是純粹辯破而已，而是有破有立，而其過程，除了由眞鑑自己的思路來指出其所立，以對比出《會解》之誤外，眞鑑還曾嘗試由《會解》的思路來加以廓清諸多癥結之處。以下將分別就其破立兩方面進行探討。

壹、辯破《會解》看重「眼見」的思路

批評的目的，是爲了確立自己的主張，同時取消對方主張的合理性。因此，關於批評一事，便不應只是就一方的思路來單方面進行，而是也應由對方的思路中，來找尋出其思路中的矛盾或是盲點。如此的批評，才能算是有效的批評。

一、辯「心目雙徵」的用意在心

有關《會解》主張破妄的詮釋進路一事，就《會解》的立場來說，自然有其破妄的思路。要辯破《會解》，尋找其思路而指出其誤，可說是一條重要的途徑。依眞鑑的觀察，認爲《會解》之所以會主張「破妄見」，特別留意有關「妄見」的課題，是由於《會解》對「心目雙徵」的解讀有誤。眞鑑說：

> 破識之初，因雙徵心、目，遂謂佛意竝破心、目。上既破心，次當破目，而謂目即見，故因佛舉拳類見，遂言從此皆是破見也。（《卍續》18，頁276）

依照眞鑑的觀察，關鍵在於「心目雙徵」處的解讀。既將「目」視爲經文闡述的主題之一，則接著便會引導出與目相關的見，而認爲向後經文言及見之處，都是在「破見」。

所謂「心目雙徵」，指的是在本經開頭，當阿難遭受摩登伽女之難，爲文殊師利提獎歸來，向佛陀請法，佛陀問以「當汝發心緣於如來三十二相，將何所見？誰爲愛樂」（《大正》19，頁107），而阿難答以「如是愛樂用我心、目。由目觀見如來勝相，心生愛樂，故我發心願捨生死」（《大正》19，頁107），提出心與目兩項課題。於是佛陀順其答語而提出問題，說：

> 如汝所說，眞所愛樂因于心、目。若不識知心、目所在，則不能得

降伏塵勞。譬如國王爲賊所侵，發兵討除，是兵要當知賊所在。使
汝流轉，心、目爲咎。吾今問汝：唯心與目今何所在？（《大正》19，
頁 107）

這「唯心與目今何所在」，便是所謂的「心目雙徵」。

前文考察《會解》破妄見的詮釋進路時，即已指出《會解》會關注到妄
見，是因爲在對經文開頭阿難的發心見相處的詮釋，已作出了妄心與妄見兩
條詮釋脉絡的定調。其後經文詮釋的展開，便是根源於此處阿難見相的「緣
塵分別之見」，以及發心的「妄想攀緣之心」。此外，關於「心目雙徵」，《會
解》在詮釋時，除了分別由這兩條脉絡來進行外，還進一步指出心與目指涉
的內涵是作爲「妄體」的識與根。《會解》說：

此正陳妄體也。目即眼根，心即意識。根、識虛妄，猶如空華，……
故後文云「六爲賊媒，自劫家寶」。無始虛習、住地無明，皆由根、
識，更非他物；想相爲塵，識情爲垢，生死輪轉莫不由斯。故下推
徵，令知虛妄。（《龍藏》144，頁 269）

依據《會解》的思路，後文的徵心、辯見，用意便是在處理這造成「生死輪
轉」的、虛妄的根與識。因此，關於侵王之賊，《會解》也以「心、目合賊」
（《龍藏》144，頁 269）來詮釋。

就眞鑑由「心目雙徵」這一點來進行難破而言，先不論其辯破的過程與
成效，僅就由這點入手而言，至少已經可以說是掌握到了《會解》思路的關
鍵，嘗試要由《會解》的思路來進行難破。

眞鑑對於《會解》由「心目雙徵」而來的看重「眼見」（妄見）的思路，
在《正脉疏懸示》中特加辯破。眞鑑說：

破識而乃心目雙徵者，非欲心、目竝破也，欲得其所執心處而破之。
恐因心不可見而生逃避，故帶目之可見、有定在者以例顯之，令決
說出心之定在如目在面而已。觀佛結問云「惟心與目今何所在」，阿
難結答云「浮根四塵祇在我面，如是識心實居身內」。由是如來既得
心所在處，遂破心不在內等，更不提目。可見但是帶言例顯，本無
竝破之意。如必執言目當與心相次而破，則前言識在身內，即破不
在身內，前言目在面上，亦應破其不在面上。然文中固無此言，而
亦豈有此理乎？是則本此而爲破見之由者，決是差誤無疑也。（《卍
續》18，頁 276）

真鑑在此先強調的是他對於「心目雙徵」的解讀，認為心與目並非同時是關注的焦點，焦點只在心，亦即在此所說的「欲得其所執心處而破之」，這是「心目雙徵」的唯一目的。至於同時提及目，其只有「帶言例顯」的作用，是要藉此「目之可見、有定在者」，來引導阿難說出「不可見」的心其「定在如目在面」。換言之，目在「心目雙徵」一事中所扮演的角色及所具有的目的，都只是為了成就心而已。真鑑在提出其論點後，進一步說明其論據，是由阿難對於心與目何在各自回答後，便看到佛陀將處理的重點完全集中在心的方面，而「更不提目」，足證「心目雙徵」並無「破目」的用意。除了正面闡述自己的論據外，真鑑還由反面，亦即依循《會解》破心之後破目的主張來推導，認為阿難答以「如是識心實居身內」，佛陀便「破不在身內」，則同理阿難說「浮根四塵祇在我面」，佛陀也應「破其不在面上」。然而經文的發展並非如此，則由此而來的推導，自然也難成立。其實，關於真鑑在此的辯破，還可以補充一點來加強其說。當佛問「惟心與目今何所在」時，其實目在面上，盡人皆見，這問目可說是明知故問。足見問目非真，真問實是在不可見之心。

就真鑑在《正脉疏懸示》中的辯破來看，其辯破可謂成理，解讀可謂精細。不過，真鑑更重要的發明，則是在《正脉疏》中。他在《正脉疏》中指出：

> 緣此雙徵微意難知，以致諸家誤謂破心之後次當破目，遂將顯見之旨盡成破見之宗，千載迷根實基於是。《懸示》辯之未盡，今當更與拔之。（《卍續》18，頁 331）

可知《正脉疏》的發揮，是接續了《正脉疏懸示》的論辯。在《正脉疏懸示》中，真鑑的論辯，其實只是就經文表面可見的發展情況，以及由反面觀點的推導來論破，並未就「心目雙徵」的深層意涵有所發揮。而關於這部分，則正好由《正脉疏》的詮釋來彌補。

所謂「難知」的「雙徵微意」，真鑑指出有三點。其中，第三點的「例眼顯然，易徵處故」（《卍續》18，頁 331），說「佛知眾生迷識為心，決定惑為色身之內，恐阿難逃遁、不肯直言，故借眼之顯然在面取例，而徵心在何處也」（《卍續》18，頁 331），其實就是《正脉疏懸示》中的觀點，指出提及目的用意，是要「借眼之顯然在面取例」。而第二點與第一點，在《正脉疏懸示》中則並未言及，這兩點才是真正進一步的發揮。

「雙徵微意」的第二點，是「媒賊相依，責須連帶故」（《卍續》18，頁331）。關於這一點，眞鑑的說明是：

> 蓋阿難既惟認賊爲子，佛欲破賊指迷，其奈眼實賊媒，引識奔色，故佛責識流轉，語須連帶於眼，而言心目爲咎也。（《卍續》18，頁331）

眞鑑提出的這項說明，除了是要解釋「雙徵微意」外，其實，還同時解答了由破妄進路所可能提出的質疑。先就眞鑑本身的意思來看。所謂「認賊爲子」，指的是阿難錯以識心爲眞心。這「賊」指的是識心。然而，阿難會如此錯認，問題的造成，不只識心（賊）本身有責，「引識奔色」的眼（賊媒）也脫不了關係。因此，眞鑑認爲「語須連帶於眼」的原因在此。眞鑑這項說明的內容，本來是爲了解釋「雙徵」的用意，才會言及心（賊）與目（賊媒）的關係。不過，他同時也解決了由破妄進路所可能提出的質疑。因爲在經文中，佛陀明言「使汝流轉，心目爲咎」（《大正》19，頁 107），似乎明白指出心與目二者皆爲造成流轉的過咎所在。在這一點上，眞鑑並未否認，不過，眞鑑將過咎的主從區分開來，擒賊擒王，「阿難既惟認賊爲子，佛欲破賊指迷」，顯然重點是在賊的部分，而佛陀的用意主要也在此。就這方面而言，眞鑑仍能穩穩確立其焦點只在心，目爲兼帶的主張。

有關「雙徵微意」最重要的發明，則是在眞鑑的第一點說明中。他特別強調說「是雖三意皆徵心帶目之由，而最初之意甚深，人所難見」（《卍續》18，頁 331）。有關這「人所難見」的、「甚深」的「最初之意」，眞鑑的說法是「密顯凡迷取捨顛倒故」（《卍續》18，頁 331）。他解釋說：

> 蓋根、識不離，而眼中見性即是菩提眞本，亦即奢摩他體。眾生日用不知，但惟認識爲心、隨識輪轉，甚可哀憐。故佛雙舉，以觀阿難取何爲心。阿難果但以見爲眼，而終取愛樂爲心，於是極破非心。之後所指妙明之心，依舊即此能見之性而已，豈有他哉！（《卍續》18，頁 331）

依照此說，則「雙徵心目」的「甚深」「微意」，便是指出了溝通入眞與流轉的管道在於六根，也就是本經後面所說的「汝欲識知俱生無明，使汝輪轉生死結根，唯汝六根，更無他物。汝復欲知無上菩提，令汝速登安樂解脫、寂靜妙常，亦汝六根，更非他物」（《大正》19，頁124），以及「令我生死輪迴、安樂妙常，同是六根，更非他物」（《大正》19，頁124）。在此，「根、識不離」，

而作爲「菩提眞本，亦即奢摩他體」的「眼中見性」，也是不離於根，則根便是入眞與流轉的中介。若由根見性，便是入眞；由根認識，便是流轉。阿難在此，是「由目觀見如來勝相，心生愛樂」（《大正》19，頁107），顯然是由根而「引識奔色」，這就是眞鑑所說的「取捨顚倒」。對此，經文是以破識非心來解決認識爲心的問題。而「之後所指妙明之心」，仍是就中介來指出。這「心目雙徵」的「甚深」「微意」，在眞鑑看來，便是作爲後文破妄與入眞的伏筆，點出眞妄二者的分水嶺正在於六根。眞鑑的這段詮釋，照應前後，眞可說是精微入奧。

二、辯「舉拳類見」的用意在心

在前文中，眞鑑已明白指出，《會解》是因爲對於「雙徵心、目」的誤解，而造成向下經文佛陀的「舉拳類見」處，也連帶地認爲重點在目，而作出「破見」的詮釋。這「舉拳類見」，指的便是在「七番破處」後，阿難重新請求佛陀開示奢摩他路處的一段經文：

> 「阿難，汝今欲知奢摩他路，願出生死，今復問汝。」即時如來舉金色臂，屈五輪指，語阿難言：「汝今見不？」阿難言：「見。」佛言：「汝何所見？」阿難言：「我見如來舉臂屈指爲光明拳，曜我心、目。」佛言：「汝將誰見？」阿難言：「我與大眾同將眼見。」佛告阿難：「汝今答我如來屈指爲光明拳，耀汝心、目，汝目可見。以何爲心當我拳耀？」阿難言：「如來現今徵心所在，而我以心推窮尋逐，即能推者我將爲心。」（《大正》19，頁108）

關於這段經文，就阿難的回答來看，所謂的「曜我心、目」與「眼見」，都是延續前文「心目雙徵」而來的說法，似乎心與目都是關注的重點所在。然而，眞鑑在經文「佛言：『汝將誰見？』阿難言：『我與大眾同將眼見』」下，卻有一段深造入奧的獨到詮釋。眞鑑說：

> 如來前文云「將何所見？誰爲愛樂」，意已深含，辭猶隱略。此處有三審試太煞丁寧，學者不可不著眼。一則舉拳語阿難言「汝今見否」，阿難言「見」。二則曰「汝何所見」，阿難答以「見光明拳」。三則曰「汝將誰見」，阿難又惟答以「眼見」。如來可謂重重顯示，阿難可謂頭頭錯過矣！如來見阿難始終不能薦取，不能直認見性爲心，只得落草盤桓，更問「以何爲心當我拳耀」也。此意甚深難知，故特

為宗通者漏洩之。(《卍續》18，頁347)

眞鑑先指出，佛陀所要彰顯的深意，早已預含在前文的「心目雙徵」中，只是該處在言語的表現上尚嫌隱略。而到了本處經文時，前文的深意，則已十分明顯可見。可見的關鍵，便在於佛陀問話中所蘊含的引導用意，眞鑑特別提醒「學者不可不著眼」。如果將詮釋的眼光由阿難的答語來看，則「見」、「見光明拳」與「眼見」，很容易讓人以為本處經文的重點在目。然而，阿難的答覆在眞鑑看來卻是「頭頭錯過」，則明顯可知，關注的重點並不在目。眞鑑認為，本處經文的焦點，應當就佛陀的「太煞丁寧」處來著眼。佛陀在此先問「汝今見否」，再問「汝何所見」，三問「汝將誰見」，在眞鑑看來，這眞是「重重顯示」的太明顯了。所謂的「重重顯示」，便是顯示由「見」中來認識眞心。問題是阿難並未能「直認見性為心」，還在眼上打轉，於是佛陀「只得落草盤桓，更問『以何為心當我拳耀』也」。眞鑑所謂的「落草盤桓」，便是將希望阿難自行領悟的「心」明白地說出，即在此的「以何為心」。在眞鑑看來，雖然佛陀不斷地對於「見」提問，不過，其用意實是集中在「心」，眞鑑在經文中讀到了這項經文背後的眞意，因此特地將此發明出來。

如果將眞鑑的詮釋回過頭置於經文中來看，則「舉拳類見」的用意在心，便更加明顯。當佛陀一問、二問，乃至三問，而阿難仍就目來答「眼見」時，佛陀接著所說的是「汝今答我如來屈指為光明拳，耀汝心、目，汝目可見。以何為心當我拳耀？」顯然佛陀對於阿難錯認焦點為目一事予以放過，因此會順著阿難所說而說「汝目可見」。而接著問「以何為心當我拳耀」，則是將要為阿難指點的焦點——「心」明白提出，這很明顯地是要將焦點扭轉回來心上，因此也才會有阿難所回答的「如來現今徵心所在」。阿難的回答，其實便證實了佛陀「舉拳類見」的用意，是在心而不是在目。

三、辯「盲人矚暗」喻的用意不在「破目」

眞鑑認為，除了由「心目雙徵」的誤解，而延續下來錯解了「舉拳類見」之外，《會解》「破目」的誤解，還一直持續到「十番顯見」的首番經文中，有關「盲人矚暗」譬喻的部分。眞鑑在《正脉疏懸示》中提到，他認為《會解》會主張「破妄見」一說的原因之一，便在於此。他說：「佛引盲人矚暗，發明見不是眼，恰似破目，遂謂此是破見無疑。」(《卍續》18，頁276)

關於「盲人矚暗」的經文是：

佛告阿難：……彼無眼者非見全無。所以者何？汝試於途詢問盲人

汝何所見，彼諸盲人必來答汝：「我今眼前唯見黑暗，更無他矚。」

以是義觀，前塵自暗，見何虧損？（《大正》19，頁109）

這段經文的主旨，便在於「無眼者非見全無」，亦即說明無眼仍能有見。而無眼有見的用意，焦點並不在「無眼」，而是在「有見」。《會解》會有「破妄見」之說，便是將焦點放在「無眼」上，認為既然說無眼有見，「發明見不是眼」，便似乎是在「破目」。然而在眞鑑看來，焦點卻並非如此，應在「有見」上。他論證說「佛引盲人矚暗，但顯眼無而見不曾無」（《卍續》18，頁276），這「但顯眼無而見不曾無」一說，確實掌握住「無眼者非見全無」的唯一主旨。而對於這項主旨詮釋的焦點，眞鑑則認為應放在見上。因此，他接下來的推論是：

足知見不是眼。既不是眼，便乃是心，所以酬當機索要妙明心也，非以破眼爲正意。……是則但顯見性，非爲破眼。而因之以成破見之惑者，是又一差誤矣！（《卍續》18，頁276～277）

既然「無眼者非見全無」，同時焦點又是在見上，則可知「見不是眼」。而「見不是眼」並不是結論，結論是要正面說出見究竟爲何，而下文正好接續此處而作出答覆，指出「見性是心」。足證「但顯見性，非爲破眼」，「非以破眼爲正意」，而可知「破妄見」一說之誤。

除了「盲人矚暗」後的經文可證結論是要說出心之外，眞鑑還由前後經文的大脈絡，來論證此處經文的焦點是在正面揭示出心。眞鑑說：

夫如來既破阿難素所堅執之識以爲非心，則阿難却問如來何者是寂常妙明之心，而如來此時要須有箇是心的還他，方纔了事。不然，即當索之無休，何緣又起破斥？且他將舊執一時放下，單單索要那箇是心，却破他箇甚麼？若說此時該破，則是連問答說話的次序也不知道，安能發揮佛意？（《卍續》18，頁274）

眞鑑指出，十番顯見之前的經文，主旨是在破斥識心不是眞心。而如今阿難「却問如來何者是寂常妙明之心」，顯然是承接前文識心被破斥，才會接著問說何者是眞心。而既然阿難的妄心被破，又向佛陀請示眞心，則這時經文的重點，自然應當是回應阿難眞心之請，爲阿難明白指出。依據經文的發展，不應該是在破斥。而就經文實際的情況來看，也確實是如此。眞鑑說：

佛本於眼根中指與他一段見性，表其有眼無眼、或明或暗，其體恒存。即靈光獨耀，迥脫根塵，不同前心離塵便無自體。末後又申其

正義，而判定云「是心非眼」。以眾生平日只知此見是眼，不知是心，所謂迷己爲物。如來斬新指出，向他道：「你問何者是心，此之見性即是汝心。你如何一向只作眼解，不解是心？你從今當知此見是心，非是眼也。」夫前破彼識非心，今顯此見是心，一非一是，敵體相翻；一破一顯，詞旨灼異，極爲分明順暢，亦是問答相應自然語勢。

何故千有餘年，諸師齊言此處是破妄見？（《卍續》18，頁 274）

真鑑認爲，經文的用意，是在由眼根中指出「迥脫根塵」的、有體的見性，並進一步明言這即便是「矚暗」或是無眼的盲人也都具備的見性，便是前來阿難不斷索求的真心。既回應了前來經文的關注焦點，同時，前後經文的「前破彼識非心，今顯此見是心」，這「一非一是」、「一破一顯」，其相對也極爲鮮明。這便是真鑑以「問答說話的次序」、「問答相應自然語勢」爲判準，來辯析「盲人矚暗」的用意不在「破目」。

貳、突出本經的用意在由根性顯真心

真鑑辯破《會解》的「破妄見」，除了嘗試就《會解》的思路來一一辨析其誤外，還以明白指出本經用意的方式來對比《會解》之誤。就辯破的活動來看，真鑑對於《會解》的主張，並非純粹以破斥來處理，而是有破有立。如果純粹只是破斥而並未提出不同且明確的主張，則在辯破活動中，必定容易遭受到質疑，而形成各說各話的局面。對此，真鑑明白且正面地提出其看法，認爲經文的用意，是要揭示由根性來顯真心。這個觀點，在《會解》的詮釋中並未受到重視，然而，卻是真鑑所認爲的核心要義所在。他在《正脈疏懸示》中，曾一一提出其認爲《會解》致惑的疑根，並一一加以辯破，而在結尾處總結說「今既各明其故而疑根已拔，則顯見爲心之旨，庶可以決定無疑哉！」（《卍續》18，頁 277～278）這「顯見爲心之旨」，便是真鑑所立之以凸顯《會解》之誤的主張。

關於「十番顯見」的詮釋，雖然真鑑辯破的是《會解》由本番經文開始所提出的破妄進路，而另行主張顯真進路，不過，其顯真的內涵，卻並不是在詮釋「十番顯見」處才開始，而是在「七番破處」之前，當佛陀對阿難說明一切眾生之生死輪轉相續，「皆由不知常住真心性淨明體」（《大正》19，頁106）處即已開始。真鑑在對「常住真心性淨明體」的詮釋時，除了一一就其字詞說明其內涵，指出「常住，則非生滅。真心，則非妄心。性淨者，本自無染。明體者，本自不昏」（《卍續》18，頁 329）外，還特別補上一句「即後

文根中指出、漸次開顯如來藏妙眞如性」（《卍續》18，頁 329）。這「後文根中指出」，便是眞鑑在「十番顯見」處所要突出的由根性顯眞心的要義，而這要義，在經文開頭處，眞鑑已經加以預告。

而到了「七番破處」後，當佛陀爲阿難指出眾生顛倒、不得成就之故，在於「不知二種根本，錯亂修習」（《大正》19，頁 108）時，眞鑑對其中的眞本「識精元明」（《大正》19，頁 108）的詮釋，也特別突出了本經由根性顯眞心的用意，來對比《會解》「破見」之誤。眞鑑的說法是：

> 識精元明者，六根所具圓湛不生滅性，識精乃其總名，本惟一體。若應六根而列別名，當是見、聞、齅、嘗、覺、知六精也。五卷諸佛證云「汝復欲知無上菩提，令汝速證安樂解脫寂靜妙常，亦汝六根，更非他物」，驗知菩提涅槃元清淨體決指六根中見、聞等精，所以破識之後，首即顯見情（筆者案：疑爲「精」）爲妙明本心也。舊註全不達此，故迷爲破見耳！（《卍續》18，頁 345～346）

在此本來應該只是要解釋「識精元明」而已，不過，「六根中所具圓湛不生滅性」一語，不只說明了「識精元明」是「不生滅性」，也指出了其認識的管道在於「六根」。眞鑑的證據，是後面經文中所明白說出的「欲知無上菩提，令汝速證」，關鍵是在阿難的「六根」，由此絕對可證知「菩提涅槃元清淨體決指六根中見、聞等精」。眞鑑認爲，這也就是經文在破識心之後，立即接續「顯見精爲妙明本心」的緣故。《會解》會誤解經文爲「破妄見」，便是未能明白看出經文要由根性顯眞心的這項用意。

經文的這項由根性顯眞心的用意，眞鑑認爲到了「十番顯見」處最爲明顯。他在《正脉疏懸示》中特別強調這項用意，並以此來對顯《會解》的「破見」之誤。眞鑑說：

> 此方於根中指出見體，合下共有十大段文，極顯見性不動、不滅、不還等。如來眞慈，只要當機者捨前所執妄識，取此新顯見性而執持之，認爲眞實本心。蓋惟恐其不肯執持，豈有破意哉！請觀下文，阿難尚猶重重不肯認取：一則曰「云何得知是我眞性」，一則曰「見必我眞，我今身心復是何物」，一則曰「與先梵志冥諦眞我有何差別」。此等疑情翻復不定，如來方與重重決疑、重重顯妙，責其不領、勸其執認之不暇，尚敢少加破斥哉！如是展轉十番，俱是顯示見性之意，而諸註總皆迷爲破見，而云「下文七徵、八辨重重逐破者，

此也」。(《卍續》18，頁 275)

眞鑑認爲，十大段的經文，都是就「於根中指出見體」一事大加發揮，其用意，一方面是要阿難捨棄前文所破的妄識，同時還企盼認取並執持這新揭示的見性作爲眞心。就用意上來看，尚且擔心其「執持」不夠堅定，如何還會有破斥之意？眞鑑並徵引阿難在「十番顯見」過程中的反應來證明其主張。他就阿難在佛陀明白開示「見性是心」後，還多次懷疑地問難，如「云何得知是我眞性」，「見必我眞，我今身心復是何物」，乃至「與先梵志冥諦眞我有何差別」等問題的提出，證明了阿難的反應是「疑情翻復不定」，「重重不肯認取」。面對這種反應，佛陀的處理，自然是恨不得阿難領取執認這由根性顯眞心的用意，應該不可能再加以破斥，則「諸註總皆迷爲破見」，其誤解自然就不言可喻。

除了在《正脉疏懸示》中，以闡述經文的用意來對顯《會解》「破見」一說之誤外，在《正脉疏》中，也是採取相同的作法。眞鑑說：

> 權、小惟認前六識心以爲勝用，至於六根，一向目爲色法，總攝無
> 記。故於修行分中不知、不用，常如遺失，所謂「眾生遺此本明」
> 也。今佛於破妄之後，應當機之懇求，急欲其捨彼識心、認此根性，
> 若不先以極顯其眞，何以使其決定取此新悟而捨彼舊執乎？……舊
> 註自此總謂破妄見，遂令學者不敢直認見體爲心，違佛本旨甚矣！
> 千載差誤，不可不知。(《卍續》18，頁 355～356)

在此，眞鑑先以六識與六根來對比出本經所要宣說的重點，是集中在「修行分中不知、不用，常如遺失」的六根，然後就經文前後的脈絡，指出用意在「捨彼識心、認此根性」，在「決定取此新悟而捨彼舊執」。對於「十番顯見」的經文，是要「認」、要「取」，而其所認、所取的則是「見體爲心」之旨，這「極顯其眞」才是經文眞意。相形之下，《會解》以「破妄見」來詮釋，則容易造成讀者以爲既然是要破斥，便「不敢直認」，如此一來，便自然是違背經文本意的錯誤詮釋。

第四節　尋找一個可能對話的新詮釋空間

就眞鑑的立場以及其對於《會解》的辯破來看，似乎其顯眞進路的詮釋，較爲符合經文原本的脈絡與用意，同時，其顯眞的進路，也似乎與破妄之說無法兩立，亦即有關「十番顯見」經文的詮釋，在眞鑑看來，只能是顯眞，

不可是破妄。然而，在前文中，眞鑑曾提及了一項困惑：「何故千有餘年，諸師齊言此處是破妄見？」這項困惑卻不得不令人重新思考顯眞與破妄的關係，是否眞的只能是勢不兩立的詮釋衝突？還是可以有交集，把臂共行，有新的對話空間？當然，眞理固然是不可以以量化的結果爲標準來衡量其爲眞的程度，不過，千載諸師的共同看法，怎能就如此完全推翻而毫不感到懷疑？

　　而由經文詮釋的角度來看，除了顯性的經文意涵外，是否也可以給予隱性的經文意涵存在的空間？所謂「顯性的經文意涵」，指的是依經文脈絡所開展出來的意涵，有其可見的針對性。如本經針對阿難而發，自有其當機眾的針對性。因此，才會有太虛所說的「佛法中修行人，有男女緇素諸部類。所修行法，往往因人之部類而異宜。按之本經，則當以出家男子之苾芻爲獨宜」〔註7〕。然而，是否不具備此「苾芻」條件者便不應走向此途？無法由本經得益？亦即本經的效用，是只有在顯然可見的經文脈絡所規範的範疇中才得以完成，還是允許其可以由既有的經文，繼續延伸出不同的觸角，存在著多元空間的可能性？這「由既有的經文，繼續延伸出不同的觸角」的「隱性的經文意涵」，指的便是由未隨著經文脈絡而開展的部分，所加以延伸出來的意涵。這部分意涵的發掘與公開，則有賴於讀者的參與詮釋。如本經中原謂六根功德各有優劣〔註8〕，而獨重發明耳根圓通〔註9〕。然而，祩宏在《摸象記》

〔註7〕　太虛在《大佛頂首楞嚴經研究》中，曾説明其認爲「行人上之本經相對位置──苾芻者」的原因有二：

　　　　第一、以發起及當機者之阿難尊者，是苾芻故，且是好心出家具戒多聞之苾芻故，佛自然多就苾芻所宜行者開示之。

　　　　第二、無論修耳門之圓通，持頂光之神咒，皆須嚴淨律儀；否則不能現生成就，但可遠資勝緣，或且不免墮佛邪故。

　　　　因此，其結論是「本經行法雖不限人修證，而除苾芻外，餘一切人勢較難」。見太虛大師全書編纂委員會編《太虛大師全書》，頁1742。

〔註8〕　在《楞嚴經》卷4中説：

　　　　六根之中，各各功德有千二百。阿難，汝復於中克定優劣。如眼觀見，後暗前明。前方全明，後方全暗，左右傍觀三分之二。統論所作，功德不全：三分言功，一分無德。當知眼唯八百功德。如耳周聽，十方無遺。動若邇遙，靜無邊際。當知耳根圓滿一千二百功德。如鼻嗅聞，通出入息。有出有入，而闕中交。驗於耳根，三分闕一。當知鼻唯八百功德。如舌宣揚，盡諸世間出世間智。言有方分，理無窮盡。當知舌根圓滿一千二百功德。如身覺觸，識於違順。合時能覺，離中不知。離一合雙，驗於舌根，三分闕一。當知身唯八百功德。如意默容，十方三世。一切世間出世間法，惟聖與凡，無不苞容，盡其涯際。當知意根圓滿一千二

中詮釋時，則說：「千二百功德，六根各具。然六根性中本同，而以對六塵用分全闕。良由時方選擇，圓通似有優劣耳！若夫豪傑之士，根根功德無不具足。」（《卍續》19，頁 18）這是將詮釋的焦點由經文原本要在優劣中選擇一根，轉爲強調六根皆可。既然六根皆可，則圓通便不局限於經文所明言的耳根圓通。袾宏對此的發明是：

> 如來法王，於法自在。時當耳根，則一切法趨耳，而眼等諸根皆在所揀；時當眼根，則一切法趨眼，而耳等諸根復在所揀。四科、七大，萬法皆然。神而明之，存乎其人而已！（《卍續》19，頁 26）

所謂的「時當」，既說出了經文脈絡所明言之法的針對性，同時也說出其爲方便的相對性。如此一來，「萬法皆然」、「於法自在」，關於詮釋空間的開放性，可以看出，是繫乎詮釋者的開放程度。對此，袾宏繼續發明道：

> 世人徒知今經獨貴耳根，不知他經云此五根者意爲之主，則耳根不圓通歟？世人徒知此經獨尚觀音，不知他經云正法眼藏惟付迦葉，則觀音不得正法歟？持百千萬億觀音名號不如一稱地藏，則觀音不足稱念歟？喻如夫子云「吾與點也」，未聞顏、閔之見棄也。又云「君哉！舜也」，未聞堯、禹之不君也。敬母而慢父，譽日而毀月，拘人曲士之僻見耳！尚何足以語圓通哉！（《卍續》19，頁 26）

依袾宏的詮釋來看，顯然其所謂的「圓通」，已不局限於本經所獨重的耳根圓通，同時，其詮釋的基礎，也已由本經轉而擴展到「他經」，其實，可說是擴展到整個佛法來看。這時便要問，是否只有顯性的經文意涵才能完成本經預期的目的，亦即使讀者的生命實踐得以成就，而由隱性的經文意涵所開展出來的詮釋則否？結果恐怕不言可喻。

　　若在此基礎上來重新思考破妄與顯眞二者的關係，則除了眞鑑所主張的

　　　　　百功德。（《大正》19，頁 122～123）
　　依經文之意，六根之優劣，當以圓滿一千二百功德的耳根、舌根與意根爲優，而僅有八百功德的眼根、鼻根與身根爲劣。
〔註 9〕《楞嚴經》卷 6 說：「此方眞教體，清淨在音聞。欲取三摩提，實以聞中入。」（《大正》19，頁 130）又說：「但以此根修，圓通超餘者。」（《大正》19，頁 131）有關本經耳根圓通之研究，可參考胡健財《《大佛頂首楞嚴經》「耳根圓修」之研究》（臺北：政治大學中國文學系博士論文，1996 年）；〔韓〕崔昌植〈《楞嚴經》の觀音耳根圓通について〉，收錄於村中祐生先生古稀記念論文集刊行會編《大乘佛教思想の研究》（東京：山喜房佛書林，2005 年 6 月），頁 265～279。

勢不兩立外，其他對話的可能性或許也可以大大提高，亦即在保留眞鑑顯眞進路的同時，是否有可能既彰顯見性，又在某種程度下將《會解》的「破妄見」之說含攝進來，而不採取辯破的方式，以免陷入當時如傳燈，乃至後代之相互批評的境地？由此來看重新尋找新的詮釋空間，便具有其意義以及重要性。這時，恐怕必須思考幾個問題：首先，是有關眞鑑與《會解》雙方對於眞與妄的認識。在這部分，需要先確立《會解》所顯之「眞」與眞鑑所顯是否並無衝突？若有衝突，則就不必進一步吸納《會解》的「破妄見」之說，逕予否定可也。若無衝突，雙方可以相容，乃至相同，則溝通便容易產生交集。這時，「眞」既然有交集，則在《會解》的詮釋中都能眞妄並存，難道在眞鑑顯眞的進路中，連保留一點餘地給「妄」的部分會竟然都不可能？這個問題便值得探討。其次，眞鑑對於經文的認識，認爲是「顯」，而這顯與破在經文詮釋上的關係，是絕對不能共存，還是可以，乃至相輔相成？有關這對破妄與顯眞二者關係的處理，前人也曾有所涉及，不過，結果卻大相逕庭。因此，以下將先就前人相關的處理進行介紹，然後再針對眞鑑與《會解》雙方對於眞與妄的認識，以及顯與破在經文詮釋上的關係，尋找出新的詮釋空間。

壹、前人對於顯眞與破妄二者關係的處理

有關顯眞與破妄的關係，自從眞鑑提出只能顯眞而非斥破妄的主張後，便有不同的意見出現。眞鑑稍後的錢謙益，在其《楞嚴經疏解蒙鈔》中，便曾明白指出「今師開章立義，廣伸互析，似是而非，略有三端」（《卍續》21，頁 103），其中的第一端便是有關「徵心顯見」（《卍續》21，頁 103）的課題。有關這顯眞與破妄的衝突，有人曾嘗試解決這項詮釋衝突，不過，也有主張衝突不可化解。

主張顯眞與破妄並不衝突者，如眞鑑同時的傳燈與智旭，以及稍後的錢謙益，乃至清代的靈耀。傳燈之說，見於《楞嚴經圓通疏前茅》中。他說：

> 經文初約七處徵妄心無所，次約三處徵妄心無體。此顯破妄心，密顯眞心。次會見歸心，約十義明眞見。此傍破妄見，正顯眞見。（《卍續》89，頁 497）

就此來看，傳燈對於經文的詮釋，顯然不是單就可見的經文來說明，而是顯與密雙方面並言。如他對於七處徵心的詮釋，便區分爲「顯破妄心」與「密

顯眞心」。其中的「顯破」，指的是經文所明言者，而「密顯」則並非經文所
明言，不過，卻是經文所蘊含的意義。這「顯」與「密」的雙重詮釋，是具
有互補的作用。傳燈接著所說的「次會見歸心，約十義明眞見」，指的便是眞
鑑所說的「十番顯見」的經文。關於這部分，他的看法是「傍破妄見，正顯
眞見」，顯然他也認爲「十番顯見」的主要用意是在「顯眞見」，因此才會有
「佛之本意正在顯眞，至於破妄，皆不得已而然」（《卍續》89，頁516）的說
法。對於「不得已而然」的「破妄」，他則以「傍」來處理。而這「正顯」與
「傍破」，在傳燈的詮釋中，則有相輔相成的作用。他對於這「傍破」的部分，
有具體的交代。他說：

> 經文初、二兩卷有破有顯，有傍有正。……顯見性去，顯眞爲正，
> 破妄爲傍。故顯眞文多：十種見性是也。破妄文略：首言是心非眼；
> 驗見不動，且密破動者爲非；童耋無遷，則密破遷者爲非；以不還
> 破還，則密破可還者爲非；乃至以大破小等例有密破之意。（《卍續》
> 89，頁513）

在傳燈看來，雖然經文「顯眞文多」，不過，在顯眞的同時，也存在著「密破」
之意。如顯「是心」，同時也說「非眼」；顯「不動」，則「密破動者爲非」；
顯「不還」，則「密破可還者爲非」。顯然這顯眞與破妄，是可以「正」「傍」
並存，而且有相輔相成的關係。

智旭的看法，也與傳燈不謀而合。他在《楞嚴經文句》中說：

> 初總示萬法惟心。此文舊皆判屬破妄，謂前是破妄心無所，今方破
> 妄心無體。不知妄心惟其無體，是以無所。妄心空處，全體即眞。
> 是故前雖一往破妄，已是密顯於眞。況今瑞表眞常、明示二本，指
> 諸法之惟心，唱妙心之有體，何非直顯眞性？至於呪破舊迷，祇是
> 破妄之餘陣耳！故應以顯眞爲正，破妄爲傍也。（《卍續》20，頁468）

對於七處徵心的詮釋，智旭與傳燈一般，並不只就可見經文所言的「破妄」
來說，而是說「妄心空處，全體即眞。是故前雖一往破妄，已是密顯於眞」，
同時照顧到詮釋的顯與隱兩方面。而對於七處徵心之後的經文，則認爲是「直
顯眞性」，「破妄」只是「餘陣」。因此，他也以「顯眞爲正，破妄爲傍」這「正」
與「傍」來安排顯眞與破妄的關係。

稍後的錢謙益，對於眞鑑只許顯眞的主張有不同的看法，而認爲顯眞與
破妄應該是「正」與「助」的相成關係。他在《楞嚴經疏解蒙鈔》中說：

> 今人苦諍顯心，別立十番顯見，不知古師此科元以顯眞爲正，破妄
> 爲助。妄、眞一體，非妄何以顯眞？破、立同時，非破何以成立？
> 若言前破非心，不應重破，破、立不是同時；若言前破妄見，此但
> 顯眞，眞、妄居然二體？心、見兩門，如來成立。曾無外見之心，
> 寧有離心之見？苦諍十番顯見者，判左右爲異耳，固是支離；定指
> 一往顯心者，辨眼目之同稱，均成附贅。（《卍續》21，頁103）

所謂的「今人苦諍顯心，別立十番顯見」，指的正是眞鑑之說。對於這十番的
經文，依錢氏的考察，認爲「古師此科元以顯眞爲正，破妄爲助」。這「古師」
的「顯眞爲正」之說，正是要減弱眞鑑重新提出「顯眞」一事的特出性，意
味著前人即已有如此的主張。而前人在「顯眞爲正」的同時，則並不否定「破
妄爲助」所具有的作用。其立論的基礎，便在於「妄、眞一體」與「破、立
同時」。因此，除了正面「顯眞」之外，反面的「破妄」，其實也是同時由另
一方面來成就「顯眞」，並不應該否定其作用。錢氏在另一段文字中，也曾發
表看法。他說：

> 正約心見科中，長水立廣辨見性，文長義博。自後寂音九段廣破無
> 明，北峯三科初開圓解。雖復遮、表不一，咸歸於破妄顯眞明如來
> 藏心耳！近師不安舊文，苦諍十番顯見。此立彼破，章門日煩。竊
> 謂……破見正以顯見，經云「是眼非燈，是心非眼」，非顯見而何？
> 顯見即是顯心，經云「獲淨明心，得清淨眼」，非顯心而何？（《卍
> 續》21，頁179）

在錢氏看來，即便寂音或是北峯的詮釋是「遮、表不一」，結果都是「破妄顯
眞明如來藏心」。換言之，表也爲此，遮也爲此，不應對於不同的詮釋進路捨
此取彼。因此，他才會有「破見正以顯見」、「顯見即是顯心」的說法。

到了清代的靈耀，對於眞鑑只能顯眞的主張，在其《楞嚴經觀心定解》中
也發表了不同的看法：「古人云『破妄見，顯眞見』，交光獨云此是顯見，不是
破見」（《卍續》23，頁640）。對此，靈耀認爲「顯見但是立義之偏」（《卍續》
23，頁641）。換言之，靈耀也是承襲前人「破妄見，顯眞見」並存之說。此外，
靈耀還強調破與立在詮釋中，都是本來即已使用的方式。他說：「先破後立，
法門常規。古人云破妄顯眞，言實不謬。如經中明眼不能見，見者是心，豈非
破妄見、顯眞見耶？」（《卍續》23，頁641）由此可以看出，靈耀是就經文「是
心非眼」這正與反的雙重說明，來確認前人的破妄與顯眞並存之說。

就以上各家所說來看，雖然多有對於眞鑑的批評，不過，必須指出，其與眞鑑的共同點，是皆承認顯眞爲經文的主要目的，而不同之處，則是在於眞鑑不允許「破妄見」的詮釋同時成立，而上述諸家則融攝了破妄之說爲顯眞之助，認爲破妄與顯眞二說並不衝突。

另一類的主張，則是認爲顯眞與破妄的衝突不可化解。今人胡健財便力主二者不可相容。他說：

> 若依《會解》，破妄足以顯眞，是漸顯之眞，慢慢達到目的；若依《正脉疏》，則是即見即心，是頓顯之眞。換言之，破妄只是破其妄，不足顯眞，若有所顯，也不是眞，因爲「眞」是不假方便，自得心開。然則，二者之間，何者爲是？筆者支持《正脉疏》的說法，而不主張調和二者之不同。〔註10〕

依此說來看，胡氏之所以認爲二者不可相容，原因是在於《會解》所顯之眞「不是眞」，只有眞鑑所顯才是眞正的「眞」。胡氏評判的準據，顯然是以顯眞過程爲頓顯或漸顯來論斷。就其認識，眞正的「眞」是「不假方便，自得心開」。而《會解》竟然有「破妄」的方便，是「漸顯」，是「慢慢達到目的」，則其自然懷疑《會解》「破妄」的方便「只是破其妄，不足顯眞，若有所顯，也不是眞」。胡氏主張背後的預設，其實頗有錢氏所批評的「眞、妄居然二體」之意。

以上這兩類對於顯眞與破妄二者關係的主張，可說截然不同。如果要重新尋找新的詮釋空間，便不得不先留意以上兩類主張所言及的問題。在主張不衝突者的部分，該留意的是「破妄」是否眞的能爲「顯眞」之助？而在主張衝突者的部分，則應留意《會解》與《正脉疏》在顯眞方面的區別，是否眞的是頓與漸之別？而《會解》所顯之「眞」，又是否眞的與《正脉疏》所顯之「眞」不同，而如同胡氏所說的「不是眞」〔註11〕？如果眞的「不是眞」，則嘗試含攝《會解》「破妄見」的作法，自然也就無需進行。此外，「破妄只是破其妄，不足顯眞」，破妄又是否眞的與顯眞毫不相干，對於顯眞毫無助益？

〔註10〕見胡健財〈《楞嚴經正脈疏》「指見是心」詮釋意涵之探析〉。該文收錄於《第一屆楞嚴經學術研討會會議論文集》（臺北：華梵大學佛教學系，2011 年 5 月），頁 143。

〔註11〕胡氏曾特別提醒說：「需要分別的是：《會解》認爲破妄是顯眞，而其『眞』是相對於『妄』之眞，還是超越一切之眞？」見胡健財〈《楞嚴經正脈疏》「指見是心」詮釋意涵之探析〉，收錄於《第一屆楞嚴經學術研討會會議論文集》，頁 143。

解鈴還需繫鈴人。若將以上的問題統合整理，則要尋找新的詮釋空間，還是得回到眞鑑對於《會解》的辯破中來思考。在《正脉疏懸示》中，眞鑑將問題歸納爲兩方面。他說：

> 諸師……皆齊於舉拳類見章中，總皆標爲破斥妄見。標雖標定，及至逐文詳釋，又見分明皆是顯見妙處，却又順佛釋爲顯見。遂令學者觀其標處全是破見，看其釋處却是顯見，而標、釋全不相應，破、顯兩無決定。（《卍續》18，頁276）

> 諸師千載於一見性，或標、釋兩不相同，或心、見析爲二體，遂令破顯無定而眞妄難憑（《卍續》18，頁277）

> 諸註不達，全迷顯眞，而總標破妄。破、顯既以無定，眞、妄竟以難憑。於見、於心，一異莫決，竟皆墮於非眞之迷，而卒不敢領見爲心矣！（《卍續》18，頁279）

就眞鑑所說的這三段話來看，其認爲《會解》的問題出在兩大方面：一爲「標、釋兩不相同」、「標、釋全不相應」，由此而造成「破顯無定」。所謂「破顯無定」，這是有關詮釋方法上的問題。另一爲「心、見析爲二體」、「於見、於心，一異莫決」，由此而造成「眞妄難憑」。這「眞妄難憑」，則是有關詮釋內容上的問題。以下將由這兩方面入手，來尋找新的詮釋空間。

貳、由眞妄的角度來觀察

一、真鑑顯見性之說的「真」與《會解》顯真見之說的「真」

在嘗試尋找新的詮釋空間之前，必須先確認一事，亦即對於眞鑑顯見性一說必須先予以保留。因爲就眞鑑的角度來看，這由根性顯眞心之說爲其獨到的發明，無論如何也不能讓步。眞鑑曾特別強調說：「此顯示根性，非但只爲經初要義，而全經始終皆以此爲要義。故開示時，從眼根而開；修入時，從耳根而入。」（《卍續》18，頁279）換言之，在眞鑑看來，這「顯示根性」的重要性，不只是就其在全經開頭處的位置而言，而是籠罩全經。不論是見道時的由眼根開示，或是修道時的由耳根圓通修入，都是建立在這項基礎上。而其評破諸師爲「破顯無定而眞妄難憑」，也是以此爲準據而言，即上文所引的「諸師千載於一見性」中的「見性」。

確立這項在詮釋上不能讓步的基礎後，則必須進一步探究的是，眞鑑所彰顯的見性，是何種的眞？而《會解》所認爲眞的眞見，又是何種之眞？是

否與眞鑑所言之眞有所衝突？或是可以並存無礙？

先就眞鑑所言之眞來看。依眞鑑之說，其顯見性之眞，並非純眞，而是帶妄之眞，換言之，即眞妄和合之眞。他在「十番顯見」開頭處，特別立了「帶妄顯眞」一科，藉由自行設問的方式來闡述其說。他說：

> 問：既曰顯眞，何又帶妄？蓋此根中之性即第八根本識，所謂識精元明，緣所遺者。……今所顯者，但於凡夫分上，正惟黎耶實體。經後偈文亦稱陀那細識，舉勝稱揚也。其體，全是眞心而具無明。雖具無明，而眾生分上，捨此無別眞體，非比前心無體非眞也。……雖有二種顚倒見妄，姑帶之而且不遽破，故曰「帶妄顯眞」。直至十番顯後，方乃一番破除。（《卍續》18，頁 355～356）

依眞鑑的看法，在此所顯的「根中之性」，正是經文前面所提及的二種根本中的眞本，即「無始菩提涅槃元清淨體」（《大正》19，頁 108），在此所說的則是「識精元明，緣所遺者」。雖然是眞本，不過，經文在此時所顯的情況，是「但於凡夫分上」、「眾生分上」，亦即是就未解脫時而言。這時即便眞本「全是眞心」，卻「具無明」。而其妄則是在「十番顯見」後，才一次加以破除。換言之，由於在「十番顯見」處的重點，在於彰顯其眞，雖然這眞本是「具無明」，不過，「眾生分上，捨此無別眞體」，所以不得不暫施權宜，先兼帶妄見來彰顯見性，這便是眞鑑所說的「帶妄顯眞」。

雖然眞鑑在此已略微說明了帶妄而顯的不得已之故，不過，在後文的詮釋中，他還是不斷地自行設問來補充說明。如他設問說：「問：何不即指純眞之心，而乃用此曲示、費此申明乎？」（《卍續》18，頁 379）就問題而言，已可知悉其所顯之眞並非純眞。眞鑑會如此「曲示」的原因，便在於他是以對象來區分眞妄比例的程度。他說：「蓋究竟離妄純眞之心，惟佛乃具，等覺尚帶生相無明，何況地前諸位，乃至五住凡夫，現前何有純眞之心？」（《卍續》18，頁 379）眞鑑認爲只有佛陀的眞才是「究竟離妄」的「純眞」，此外，都必會兼帶不同程度之妄。在此情況下，「眾生現量，離此根中之性別無可指」（《卍續》18，頁 379）。既然如此，只好權且、也只能由此根中之性來顯眞。至於這由帶妄之眞而顯的成效，是否能達成顯眞的目的，眞鑑則認爲毫無問題。他的解釋是：

> 眞雖不純，體終不變。如金在鑛，離鑛無金。……故佛直指根性爲心，如指鑛說金，金即在鑛，非離鑛外而別有金也。此處祇因其無

明未剖，尚有歉於妙之一字，故佛略抑揚之，意在表其切眞耳！……
行人時中但請認取此性，萬無一失。譬如收買金鑛者，時下雖非精
金，眞金終不外鑛而得。使其棄鑛求金，非惟并金亦棄，將必惑於
鍮石，而眞金終不可見矣！豈不大可惜哉？（《卍續》18，頁 379）

眞鑑以金與鑛的關係來譬喻，指出「佛直指根性爲心」的作法，如同「指鑛
說金」，雖然並非指出眞心，即「眞雖不純」，然而，要見眞金卻「非離鑛外」，
而且「體終不變」。即便在經文的開展過程中，因爲仍然帶妄而爲佛陀所「抑
揚之」，不過，這並不影響要「表其切眞」的本意。他在解釋經文所談到的第
二月時，也一再強調說「喻中月無異體，捏之則爲第二月，放之則爲第一月，
非有一體一影之差；法中心無異體，帶妄則爲見精明元，除妄則爲妙精明心，
亦無一實一虛之別」（《卍續》18，頁 277）。因爲「心無異體」，所以即便帶妄
時稱之爲「見精明元」，實則其體與除妄後的「妙精明心」同一無異。因此，
他敢斬釘截鐵地保證「但請認取此性，萬無一失」。

　　就以上所說來看，眞鑑所顯見性之眞，是就凡夫、眾生的角度來說其爲
眞妄和合、並非純眞，然而，「其體，全是眞心」，則顯然眞妄和合中之眞實
爲純眞。接著要問的，則是《會解》顯眞見之眞，又是如何？

　　根據前文的考察，關於十番的經文，《會解》顯然是將眞正的顯眞標準，
設定在第十番經文「離見」的眞見。前文指出，在對於首番經文進行詮釋時，
《會解》即便已指出了「見性是心」，卻仍只是說「漸明眞見」，可知其所看
重而要闡釋的「眞」，指的是「眞見」，而非見性，而其破、顯並存的詮釋所
要顯的部分，則指的是顯阿難的眞見。到了第二番經文詮釋的最後，《會解》
即便已明白地指出了「已上經文，雖明見性不動」，不過，卻緊接著說「然猶
未論此見亦妄，離見乃眞」，以及「此寄龜相，密談眞見，分別顯了，並在後
文」。這時，已可清楚看出《會解》顯眞的目標——眞見，是設定在第十番經
文中「離見」的眞見。此說延續到對於第五番經文的詮釋時，《會解》雖然指
出了「見性不還」爲該處經文所欲揭示的第一義，不過，仍接著以後面經文
所說的「但一月眞，中間自無是月非月」，「見見之時，見非是見」等眞見作
爲詮釋的最高標準，來強調在第五番經文中「此見亦可還」。到了第十番，「重
拂因緣，發明眞見」，才完全將眞見的意涵彰顯完成。這眞見，便是離作爲「離
緣之見」的見精，也就是《會解》所說的「性脫於見」，由見精中見得眞性，
而不再與見精之妄混雜。這便是《會解》所彰顯出來的、實證動態的「見性」、

「眞見」。這時的眞見既然連見精也離,則自然是純眞無妄。

　　根據以上的考察,可知眞鑑顯見性之眞與《會解》的顯眞見之眞並無衝突。眞鑑所特別要彰顯的,是首番的見性,其特質是離根離塵,眞中帶妄。《會解》所要彰顯的,則是第十番的眞見,不只離根離塵,還進一步連見精也離,爲純眞無妄。一重在發明帶妄之眞,一重在破眞之帶妄而顯純眞。因此,二者所顯之眞,實可並存無礙。

　　至於要說《會解》所顯之眞「不是眞」,則恐怕未得《會解》的眞意。因爲即便就眞鑑對於《會解》的批評來看,其重點也並非在《會解》無「顯眞」,或是其所顯之眞「不是眞」,而是在「破妄見」與「不決定」二說上大加發揮。換言之,眞鑑對《會解》有關眞性部分的詮釋,其實是承認的。如果眞要說《會解》在顯眞方面的詮釋有過,求全之責,那也只能說其在詮釋的過程中,並未特別彰顯出「根性」來作爲入眞的關鍵門戶。關於這一點,傳燈早已一針見血地指出,並給予了公平的論斷。傳燈在《圓通疏前茅》中指出:「諸師非不知所顯眞見,但未分明指陳示人,以此爲過。」(《卍續》89,頁 513)這話還說的有點未分明,《會解》在詮釋中,不是已經明白指出眞見了嗎?如何還說「未分明指陳示人」?如果再就以下的這段話來看,則傳燈之意便十分清楚。《圓通疏前茅》說:「諸師所以爲過者,但未曾著實提醒人於此見性悟奢摩他路爾!豈有總不知如來正顯眞見,如交光之破乎?」(《卍續》89,頁519)這「但未曾著實提醒人於此見性悟奢摩他路爾」,才眞正道出《會解》的不足之處,而這也正相對襯托出眞鑑在顯眞方面,特別彰顯出見性爲入眞門戶的一大發明。

二、眞鑑之混淆見精與見性

　　當然,《會解》之誤並不只如此,只是並非本論文的研究重點,同時也不影響本單元的結果,因此姑且不論。倒是眞鑑在顯見性方面的說法,則似乎有值得商榷之處,那就是其混淆了見精與見性二者。雖然其極力發明的是見性,不過,其所言見性的意涵,則不時會有與見精混淆不分的情況發生。雖是顯眞,未免不純。就眞鑑的詮釋而言,見精的特質,是眞妄和合。眞鑑在解釋經文「見見之時,見非是見」時,說:「前已重重發明見精中眞妄和合。今此上一見字,即見精中本體眞見;下一見字,即見精中所帶一分無明妄見。」(《卍續》18,頁 405)依此說明,可知在眞鑑的詮釋中,眞見爲純眞,見精爲眞妄和合,見精中之眞即爲眞見。又如「帶妄則爲見精明元,除妄則爲妙

精明心」(《卍續》18，頁 277)，「夫見精既曰眞妄和合，則可約義而分眞妄二見」(《卍續》18，頁 403)，說法皆相同。然而，眞鑑最爲自豪的發明——見性呢？根據前文的探討，其所顯見性，是就凡夫的角度來說，因此說是帶妄顯眞，也就是前文所說的「其體，全是眞心而具無明」。就此而言，似乎爲眞妄和合，而這與見精又有何區別？依眞鑑之說來看，似乎是混淆著使用。例如他在解釋「識精元明」時，說：

> 識精元明者，六根所具圓湛不生滅性，識精乃其總名，本惟一體。若應六根而列別名，當是見、聞、齅、嘗、覺、知六精也。五卷諸佛證云：「汝復欲知無上菩提，令汝速證安樂解脫寂靜妙常，亦汝六根，更非他物。」驗知菩提涅槃元清淨體決指六根中見、聞等精。所以破識之後，首即顯見情（筆者案：疑爲「精」）爲妙明本心也。……又復當知佛釋偈文謂陀那細識，正此識精。……因是眞修之本，所以修圓通中，直選耳根聞性，亦此識精。而斯經始終要用所以迥異於諸經者，由此根性以爲之本矣！……元明者，本來自明，非由修斷矣！……然謂之眞本者，眞修根本，以決定能成菩提涅槃故也。

(《卍續》18，頁 345～346)

依此處所說，識精是「六根所具圓湛不生滅性」的「總名」，如果分就六根而言，則分別稱爲見精、聞精、齅精、嘗精、覺精與知精六精。然而，這「六根所具圓湛不生滅性」，如果依六根分別而言，不是應該稱爲見性、聞性、齅性、嘗性、覺性與知性六性嗎？依眞鑑在此的說法，豈非見性即同於見精嗎？又說「菩提涅槃元清淨體決指六根中見、聞等精」，而見精既爲眞妄和合，則菩提涅槃元清淨體是否也該說是眞妄和合？如此一來，又如何能說是「元清淨體」？而說「破識之後，首即顯見情爲妙明本心」，然而就前文的考察可知，眞鑑不斷地強調破識之後的工作，是極力彰顯「見性是心」，則見性與見精在眞鑑看來，似乎可以混用不分。此外，又說識精是「眞修之本」，耳根圓通的聞性「亦此識精」，而本經又是「由此根性以爲之本」，究竟是以識精爲本或是以根性爲本，或者在眞鑑看來，二者其實並無區別？

　　這種混淆的情況，便難免會在詮釋的過程中，造成自己的詮釋困境。例如他在詮釋第八番經文「云何於中有是非是」(《大正》19，頁 112) 時，曾自行設問提到：

> 問：佛初惟以見爲性，而曲明其不與身心萬物爲侶，似謂見獨眞而

> 餘皆妄，令人獨依見性也。今乃論妄，則降見性同是空華；論真，
> 則升諸法同爲眞體，固是理極之論，其奈人之用心將何所適從乎？
> （《卍續》18，頁 396）

就此處的設問來看，似乎是對於其所特別彰顯的見性，究竟是「獨眞」或是如同「空華」之妄產生困惑。其實，問題並不出在見性有或眞或妄的轉變，而是出在眞鑑在此所說的「降見性同是空華」一語上。眞鑑這句詮釋，其實是有問題的。因爲在本段落中，探討的重點，是在見精與物象上。經文明言：

> 唯願如來大慈發明此諸物象與此見精元是何物？於其中間無是非
> 是？佛告文殊及諸大眾：「十方如來及大菩薩於其自住三摩地中，見
> 與見緣并所想相如虛空花，本無所有。此見及緣元是菩提妙淨明體，
> 云何於中有是非是？」（《大正》19，頁 112）

不論是由問話或是佛陀的答覆中來看，都可以看出探討的主題，是「此諸物象與此見精」、「見與見緣并所想相」與「此見及緣」。雖然文字略有出入，其實指涉的都是見精與物象。就是眞鑑自己在詮釋「見與見緣并所想相如虛空花，本無所有」時，也明白地指出「上科文殊雙舉諸物與見精爲問，今亦雙舉以答。故知此科『見』之一字，即舉見精」（《卍續》89，頁 395）。則「空華」之說，自然應當指的是見精與物象，與見性又有何干？又豈有「降見性同是空華」的問題？就「見」而言，自然可爲「空華」，然而，「性」卻不可爲「空華」，而是「菩提妙淨明體」。會有這種「其奈人之用心將何所適從」的理論困境產生，便是由於眞鑑混淆了見性與見精之別。

　　而在《正脉疏懸示》中的說法，也是以見性爲眞妄和合，如同見精一般。眞鑑說：

> 佛明二種見妄者，以根中見性即黎耶體，而本經呼爲陀那細識，《楞
> 伽》言即如來藏心。以其眞妄和合，一切淺智或迷爲非眞，或迷爲
> 純眞，故佛常不開演。（《卍續》18，頁 277）

然而，眞鑑這種說見性爲眞妄和合的例子，卻又有例外。他在詮釋第四番經文「聚緣內搖，趣外奔逸，昏擾擾相以爲心性」（《大正》19，頁 110）時，設問說：

> 問：前謂見性是八識實體，今復以聚緣爲八識功能，得失何分哉？
> 答：此識眞妄和合，故見性取其一分眞理，聚緣取其一分妄情。凡
> 言八識去後來先等者，皆以妄情言耳！後倣此。（《卍續》18，頁 374）

就此處所說「見性取其一分眞理」來看，又似乎是以見性爲眞，而非眞妄和合。究竟見性是純眞，或是眞妄和合，乃至可以與見精混用呢？

有關這些名相的眞妄問題，在今人的研究中也曾論及〔註12〕。不過，似乎皆有不確之處。其實，眞鑑會對於見性有純眞與眞妄和合兩種說法，其意實爲此性在眞見中爲純眞，而在眞見加無明妄見而成的眞妄和合的見精中，則稱爲眞妄和合。然而，這樣的說法便會造成自己在詮釋上的困境，同時也容易造成讀者理解上的困擾。事實上，此性固爲第一月之性，然而第二月之性實則與第一月相同，其月明性實是第一月之月明性，差別只是在由第二月來顯現，而第二月並非眞月，而是眞妄和合之月罷了〔註13〕。因此，見性即使於第二月中，其性仍應爲純眞方是。不論是在純眞的眞見，或是在帶妄的見精中，見性應該皆是純眞。此外，眞鑑既然說「其體，全是眞心」，則這「全是」二字，便已說明了見性本身實是純眞無妄，其詮釋便應貫徹到底，不論

〔註12〕 在「顯見」主題中所談及有關「見」的名相，分別是見性、眞見、見精與妄見。有關這四者的眞妄關係，在目前的研究成果中，曾專作整理者，主要是釋覺華與黃明儀二者。在釋覺華的研究中，曾將見性、見精及眼根三者，與眞月、第二月及水中月影三者相對應，以表列的方式來區別三者的特點。其對於眞月、第二月與水中月影的詮釋關係，是承襲《楞嚴經宗通》的說法。不過，《宗通》中與水中月影相對者，是「緣塵分別之見」而非眼根，故其所列之表似待斟酌。而依其研究成果來看，則似以見性爲純眞、見精爲眞中帶妄，而眼根當爲純妄。詳見釋覺華《臨濟禪法之研究——以《楞嚴經》之詮釋爲主》，頁142～144。黃明儀的研究，則專立一節來探討經中與眞心相關的名相。黃氏也曾將眞月、第二月及水中月影對應本經名相而以圖表來比較，不過，其對應者則與釋覺華所列略有出入，是對應於見性、見精（根大）及妄識。其將「根」區分爲屬於色法的根身（六根），以及屬於心法的根大（六精），承襲的是太虛的說法。而有關眞妄的區別，則依序似乎是純眞、眞中帶妄與純妄。會說「似乎」，是因爲由黃氏的表格說明來看，見性是「本淨元眞，猶離見精之妄，爲帶妄之見精所不能及者」，應是純眞。然而，黃氏在行文的討論中，卻說「以『識精』爲總，各各六精爲別。因爲作用於六根，所以也可稱作『根性』，分別爲『見性』、『聞性』、『嗅性』、『嚐性』、『覺性』、『知性』，所以又有稱《楞嚴經》的修行法門爲『捨識用根』，也就是以此根性爲核心。捨去虛妄的識心，轉而取用帶少分妄的根性。」若依此說，似乎認爲見性同於見精，爲眞中帶妄的性質，如此則與黃氏在表格中所說互有出入。不知黃氏究竟以何者爲是？詳見黃明儀《《楞嚴經》緣起觀之研究》頁37～47。

〔註13〕 有關見性與見精之混淆，以及釐析二者的不同之處，可同時參見拙作〈論交光眞鑑對於《楞嚴經》「八還辨見」說的看法〉，《2011年鶴山21世紀國際論壇·宗教論壇論文集》（臺北：普音文化事業股份有限公司，2011年6月），頁149～150。

是在佛位或凡夫份上,亦即不論帶妄或是不帶妄,仍然「全是眞心」,無有二異。即便在凡夫位上帶妄,仍舊不曾有所染污,不曾虧損其眞,也就是眞鑑在十番顯見中所說的不動、不滅、不失、不還……等,不因眾生之妄而有所影響,即所謂的「污染即不得」(《大正》51,頁 240)。如此將見性與見精詳細區分出來,才能避免詮釋上的困境,也才不會招致傳燈「將見精作見性,是第二大差錯處」(《卍續》89,頁 521),「交光執見精爲眞心」,「交光同外道,執八識爲眞」(《卍續》89,頁 520),以及智旭「以識精偏指第八,必欲專用之以爲體,則是無量劫來生死本,癡人認作本來人,二可痛也」(《卍續》20,頁 471)等的批評〔註14〕。

　　關於見精與見性二者的關係,傳燈曾有頗爲精確允當的分析。他在《圓通疏》中說:

> 吳興引《起信》證見性屬妄,將亦須還,此說似是而非。蓋見雖可還,性不可還。性苟可還,烏足稱性?不知此中前後所明見性,正如來直指菩提涅槃元清淨體之所在,所謂識精元明也。……且無還所辨見性與下周遍所辨之見一乎?異乎?既同一見性清淨所矚,無容作兩樣解說。下結責云「則知汝心本妙明淨」,又云「性汝不眞,取我求實」。以彼視此,愈見旨歸。然則吳興當云見精當還,可也;云見性可還,則不可也。(《卍續》19,頁 463～464)

傳燈這段議論,本來是爲了辨析《會解》在「八還辨見」末所引用的仁岳的詮釋有誤,不過,正好也可用來釐清眞鑑對於見性與見精之混淆。依傳燈之說,「見雖可還,性不可還。性苟可還,烏足稱性」,這可說是一語道破見性與見精之別。因此,「云見精當還,可也;云見性可還,則不可也」,這「當還」的見精,自是因爲眞妄和合,還有妄的成分,所以須還,然而,見性之不可還,不正是因爲其純眞無妄,無所可還嗎?眞鑑正是混淆了二者,才會以「但如鏡中無別分析」來詮釋見性〔註15〕,而遭致傳燈的評破。傳燈在《圓

〔註14〕太虛在《大佛頂首楞嚴經攝論》中也指出:
　　　　若……承聽佛從見聞覺知指出眞性,即取現前昭昭靈靈一段光象執爲眞性,則亦終成虛妄想相而已!故阿難雖已悟「頭自動搖,見無所動,手自開合,見無舒卷」;後復興「若此見精必我妙性,今此妙性現在我前,見必我眞,我今身心復是何物」之問也。
　　　　見太虛大師全書編纂委員會編《太虛大師全書》,頁 1549。
〔註15〕眞鑑在《正脈疏懸示》中說:「佛所顯見性,乃白淨無記,竝無緣塵分別之用。

通疏前茅》中指出：「交光雖曰能悟見性眞常，不免還作門外漢。以其引見精文『但如鏡中無別分析者』爲眞見。」（《卍續》89，頁513）關於這點，傳燈在《圓通疏》詮釋識大經文處，有更詳盡的解說。他說：

> 文先明根、塵，故曰：「汝今徧觀此會聖眾，用目循歷，其目周視，但如鏡中無別分析」。聖眾，塵也。徧觀，根也，即二卷所顯見精、初卷所指識精、根大所指覺明覺精，乃八識中能緣見分。而交光乃指爲眞常，故其有云萬象對照，一念不生，即是其相。不知雖如鏡中無別分析，尚屬無記，欲證無生，要須見見爾！乃認道不眞，以無記爲不生。惧之甚也！惧之甚也！（《卍續》19，頁532）

在此說明了「但如鏡中無別分析」，是「尚屬無記」，是見精，是「八識中能緣見分」，以此來詮釋見性，「以無記爲不生」，不免容易誤導讀者。其實，就《楞嚴經》本身而言，這恐怕也還只是到達「想陰盡者」的境界而已〔註16〕。而對於這有關見性與見精眞妄問題最爲清晰扼要的說解，則該屬傳燈以下的這段說明：

> 蓋如來就根而辨性者，意使人得性而忘根。如曰：「一根既返源，六根成解脫。」又曰：「聞復翳根除，塵銷覺圓淨。」蓋此根眞妄其辨有三：若能生諸緣，則全屬於妄。若見見非見，即復乎元明，則全屬於眞。若但如鏡中無別分析（筆者案：當爲「析」），此即識精，則眞妄相雜。……如天親云：「有分別及無分別皆名爲識。有分別，名識識；無分別，名似塵識。」七大文云「識動見澄」，文殊云「想澄成國土」，皆指見精，即八識也。而交光乃認此以爲眞性，……不知如來所責不成阿羅漢果，皆由執此妄想誤爲眞實。又云「非色非空，拘舍離等昧爲冥諦」，皆指此湛不搖處八識見精也。（《卍續》89，頁520）

傳燈先指出「如來就根而辨性者，意使人得性而忘根」，在這點上，與眞鑑的主張並無二致。不過，眞正的重點，在於「此根眞妄其辨有三」的分析。依

如佛云『但如鏡中無別分析』是也。」（《卍續》18，頁272）在《正脉疏》中也說：「但取照色之時，一如鏡中無別分析，即是見性。」（《卍續》18，頁356）「眼照境時，一念不動，但如鏡中無別分析，此眼根之見性也。」（《卍續》18，頁608）

〔註16〕《楞嚴經》卷10中說：「想陰盡者，是人平常夢想銷滅，寤寐恒一覺明虛靜，猶如晴空，無復麁重前塵影事。觀諸世間大地河山，如鏡鑑明。」（《大正》19，頁151）

傳燈之說，「能生諸緣」爲全妄；「見見非見」，「復乎元明」，則全眞；「但如鏡中無別分析」，「識精」，則是眞妄相雜。則見性自然絕對是純眞無妄，見精爲眞妄和合。他並引用天親之說，來證明即便「無分別」也仍舊是識〔註17〕，而未足以稱之爲性。此外，經中多處所指涉的意涵，其實都是見精，然而，眞鑑卻都誤以爲眞性。

總結以上的考察，可知眞鑑獨標根中見性固爲一大發明，不過，在顯眞的內容方面，即對於「見性」意涵的詮釋上，則有析義未精之處，不時與見精相混淆。即便這可能是由於他要極力強調「眾生分上，捨此無別眞體」，所以企圖由兼帶妄見來彰顯見性的權宜之計，可是，一旦混淆了見性與見精，又如何能達成原本期盼讀者認取見性的預期目標呢？

三、眞鑑將破妄與顯眞截然劃分所造成的問題

確認眞鑑與《會解》在顯眞方面可以溝通後，接著要考察的，則是眞鑑對於破妄的看法。

就前文的探討，可知眞鑑大力評破《會解》之說的要點，便在於《會解》詮釋中的「破妄見」之說。眞鑑認爲，如果說「十番顯見」的經文爲「破妄見」，一來與經文原意不合，再者，其流弊將造成「發妄太過，如輕加緣塵之名，將濫同於三月；強索有還之處，似公抗於佛言。縱有理據，殊妨領悟，徒引人之猶豫，不敢直認見性爲心，其失非小」（《卍續》18，頁379）。

雖然眞鑑批評《會解》的詮釋「發妄太過」，「破妄見」之說有誤，不過，這是否就意味著在眞鑑的詮釋中，破妄見之說毫無存在的餘地呢？恐怕不然。因爲在眞鑑的詮釋中，其實，已不知不覺地給予了破妄見存在的空間。這條線索，便在眞鑑「雙徵微意」的第二點——「媒賊相依，責須連帶故」之中。前文指出，眞鑑提出此說的用意，原是在於強調經文的焦點在心而不在目，不過，既然眞鑑也說「責須連帶」，說「眼實賊媒，引識奔色」，則主犯固然爲首惡，而從犯難道就可以放過嗎？依眞鑑「責須連帶」之說，則顯然他也認爲妄見也有其責，如此一來，豈不是正好呼應了《會解》所破斥的

〔註17〕關於「無分別」也是識一事，日人上田義文也曾指出，依世親釋之《攝大乘論》的說法，意識不只有「有分別」的情況，也有「無分別」的情況，而陳那與法稱也都認爲，即使在意識中也有現量。因此，在此即便說是「無分別」，其實也還是屬於與無分別智相對而言的「虛妄分別」。詳見上田義文〈虛妄分別の廣狹二義〉，《龍谷大學論集》第4卷第353號，1956年10月，頁196～202。

阿難見相的「緣塵分別之見」，而認爲媒與賊都需要加以處理？「破妄見」豈不是正有其存在的正當性？同時，其以心爲賊、以眼爲媒，不也正是《會解》「先破妄心，後破妄見」的理由所在？在這一點上，雙方不是正好可以把臂共行？雖然眞鑑的本意並非如此，卻未料因此反而可以與《會解》之說不謀而合，而且，還給予了破見之說得以保留在其顯眞詮釋中的一個合理而有力的基礎。

　　除了「媒賊相依，責須連帶故」這條線索外，眞鑑對於妄見的處理方式，也值得檢視。眞鑑在《正脉疏》中曾說：「於根，多顯其眞，少破其妄。」（《卍續》18，頁 328）這「少破其妄」，指的是「十番顯見」之後，「剖妄出眞」（《卍續》18，頁 406）所破的二種見妄。眞鑑在「十番顯見」之初，即已特別交代說「特惟就眾生迷位而尚有二種見妄未除，故曰『帶妄顯眞』耳」（《卍續》18，頁 406）。對於這尚未破除的二種見妄與顯眞的關係，眞鑑是以「剖璞出玉」來譬喻。他說：

> 二、剖妄出眞。二種顛倒見妄如璞蘊玉，而見之眞精如玉在璞。故帶妄示眞如指璞說玉，雖珍貴非虛，而麤石未剖、美玉未瑩。此科剖妄出眞如剖璞出玉，精瑩煥發矣！是以前之破識破至無體，乃爲眞破；此之剖妄實體反露，所謂不畢竟破，似破而實顯也，可槩以爲破乎？（《卍續》18，頁 406）。

眞鑑以玉來譬喻眞，以蘊玉之璞來譬喻妄。二者的關係，在「十番顯見」中，還只是「指璞說玉」而已。換言之，在眞鑑看來，彼時眞也未出，妄也未破，必須直到「剖妄出眞」處，才眞正地「剖璞出玉」，眞正地破妄，眞正地出眞。他認爲，這時的破妄並非純粹破妄，而是「實體反露」，是「似破而實顯」，他稱之爲「不畢竟破」。

　　眞鑑將破妄見完全壓縮在這二種見妄處的作法，頗值得商榷。首先必須說的是，即便眞鑑將破妄見安排在「十番顯見」之後，也無法否認他對於破妄見之說存在的接受，差別只在於他認爲顯眞與破妄是分開來詮釋，而非同時進行。就其詮釋來看，似乎認爲顯眞過程中並不需要有破妄意思的存在，亦即「十番顯見」中並不需要同時存在著破妄見之說。因爲破妄見會安排在「十番顯見」之後的「剖妄出眞」時再處理，「直至十番顯後，方乃一番破除」（《卍續》18，頁 356），所以，就其角度來看，顯眞中實無破妄並存的必要，而且，如果並存，說不定反倒會使得原本欲彰顯的、顯眞的主題，其強度因

此而減弱，也就是他所批評的「他家於顯見中，廣立破斷、破常、破身、破境無數頭緒，而正意反晦」（《卍續》18，頁328），「掩其正意」（《卍續》18，頁328）。然而，真鑑這種將顯真與破妄截然區分開來的作法，反而會令人覺得先前「多顯其真」的「十番顯見」，這費盡十番的工夫，竟然還只落個「指璞說玉，雖珍貴非虛，而礦石未剖、美玉未瑩」，反倒不如後面這「少破其妄」的「如剖璞出玉，精瑩煥發」。這豈不是意味著所謂的「多顯其真」，就顯真而言，豈非多費工夫卻仍然未能達成目的？反不如「少破其妄」才能真正地「出真」？則當初何以不直接先「少破其妄」，便可「出真」？何以還要多費功夫卻只能「指璞說玉」，未能出真？顯然這出真的成就，還是必須建立在其後的破妄之上？

其次，真鑑這種將顯真與破妄截然劃開的處理方法，還會造成幾個問題。一是真鑑在詮釋中，認為「十番顯見」之後，因為「尚有二種見妄未除」，所以才有破妄。這似乎意味著破妄早已安排在顯真之後；在顯真之時，乃至顯真之初，早已得知顯真無法令阿難開悟。既然如此，又何需這十番白費工夫的迂迴呢？再者，真鑑說「直至十番顯後，方乃一番破除」，換言之，在「十番顯見」的過程中，不論首尾應皆帶妄，則何以又會在「十番顯見」的最後總結時，說第十番的經文已經是「顯其自相亦離，轉入於純真無妄。顯見至此，可謂顯之至矣」，有此「純真無妄」之說？豈不是與先前所科的「帶妄」之說有所出入？而既已「無妄」，又何須接著破除二種見妄？而且，至第十番為「純真無妄」，則前九番皆尚有妄，這由有妄進展到無妄的過程，算不算是破妄見呢？如果不算，妄見又如何會自行由有至無地消除？除非說是這第十番的「純真無妄」之說有誤。然而，問題恐怕不是出在對於第十番經文的詮釋有誤，因為連於《正脈疏》取其「十之六」（《卍續》23，頁95），認為其「種種卓見高出羣疏」（《卍續》23，頁95）的《楞嚴經貫攝》，也在詮釋第十番經文「見見之時，見非是見，見猶離見，見不能及」時，特別指出說：

> 蓋直顯真性離却見精矣！近交光以為如來意重顯見，力闢破見之說。不知八還以前，可云顯見如金在礦，不能去礦。至此，則真性獨存，而見精自然銷落，如一月是真，更無第二月矣！乃見自破，非人破見也。（《卍續》23，頁173）

顯然至此為「純真無妄」的說法並未有誤，問題是出在真鑑將破妄見完全壓縮在後面的「剖妄出真」，而在十番中「力闢破見之說」的這種顯真與破妄截

然劃分的處理方式。《貫攝》顯然也看到了這個問題，企圖交代十番中有破見，而修正說「乃見自破，非人破見」。這「見自破，非人破見」的修正說法，甚是扭捏。試問，若佛陀不說「非是見」，不說「離見」，這「見」還能「自破」嗎？此外，真鑑認為到二種見妄處才是破妄，意味著二種見妄才是妄見，然則十番中所言及的緣塵分別之見，乃至阿難在十番提問中之見，是否都不是妄見呢？而佛陀是否也並未就阿難提問中的妄見加以處理，而只顧自說自的顯真呢？

真鑑的詮釋，之所以會造成以上所言及的這些問題，其實，是根源於其特重結構的詮釋方法，亦即著重共時性的詮釋所造成的結果。共時性的詮釋，使得顯與破截然劃分開來，早在未顯真之前，即已為破妄預設性地安排了位置，這與貫時性的逐破逐顯、破顯同時顯然迥異。而就在現象界困於真妄交纏的眾生而言，很顯然地，是無法忽略其在虛妄時間中逐次開展時，同時對於真妄兩方面都會產生某種程度的影響。如果是以貫時性的角度來看，阿難若於「十番顯見」過程中便已頓悟，難道還能說他後面「尚有二種見妄未除」？

再說到真鑑否定《會解》的破妄見之說一事。其實，《會解》並不是認為十番經文的目的是在「破妄見」。前文已詳細地考察，《會解》所說的「漸顯真性」，其實，是涵蓋了由「破妄心」到「破妄見」，再到「會見歸心」這一連串的工作。換言之，《會解》的破妄見，並非以破為破，不是以破妄見為目的，用意實在顯真。一方面，在其詮釋內容中已明白指出顯真的部分，而另一項足以作為其並非以破為破的佐證，則是《會解》在說是「破妄心」的七處徵心時，即已在詮釋中強調「佛意破妄無體，令識本真」（《龍藏》144，頁277），「如來七番逐破，使介爾妄心無逃避處。妄賊既除，真王得顯，無生之理於茲見矣！利根上智已合潛悟，但為中下之輩更廣說耳」（《龍藏》144，頁278），「補註云：……上文七番破其妄所，意在顯真」（《龍藏》144，頁278）。破妄心既是「意在顯真」，破妄見豈又不然？如果真鑑自己可以在「剖妄出真」中有所謂「似破而實顯」、「不畢竟破」的說法，則《會解》又何以不可？若要評破《會解》，標準不應有二。更何況《會解》並非到了破二種見妄處才作此「不畢竟破」之說，而是早在真鑑說是「畢竟破」的七處徵心時，即已作如此的說法。如此一來，豈不是要說《會解》「似破而實顯」的顯真之意反倒比真鑑更早？因為《會解》認為經文開頭時即已是「意在顯真」？

回過頭來說，既然十番中可帶妄，則兼攝破妄之說，又為何不可？對於

顯真豈會更糟？若能於十番中含攝破妄為傍，且十番確實也有兼破妄見之處，則上文所言及的諸多問題與矛盾將會渙然而解。對此，傳燈的說法值得參考。他說：

> 蓋雖顯見，不無有破。如前略已言之，有真見、真見精、有緣塵之見。真見固是經文所顯者，重簡緣心，非破見乎？至於屈指飛光驗見不動，觀河之見童耄無邊，若清淨、若廣大等，雖顯□見，猶帶見精而辯。如是見精還當破去，直須如□□尊所謂「吾不見時，何不見吾不見之處」，又□「□□□時，見非是見，見猶離見，見不能及」處，方是清淨實相，方是妙菩提路。此交光雖知其一，未知其二也。（《卍續》89，頁519）

傳燈藉由詳細區別真見、真見精與緣塵之見，來剖析十番經文中「雖顯見，不無有破」的實情。而對於十番中破妄與顯真雙方面更為深造入奧的詮釋，則當屬《貫攝》所說的：「破妄中并見精亦破，是破到微妙處；顯真中并萬象皆真，是顯到微妙處，故曰『微妙開示』也。」（《卍續》23，頁233）

就以上所論，由真鑑自己的理論困境與其對於破妄見的讓步，以及經文的實際情況來看，可知「十番顯見」中實可納入破妄見的詮釋。顯見性為主，破妄見為輔，應該具有這種詮釋空間。

四、有關假方便與不假方便、頓與漸的問題

前文指出，有關主張不能含攝《會解》的原因之一，是以顯真過程為頓顯或漸顯來論斷。真鑑所顯之真，為「即見即心」、「頓顯之真」，而《會解》竟然有「破妄」的方便，則是「漸顯」，是「慢慢達到目的」。因而由「破妄」的方便來論斷「只是破其妄，不足顯真，若有所顯，也不是真」。論斷的關鍵，在於預設了真正的「真」是「不假方便，自得心開」，假方便則為非真。問題是，《會解》與《正脈疏》在顯真方面的區別，是否真的是「假方便」與「不假方便」、頓與漸之別？又是否能由此來區分出雙方的真與非真？

（一）妄與真非為二體

首先，就破妄是假方便，「只是破其妄，不足顯真，若有所顯，也不是真」的說法來看，顯然背後對於真妄二者關係的預設，並非一體，而是錢謙益所質疑的「真、妄居然二體」。因是預設了二體，才有可能得出破妄「只是破其妄，不足顯真」的結論。然而，真與妄果真是二體嗎？僅就經文來看，即可得知並非如此。在第八番「顯見不分」的經文中，即曾明白指出「十方如來

及大菩薩，於其自住三摩地中，見與見緣并所想相，如虛空花本無所有。此見及緣，元是菩提妙淨明體」（《大正》19，頁 112）。在此「如虛空花本無所有」的「見與見緣并所想相」，便是歸屬於妄，然而，雖然是妄，卻並不是與真無關而爲二體的妄。「此見及緣，元是菩提妙淨明體」，這充分地說明了妄之體當下便是真。換言之，妄與真爲一體，這一體便是真體，便只有真體，因爲妄是「如虛空花本無所有」、本無自體的。關於這點，在後面的經文中，也明白指出了「一切浮塵諸幻化相，當處出生，隨處滅盡，幻妄稱相，其性真爲妙覺明體」（《大正》19，頁 114），說明了妄與真二者其實只有一體，即「妙覺明體」。既然只有一體，則破妄如何能說「只是破其妄，不足顯真，若有所顯，也不是真」？這以破妄來顯真最明顯的例子，便是經文中佛陀要彰顯「五陰本如來藏妙真如性」（《大正》19，頁 114）、「六入本如來藏妙真如性」（《大正》19，頁 114）、「十二處本如來藏妙真如性」（《大正》19，頁 115）與「十八界本如來藏妙真如性」（《大正》19，頁 116），亦即顯五陰、六入、十二處與十八界之真，結果卻都是以破妄的方法來完成，一一指出其「虛妄本非因緣、非自然性」（《大正》19，頁 114）。換言之，在佛陀的立場，顯然也認爲破妄亦可顯真、破妄即是顯真、破妄即已顯真，二者並不是截然相反、毫無相關的，而實是有相成之用。

　　有關這妄與真非爲二體一事，智旭在《楞嚴經文句》中，對於「一切眾生從無始來生死相續，皆由不知常住真心性淨明體，用諸妄想。此想不真，故有輪轉」（《大正》19，頁 106）這段經文的詮釋，頗值得參考。他說：

> 此想不真者，即依常住真心性淨明體而成，別無自性。如繩外無蛇性、杌外無鬼性、水外無波性、空外無華性也。……此妄想別無自體，即以真如爲體，所謂隨緣不變。今欲奪其妄計，故曰「此想不真」，猶云此蛇不真，乃至此華不真耳！又蛇相既起，麻相必隱，乃至華相既起，空相必隱，故曰不真耳！實非離真別有妄想！設別有妄，則妄想反有自性，而不可破矣！《楞伽經》云：「妄想無性。」二祖云：「覓心了不可得！」此宗教之大綱要，而斯經之真血脉也！
>
> （《卍續》20，頁 457）

依智旭之說，可以清楚地看出，妄是「別無自性」、「別無自體」，是「依常住真心性淨明體而成」，是「以真如爲體」，而「實非離真別有妄想！設別有妄，則妄想反有自性，而不可破」。而這也正是前文所引的《會解》之「佛意破妄

無體，令識本眞」與「妄賊既除，眞王得顯」的最佳註腳。此外，今人郭勤正在探究第四番「顯見不失」的經文時，也特別留意到這一點。他說：

> 這根本地解除生死根本是和元清淨體不同的他者、外在於元清淨體。也不是元清淨體去產生一個它之外的別的東西！而只是就元清淨體呈現爲某一個情狀時，眾生便將它稱之爲如來清淨法身；而另一個情狀就稱之爲眾生身命。——名稱不同，但還只是一個東西，沒有產生或生起別的東西。〔註18〕

既然妄與眞不是二體，則有關破妄的方便是「只是破其妄，不足顯眞，若有所顯，也不是眞」的主張，恐怕便難以成立。

（二）眞鑑「十番顯見」之顯眞也是方便漸顯

接著要探討的是，雙方是否爲頓漸之別？所謂頓與漸，是就過程之遲速而言。依胡氏所言，眞鑑之頓爲「不假方便」，反襯《會解》漸顯爲假方便，爲非眞。究竟雙方是否爲頓漸之別？就眞鑑的詮釋來看，眞的是「不假方便」的頓顯嗎？答案恐怕不然。因爲眞鑑自己在詮釋中，曾多次明明白白地說其由根指心爲「方便」。除了前一章中已經指出的「十番顯見」是「初方便」之外，《正脈疏》中還有以下諸說：

> 自此顯見已極，而奢摩他從根指心方便，亦盡向後轉名如來藏性，不復呼爲見性之偏名矣！（《卍續》18，頁 423）

> 若不由此方便，從於根中識取迴脫根塵、廣大、寂常、靈知之自性，將何以入眞空絕相之法界耶？（《卍續》18，頁 424）

> 前約初心悟修，須從方便決擇眞妄：捨生死根本，取涅槃妙心。（《卍續》18，頁 481）

而《正脈疏懸示》也是作如是說法：

> 何爲方便？於諸法中分眞分妄、辯正辯邪、許破許顯、有修有證等。良以眞雖本有，而迷之已久，不方便顯之，則終不能見；妄雖本空，而執之已深，不方便破之，則終不能覺。又縱了見分明，若不作方便捨妄從眞，亦終不入。所以，初心必從是入也。（《卍續》18，頁293）

〔註18〕郭勤正〈《楞嚴經》二種根本論——對形上又源初的原理之探討〉，《中國佛教》第 13 卷第 1 期，1986 年 1 月，頁 25。

先用方便門決擇眞妄，文始於徵破識心，而終於非不和合。其中，
於識，決定破其爲妄心，而令其捨之；於見，決定顯其爲眞心，而
令其取之。（《卍續》18，頁 294）

不論是所謂的「從根指心方便」，「由此方便，從於根中識取」，還是「初心悟
修，須從方便決擇眞妄」，都可以證明眞鑑「用方便門決擇眞妄」一事，確實
是方便。相反地，如果「不假方便」，在眞鑑看來，反倒會陷入「不方便顯之，
則終不能見」，「若不作方便捨妄從眞，亦終不入」的困境。因此，就眞鑑的
立場來看，「初心必從是入」，則其指見是心絕對是「假方便」而非「不假方
便」。如此一來，如果是以「不假方便」來衡量是否爲眞正的「眞」，則眞鑑
所顯之眞，豈非也不是眞？

　　除了眞鑑自言是方便外，關於「頓顯」，眞鑑是否曾如此說過呢？經考察
發現，眞鑑不只不曾說其「十番顯見」爲頓顯，反而還說是「漸顯」。他在首
番中的「辨定眼見是心」（《卍續》18，頁 356）下，說：「但悟此見非關肉眼，
則豁同虛空，無礙無邊。所謂常住、妙明、不動、周圓無窮妙義，從此而漸
顯。」（《卍續》18，頁 356）除了自言爲漸顯外，還強調這漸顯方便也仍可通
往眞實，並非因其是方便、是漸顯便「定屬權宗」。他說：

或曰：此則眞妄條然，虛實迥別，諸法差別灼然非一，何以異於權
宗？

答：若但執此方便誤爲眞實，畢竟眞妄不融、因果永異，是即權宗。
此則不然，明知萬法惟是一心、一味平等，而巧從方便捨妄從眞，
及至深心，普融一味。是爲圓家善巧方便，非同權宗之誤住方便也。
如經後初住文云『以眞方便，發此十心』。故知方便之語，非定屬權
宗也。（《卍續》18，頁 293）

由眞鑑之說可知，其方便爲「圓家善巧方便」，而非「權宗之誤住方便」。關
鍵在於其並非如權宗般「但執此方便誤爲眞實」，而造成「眞妄不融、因果永
異」的後果，而是「巧從方便」來達成「普融一味」的目的。尤其是最後所
說的「故知方便之語，非定屬權宗」，深刻地說明了方便、漸顯實無礙於顯眞，
實不應由假方便與否、頓顯或漸顯來論斷所顯內涵之爲眞爲妄。因此，就眞
鑑的立場而言，即便其是方便、是漸顯，也無損於其所顯爲眞。

　　所謂無損於其所顯爲眞，除了由前文對於其顯眞內容的考察，可知其所
顯確實爲眞外，就眞鑑自己所言，還可知道其假方便漸顯之眞爲偏眞，而非

全眞，而其特別強調之處，便在於這即便所顯是偏眞，也仍舊是眞。他是以金獅子爲喻來說明其偏眞仍爲眞的主張，他說：

> 今請以喻明之。譬如金獅子被泥所塗，金體全隱。忽有智者欲以金體顯示於人，將其眼睛擦透，露出金色，則人莫不喜躍，更求擦之。由是漸次大開，全體光明熾然照耀，然終與初擦眼金無有異色，亦無異體。由斯喻以詳經旨，炳然可見。則知三如來藏雖極開顯圓融全體大用，其與初顯根中見性安有二體？特以言不頓彰，取次發揮，從微至著，亦如擦金然也。又當知見聞等性，但是藏心之偏名，而實無偏體。……故佛答請修，教其旋倒聞根所聞根性，即是三如來藏性，豈有異體耶？（《卍續》18，頁 269）

就此說法可知，眞鑑是就達到目的的下手方法而言爲方便，然所顯的內容——見性本身，並不因方法而影響其本質爲眞，如金獅子之眼與其全體終無二金一般。即便所顯的見性爲「偏名」，卻與如來藏性「實無偏體」。因此，偏眞仍爲眞，不因方便漸顯而非眞。

如此一來，是否會陷入別教的質疑呢〔註 19〕？其實，會有別教的說法，是因爲是以天台的藏、通、別、圓四教來進行詮釋，而台宗四教中並無頓教。然而，眞鑑的思路，走的則是華嚴小、始、終、頓、圓五教的模式，依眞鑑的說法，「十番顯見」這部分的經文，其判屬於終實之教。他說：

> 經中所指根性，近具根中，徧爲四科、七大體性，即如來藏眞如隨緣所成陀那細識，乃賴耶別名。而異生翻染，小乘向大，皆當成佛，正屬終實之教。而歇即菩提、圓照法界，兼屬頓、圓二教。（《卍續》18，頁 296）

在此，除了指出「正屬於終實之教」外，還兼明了「兼屬頓、圓二教」。因此，才會有「今斯經既正屬於終實，而兼涉圓、頓」（《卍續》18，頁 300）的說法。

〔註 19〕 清代的靈耀，在其《楞嚴經觀心定解》與《楞嚴經觀心定解大綱》中，以「三番進否」（《卍續》23，頁 576），即「進明圓教」（《卍續》23，頁 576）與「覆圓用別」（《卍續》23，頁 576）這種「借別明圓」的方法來詮釋「十番顯見」的經文，認爲十番經文中有關「融妄即眞」（《卍續》23，頁 690）的部分屬於圓教，而「破妄顯眞」（《卍續》23，頁 690）的部分則屬於別教。其說頗有助於釐清筆者原本對於十番經文層次區別的困惑，十分值得研究，以非本論文主題之故，且俟諸異日。此外，有關本經在判教上的定位，各家主張出入甚大。詳見〔日〕高峯了州〈《首楞嚴經》の思想史的研究序說〉，《龍谷大學論集》第 3 卷第 348 號，1954 年 12 月，頁 66～74。

　　至於眞鑑的詮釋爲何會給人頓而非漸的印象，這恐怕就得由其所顯見性是直通於後之藏性，二者並無本質上的出入這一點來說。眞鑑曾說：

> 此取如來在凡夫時，於六根門頭頓悟圓湛不生滅妙明眞心。此心爲四科、七大根本實性，具足三如來藏全體大用，本來是佛。豈惟但是因性？亦乃即是果性。以諸如來無別所證，乃至證時，更無毫髮增添，所謂從初發心即成正覺。（《卍續》18，頁 311）

正是就這凡夫六根門頭所悟即是眞性，因性即是果性，「無別所證，乃至證時，更無毫髮增添」這點來說爲「頓悟」，因此才有「今令依圓人見解，不離根中頓領常性」（《卍續》18，頁 367）的說法。而眞鑑這「頓意」，則必須到第三卷經文時方才完全。他說：「從初三卷直指藏心本定之體，顯次第空藏也。而大眾各各自知心徧十方、常住不滅，斯則頓意成矣，而圓意猶未彰也。」（《卍續》18，頁 527）而「圓意」則必須到「後之圓融三藏收前次第三藏，而自心本具圓定方以極顯，而無以復加矣」（《卍續》18，頁 528）時，方才圓滿。就這個角度來說，則可稱之爲由頓入圓。然則在此所言之頓，與其所自言的「漸顯」，可有自語矯亂之嫌？其實，二者並無衝突。因爲頓悟是就修行者而言，這部分是由頓入圓；漸顯是就經文的逐次開展而言，這部分則是由偏眞而至圓眞。一指讀者，一指文本，判然兩途，實無衝突。

　　而既知眞鑑的「十番顯見」也爲方便漸顯，則《會解》之「漸顯眞性」也就無需辭費了。二者在這方面，應可相容無礙。

參、由雙方對於破與顯二者的認識來考察

　　根據眞鑑的詮釋進路來考察，可知其對於「十番顯見」經文的詮釋，認爲十番皆爲顯眞。因此，對於破妄之說的存在，大加撻伐，認爲破與顯二者的關係，實不能兩立。如他所說的「破如彈劾奸邪，顯如舉薦賢德。世間豈有舉薦即是彈劾者乎」（《卍續》18，頁 275），「破、顯混濫」（《卍續》18，頁 275），「破、顯兩無決定」（《卍續》18，頁 276），「破、顯無定」（《卍續》18，頁 277），「破、顯既以無定」（《卍續》18，頁 279）等說。由此可知，眞鑑對於破與顯二者的關係，是主張「非有猶豫兩持不決之意」（《卍續》18，頁 278），顯即是顯，破即是破，不容混淆。

　　會有如此破與顯不得兩立的主張，恐怕不得不說與其特重結構的詮釋方法有關。因爲在其特重結構的的詮釋方法中，對於破與顯的關係，是以結構

性的區別與互補來安排。然而，值得思考的是，對於另一類採取貫時性的詮釋者而言，如此對於破、顯二者關係的主張，則不免有失公允。因為對於貫時性的詮釋來說，其對於破與顯二者的安排，並非採取預設結構的方式來區分，而是隨著時間的開展，互為隱顯地同步並行著。對於《會解》而言，所謂的「兩持」，並無眞鑑所批評的猶豫不決的疑慮，而是針對不同面向的述說，而這不同面向的述說，在詮釋上，是可以具有同步的互補作用。以下便是一個明顯的例子。眞鑑在《正脈疏懸示》中，曾如此辯破《會解》所言的「破」。他說：

> 凡有破，因有執也。如前識心，因人知之分明、執之堅固，故方種種破斥，奪其固執。今此見性，阿難示同聲聞，平日竝不知此見是心，誰生執著？却破他箇甚麼？甚無謂也。（《卍續》18，頁 274～275）

就眞鑑的立場而言，認為經文之要在於顯見性，同時，他還先立了一項前提——「凡有破，因有執」，因此，對於所要彰顯的主題——見性而言，「平日竝不知此見是心」，自然無執著的問題，則所謂的「破」，便順理成章地成為「甚無謂」之說。然而，《會解》的詮釋，並不像眞鑑一般，只關注在顯眞的一面，只允許經文中具有一種述說，而是同時照應到眞妄兩方面。就眞性的方面而言，《會解》也是作顯眞之說，不過，這顯眞的同時，破妄的程度也逐漸加深，而破妄程度的加深，對於顯眞來說，則是同時形成一種互補的作用。這種詮釋之所以成立，正是因為其是建立在妄與眞非為二體的理論基礎上。這也就是《會解》在第九番經文的詮釋中，會說「徧計既離，則圓成實體觸處現前」，「但離妄緣，即如如佛」的緣故。因此，當此破彼顯同步運作時，便是一種動態性的消長歷程。這種動態性的同步消長歷程，在特重結構的共時性詮釋者的眼中，便會認為似乎是「猶豫兩持不決」。同時，在結構性分派破與顯之定位者的眼中，當其定位為顯的部分出現破的情況發生時，便容易只就其自身所顯的對象，竟會有遭遇破斥的情況發生而感到不可解，就如同眞鑑認為本處經文對於所顯的見性並無執著，何可言破？不知問題是出在錯認了對方的指涉對象。《會解》言破，是就屬於妄的一面之妄見而言，而其言顯，則是就屬於眞的眞性一面而言，妄需破，眞需顯，破與顯二者豈有衝突之處？反過來說，妄愈破的同時，眞也愈顯，這正是因為將眞與妄視為一體，才能有這種同步進行的此消彼長的詮釋。如果眞的只能允許破是破、顯是顯，

「非有猶豫兩持不決之意」，則不禁令人要問，眞鑑自己在詮釋破斥二種見妄之時，又怎會有「似破而實顯」的「不畢竟破」之說？所謂「不畢竟破」，依眞鑑之說，是「因顯破」（《卍續》18，頁 328），是「本爲欲顯其眞，奈彼有所覆障，故須破其覆障，方顯其眞」（《卍續》18，頁 328）。這一會兒可以「不畢竟破」、「因顯破」，一會兒又是不可以「有猶豫兩持不決之意」，必須在破與顯之間劃清界限，究竟標準何在？豈不是會有自語矯亂之嫌？而如果「不畢竟破」、「因顯破」之說可以成立，則這不正好指的就是《會解》在十番經文中的詮釋實況嗎？

眞鑑會將破中再區分出畢竟破與不畢竟破，而立此「不畢竟破」之說，恐怕是因爲眞鑑自己也隱約意識到結構性的安排，似乎會使得詮釋顯得過於機械式的切割，無法周全地延續其顯眞的進路，爲了解決這破與顯的同時成立在其述說上所面臨的困境，才不得不採取此「似破而實顯」的委曲說法。另一方面，眞鑑這種破與顯截然劃分的詮釋，正是使得其對於「十番顯見」的定位，必須在經文中被劃歸於方便的部分，即其所說「權宗」的「眞妄不融」，必須到後文才能「普融一味」。這與《會解》走的破與顯爲相輔相成的、「全妄即眞」的路子有別〔註20〕。眞鑑自己也曾說過：「圓頓人一悟無生，全妄即眞；權人不忘法從心而有生，故須滅妄始眞。」（《卍續》18，頁 427）若就這點來看，《會解》的詮釋，豈非反倒較眞鑑更近於圓頓？

而由普遍性的經文詮釋的角度來看。其實，《止觀義例》中的觀念，十分值得參考。在《止觀義例》中，曾就「文義消釋」（《大正》46，頁 447）一事，提出了許多細膩的主張。其中，在「詳究文相」（《大正》46，頁 447）的方面，第三例的「事理旁正」（《大正》46，頁 447）下說：「如四三昧，正爲顯理，旁兼治重；如十法界，正示理具，旁識淺深；如識次位，正爲簡濫，旁爲通經。」（《大正》46，頁 447～448）所謂的「旁正」，說明了詮釋文意時，應同時照顧到正與旁不同的面向。而第四例的「文偏意圓」（《大正》46，頁 448），第五例的「廣略有無：……雖互略無，義必通具」（《大正》46，頁 448），則說明了詮釋經文不應局限於顯性的經文語句，還必須留意意涵更爲豐富的隱性經文意義。至於第六例的「文行不同：……文雖次第，行必隨人」（《大正》46，頁 448），更是提醒了必須在讀者與作品的互動中，保持彈性的詮釋空間，

〔註20〕有關「全妄即眞」，智旭對此曾有精到的發揮，可參見龔曉康〈眞心與妄心之辨——以智旭爲重點〉，《宗教學研究》第 1 期，2008 年，頁 113～115。

使得詮釋能具有動態的適宜性。在這幾則條例中，理／事、正／旁、文／意、偏／圓、廣／略、有／無、文／行、次第／隨人，在在都提醒了「文義消釋」者，必須同時照應到詮釋過程中的各種對立原則雙方，在一體中的互動與互補，以使得詮釋能夠更加圓滿。如果能接受《止觀義例》的這些相關主張，則關於破與顯二者的關係，應該就不再會是不能兩立，則傳燈以下所說的，便十分值得參考：

> 如來之意，雖在顯而不在破，若迷情未除，又不得不然，故破、顯二門初無定體。如正在於破，而或乘可顯處，即便顯之；正在於顯，而或乘可破處，即便破之。（《卍續》89，頁 513）

如此的詮釋，才能使得破與顯兩方面，隨時保持同步動態性的交互運作。

　　總結以上所論，解決了詮釋方法上的「破顯無定」，以及詮釋內容上的「真妄難憑」兩方面的問題，則破妄是否絕對沒有存在的空間？破妄是否絕對不能與顯真並存？答案不言可喻。因此，破妄與顯真在「十番顯見」的詮釋過程中，確定可以相容無礙。則對於「十番顯見」的詮釋，應該可以作如是說：在首番先指出根中見性為入真之門戶，接著逐步破妄顯真，終至第十番「性脫於見」的全然顯發真見，而入於純真無妄。雖然在詮釋進路上以顯真為主，不過，並不排斥破妄為輔的同步運作，雙方實可相輔相成。